U0549437

规·据

大数据合规运用之道

主　编◎于　莽

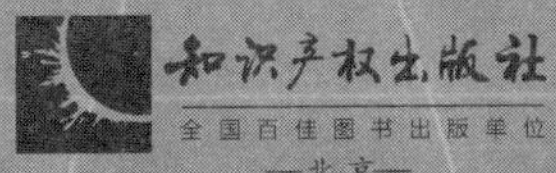

图书在版编目（CIP）数据

规·据：大数据合规运用之道／于莽主编. —北京：知识产权出版社，2019.12（2020.2 重印）

ISBN 978-7-5130-6523-8

Ⅰ.①规… Ⅱ.①于… Ⅲ.①数据管理—科学技术管理法规—研究—中国 Ⅳ.①D922.174

中国版本图书馆 CIP 数据核字（2019）第 222956 号

责任编辑：刘 睿 刘 江　　**责任校对**：王 岩

封面设计：张 冀　　**责任印制**：刘译文

规·据

——大数据合规运用之道

于 莽 主编

出版发行：知识产权出版社 有限责任公司　　**网　　址**：http：//www.ipph.cn

社　　址：北京市海淀区气象路 50 号院　　**邮　　编**：100081

责编电话：010-82000860 转 8344　　**责编邮箱**：liujiang@cnipr.com

发行电话：010-82000860 转 8101/8102　　**发行传真**：010-82000893/82005070/82000270

印　　刷：保定市中画美凯印刷有限公司　　**经　　销**：各大网上书店、新华书店及相关专业书店

开　　本：720mm×960mm　1/16　　**印　　张**：16.75

版　　次：2019 年 12 月第 1 版　　**印　　次**：2020 年 2 月第 2 次印刷

字　　数：232 千字　　**定　　价**：66.00 元

ISBN 978-7-5130-6523-8

编委会

序　　言

申卫星[*]

当前社会科学技术加速发展，数据已经成为影响国家安全、经济发展、社会治理、人民生活的重要因素。党和国家领导人高度重视大数据发展工作，“十三五”规划首次提出实施国家大数据战略，强调“要推动数据技术产业创新发展；要构建以数据为关键要素的数字经济；要运用大数据提升国家治理现代化水平；要运用大数据促进保障和改善民生；要切实保障国家数据安全”。2015 年 8 月，国务院印发《促进大数据发展行动纲要》，系统部署我国大数据发展工作。

大数据正成为信息革命重要的生产资源，开发利用大数据日益成为经济社会发展的新动力。但也要看到，大数据应用引发的数据泄露、滥用等问题日趋严重，直接影响到个人的合法权益，甚至是国家安全。2018 年曝光的“剑桥分析”事件即是一个典型案例。当前，我国尚无数据方面的专门立法，数据应用的法律尚存模糊地带，数据灰产悄然滋生，对个人信息肆意侵犯的现象更是时有发生。业界有关大数据研究主要是从技术和商业领域概述，体系化的法律专述还较缺乏，既有法学理论研究，又有企业、行业实践的专著更是少之又少。

中国移动积极投身数据产业，除主要服务于内部管理及市场发展外，也探索了面向行业、政府等领域的对外的数据服务。2008 年启动大数据

---

* 清华大学法学院院长、教授。

挖掘等新技术研究和试点，2013 年规划企业级大数据平台，2014 年成立专业软件技术有限公司，开展大数据基础平台产品研发和产业化。目前，中国移动大数据技术和产品已经广泛应用于通信、旅游、政务、医疗、制造等各行各业。同时，中国移动结合大数据应用实践，致力于前瞻性法律研究，为大数据依法合规运用提供保障。本书在总结既有法律研究成果，整合行业大数据运营实践经验，访谈银行、交通、政务平台、电子商务等领域的工作人员和行业专家基础上研究撰写而成。内容既有针对大数据产业链中数据采集、数据存储、数据传输、数据开发和运用、数据销毁等不同环节涉及的法律研究，也有针对金融、交通、通信、医疗、政务、电子商务六大垂直领域的特殊规定和应用案例的专项分析，此外还研究了企业扮演不同角色时可能面临的主要风险和合规建议，对企业实践和运营具有较强的指导意义。

本书站在理论前沿，以法律为视角，同时力求紧密联系企业实际、行业实际，具有很强的针对性、实操性和可读性，既可以为企事业单位就大数据领域产业链及其他重要垂直领域进行研究和探索提供有益参照，也可以为国家数据安全立法提供企业智慧。相信这部研究成果能够为各界应对数据安全、信息保护等方面的挑战带来新的思路和启迪。

目　录

第一章　大数据及大数据应用概述

导　语

当前，我们正处在一个数据爆炸的时代，数据作为提升国家竞争力的重要资源，正在通过丰富多彩的应用对人们的生产生活方式产生深刻影响。大数据时代，数据的财产化和资源化已成必然，同时数据的价值体现离不开数据所记录的“信息”本身以及展示和处理信息的系统。

本章通过对大数据的概念、特征、发展历程、种类及应用场景等内容的介绍，展现出大数据的丰富价值。同时，通过对美国、欧洲、巴西、印度等世界各国和地区促进大数据产业发展的政策及规范大数据产业运行的法律法规的比较研究，为中国的大数据产业政策和立法发展提供参考和借鉴。在中国，大数据产业方兴未艾，一系列利好政策的出台促进了大数据产业的发展，相关的法律制度也正逐渐完善。取长补短，融会贯通，中国的大数据产业在与世界的交流中不断发展。

第一节　大数据概述

一、大数据的定义和特征

1. 大数据的定义

技术创新和数字设备的普及，使得大量的数据从各种各样的数据源头通过不同渠道快速产生，海量数据增长逐步衍生出一个新概念——大数据（Big Data）。大数据不仅强调数据海量，更强调从海量数据中快速获得有价值信息和知识的能力。关于大数据，目前尚没有公认的定义，科技专家和众多机构给出了许多不同的定义。其中，麦肯锡全球研究院对大数据定义如下："大数据指的是规模超出普通数据库软件工具的采集、存储、管理和分析能力的数据集。"❶ 高特纳（Gartner）则提出如下观点："大数据是数量大、处理速度快、种类繁多的信息资产，要求高效、有创造性地对其进行信息处理，以增强洞见，提升决策。"❷ 可以理解为，大数据既是对海量数据的描述，也是一种运用数据分析现实世界的工具，通过对海量数据的收集、分析、计算等，辅助人们准确、全面、富有创造性地认知和分析现实情况，进而能够更有效率地组织生产生活。

大数据的发展与互联网的发展密不可分，互联网作为大数据主要的生产环境和存储环境，是大数据发展的基石。阿里巴巴首席技术官王坚指出："今天的数据不是大，真正有意思的是数据变得在线了，这个恰恰是互联网的特点。"❸ 借助互联网，在线的数据变得"取之不尽，用之不竭"，也让数据收集变得非常容易。

2. 大数据的特征

大数据时代与之前的互联网时代相比，出现被称为 4V（IBM 最早定义）的重要变化，即大量（Volume）、多样（Variety）、价值（Value）、速度（Velocity）。这样的变化让人们意识到，数据的价值正在不断上升，大数据正越来越成为一座有待挖掘的"金矿"。

大量（Volume）是指聚合在一起供分析的数据量必须是非常庞大的，

---

❶ 麦肯锡全球研究院. 大数据：下一个创新、竞争和生产力前沿［EB/OL］.［2018-08-01］. https：//www.mckinsey.com/business-functions/mckinsey-digital/our-insights/big-data-the-next-frontier-for-innovation.

❷ 高特纳. 信息技术术语［EB/OL］.［2018-10-06］. http：//www.gartner.com/it-glossary/big-data.

❸ 浙江新闻官网. 专访阿里巴巴 CTO 王坚：互联网，浙江经济新基因［EB/OL］.（2015-08-16）［2018-10-06］. https：//zj.zjol.com.cn/news?id=144154.

包括采集、存储和计算的量都非常大。随着信息技术的发展，人们采集数据的手段越来越丰富，由此积累的数据日益膨胀，数据量的计量单位也由 GB、TB 级逐步上升到 PB、EB，甚至 ZB 级（1PB＝1024TB，1EB＝1024PB，1ZB＝1024EB）。吉姆·格雷（Jim Gray）提出著名的“新摩尔定律”，即人类有史以来的数据总量，每过 18 个月就会翻一番。目前人类收集使用的数据集的规模仍在不断呈指数级增长，据 IDC（国际数据公司）预计，到 2020 年，全球将总共拥有 35ZB 数据。

多样（Variety）是指数据种类和来源多样化，如今的数据类型早已不是单一的文本形式，而是包括结构化、半结构化和非结构化数据。随着传感器、智能设备以及互联网多媒体应用的快速发展，数据也变得越来越复杂，不仅包含传统的关系型的结构化数据（如常用的 Excel 软件所处理的数据等），还包括用户在社交媒体上生成的内容、图片、视频、检测数据、传感器数据、呼叫中心信息、地理位置数据、天气数据、经济数据、政府数据、互联网搜索趋势和网络日志文件等非结构化的数据。全球目前现有的数据中超过 95% 的数据为非结构化数据。这些数据源能够提供极其宝贵的商业情报，预测市场趋势、消费行为、运营效率等。大数据技术不仅是处理巨量数据的利器，更为处理不同来源、不同格式的多元化数据提供了可能，发掘这些形态各异的数据流之间的相关性，是利用大数据技术创造更大价值的重要手段。

价值（Value）是指数据具有潜在价值但价值密度低。挖掘大数据的价值类似沙里淘金，从海量数据中挖掘稀疏但珍贵的信息。随着物联网等技术的广泛应用，信息感知无处不在。以视频监控为例，在连续不间断的监控过程中，可能有用的数据仅有一两秒。如何通过强大的机器算法更迅速地完成数据的价值“提纯”，是大数据时代亟待解决的难题。

速度（Velocity）是指数据处理的速度必须快，要求实时分析、立竿见影。速度是大数据区分于传统数据最显著的特征。在数据处理速度方面，有一个著名的“1 秒定律”，即要在秒级时间范围内给出分析结果，超出这个时间，数据就失去价值。如今已是 ZB 时代，在如此海量的数据面前，处理数据的效率至关重要。在商业领域，“快”早已贯穿企业运营、管理和决策智能化的每一个环节，形形色色描述“快”的新兴词汇出现在商业数据处理语境中，例如，实时、闪电、极光、光速等被用来描述和形容速度之快。

一般来讲，某项技术要想成为大数据技术，首先它必须是成本可承受的，其次它必须满足4个“V”数据中的两个。上述4V特征的描述只是一个通用的描述，有关大数据的特征不同机构或企业根据自身需要也会归纳总结出其他具体特征。

此外，根据维克托·迈尔·舍恩伯格在《大数据时代》一书中提到的大数据思维，大数据不仅具备4个V的特征，更带来思维方式的创新，通过生产技术和方式升级逐渐释放生产力。大数据思维体现在下述几个方面。

（1）全量思维。数据从抽样到全量，有助于提升分析决策的准确性，帮助企业合理调配资源，提升管理效益。不同于传统的随机抽样的研究模式，在大数据时代，人们处理的数据从样本数据变成全部数据，人们可以分析更多的数据，甚至是相关的所有数据。

（2）决策思维。更加重视各类事物的关联关系，而不仅局限于因果关系；更加重视快速预测、立即采取行动，而不是等一个精确的结论。通过对大数据的处理，出于快速决策的目的，适当放弃对因果关系的探究，转而关注相关关系，可以从相关关系中发现大数据的潜在价值。同时，由于现代社会充满了各式各样繁杂的数据，对于这些数据的研究，我们应该学会接受数据的混杂性，更多地关注效率，而不是像过去一样热衷于追求数据处理的精确度。

（3）商业思维。数据不再是沉默资产，而是一种产品和服务，可以满足客户的信息消费需求，换取商业利润；也可以汇聚商业资源，形成竞争优势。在商业社会中，“从数据中得到价值”一直都不是新鲜事，但由于以前技术手段有限，面对海量的数据，企业往往望洋兴叹、无计可施。随着大数据时代的到来，数据不但可以被采集存储，而且可以被开发利用，形成产品和服务的解决方案，帮助企业实现商业和管理创新，整个社会经济的新增量也逐渐显露出来。

3. 大数据的发展历程

数据的发展史是与计算机的发展史分不开的。1946 年，世界上第一台计算机面世，当时的数据存储主要是存储在纸片、磁带、卡片上，使用不方便，处于人工数据管理阶段；20 世纪五六十年代，随着计算机操作系统的面世，逐步过渡到文件系统管理阶段，通过操作系统去管理数据文件。在这个阶段，数据可以长时间地保存在磁盘中；60 年代以后，数据管理逐渐步入数据库管理阶段，通过使用专门的数据库管理数据，其中比较流行的就是大家比较熟悉的关系型数据库，如 Oracle 、Microsoft SQL Server 、MySQL 等，但是在这一阶段也出现一些其他的数据库，如层次数据库、网状数据库、对象数据库等。

1980 年，著名未来学家阿尔文 · 托夫勒在《第三次浪潮》一书中，将大数据热情地赞颂为“第三次浪潮的华彩乐章”。但是大数据的应用和技术是在互联网快速发展中诞生的，起点可追溯到 2000 年前后。具有里程碑意义的事件是谷歌公司发布的三个技术产品的详细设计论文，分别是：《分布式文件系统》（GFS，Google File System）、《分布式并行计算》（MapReducc）和《分布式数据库》（BigTable），这三篇论文是大数据发展的雏形和基础，催生出很多高新的数据技术，如分布式内存数据库、流计算、分布式 NoSQL 数据库等，这些新技术有效地推动了大数据的发展和大数据时代的到来。有媒体将 2013 年称为“大数据元年”，从当年开始几乎所有世界级的互联网企业，都将业务触角延伸至大数据产业，无论社交平台逐鹿、电商价格大战还是门户网站竞争，都有大数据的影子。从此以后，大数据由技术热词演变成一股社会浪潮，开始影响社会生产生活的方方面面。

数据之所以“大”，是一个量变到质变的过程。从现代计算机的诞生，到关系型数据库的诞生，再到移动互联网的诞生，人类一步步跨入“大数据”的时代。

二、大数据的分类

随着科技的进步，每个个人、企业、组织，每个网络、设备，每天都在生产数据，同时也在享受和消费各种类型的数据。对于大数据的分类，可以从产生数据的主体、数据来源行业等多个维度来划分。比如：从数据产生的主体的维度，可以分为企业大数据和个人大数据；从数据所属行业的维度，可以分为电商、电信、金融、能源、政务、交通、医疗、教育、安全、气象、地理等行业大数据。综合数据的集中性、行业或个人属性，以下分互联网大数据、政务大数据、企业管理大数据及个人信息大数据四类介绍。

1. 互联网大数据

互联网是大数据发展的前哨阵地，随着移动互联网时代的到来，人们似乎都习惯了将自己的生活通过网络进行数据化，方便分享、记录并回忆。移动上网形成的互联网数据具有高容量、数据类型多样化、持续不断增长刷新以及能够从中挖掘出有价值的信息等四个基本特征，属于典型的大数据。近年来，互联网上的数据每年增长50%，每两年便翻一番，目前世界上90%以上的数据是最近几年才产生的。

在我国，以BAT为代表的互联网公司是大数据应用的先锋，其中百度拥有最大的网页搜索数据，阿里巴巴拥有最大的电商数据，腾讯拥有最大的社交数据，目前坐拥数据金矿的三巨头已陆续踏上大数据掘金之路。

百度拥有用户搜索表征的需求数据和公共Web数据等，其数据优势在于：拥有中国最大的网民行为数据库，覆盖几乎100%的中国网民，日均响应数十亿次搜索请求，搜索市场占比达80%以上，日处理数据量达数百TB。对于百度这样的互联网公司，建立数据体系、研发消费者画像、品牌探针等基于大数据的应用简直是水到渠成。百度的大数据策略为“数据+工具+应用”，包括百度指数、司南、统计、搜索风云榜和研究中心在内的五大平台数据已经形成一个数据集合体，全程记录消费者从需求、搜索、购买，到使用和分享的整个历程，对客户进行精准营销。目前，百度已经开始向企业提供更多的数据和数据服务，比如与宝洁、平安等公司合作，为其提供消费者行为分析和挖掘服务，通过数据结论指导企业推出产品，是一种典型的基于大数据的 C2B 模式。同时，百度还利用数据优势成立深度学习研究院，加强自己在人工智能领域的探索。

阿里巴巴拥有交易数据和信用数据，除此之外还通过投资等方式获取社交数据和位置数据等，如新浪微博、陌陌带来的社交数据，高德带来的地理位置数据，UC 浏览器带来的移动浏览数据，还有虾米音乐、美团外卖、墨迹天气……这些几乎涵盖人们互联网生活的方方面面，最终形成一张让人充满无限遐想的“大数据拼图”。伴随着业务的发展，阿里巴巴目前沉淀的数据量已经高达 EB 级规模。在马云的计划中，阿里巴巴最终将会是一个数据公司，并适时提出“数据、金融和平台”三大战略，成立专门的数据委员会，前所未有地重视起对数据的收集、挖掘和共享。目前阿里巴巴的数据服务主要有三大应用场景：一是集团内部应用，如搜索、推荐、营销等场景，其中淘宝的“千人千面”计划就是从大数据背后找到符合用户兴趣和习惯的产品和服务，向客户提供个性化的推荐；二是面向媒体的应用，如“双 11”显示交易金额破千亿的酷炫数据大屏；三是面向阿里生态商家的应用，如服务于商家的生意参谋，目前已经累计服务超 2000 万户的商家。

腾讯坐拥用户关系数据和基于此产生社交数据、游戏数据、交通数据、舆论数据等，是场景化非常高的数据。其中的社交数据，是腾讯最宝贵的数据资源。腾讯大数据的应用目前主要是为了完善自有产品，基于对用户数据的全面分析，可以推测用户群体的性格禀赋、兴趣爱好、生活习惯等，然后有针对性地开发相应的游戏产品，一经推出就受到游戏玩家的狂热追捧，也使得腾讯走上高速发展的快车道。

2. 政务大数据

政府和公共机构依据职责所生产、收集、处理和存储的数据即政府大数据或政务大数据。政府各个部门握有大量的构成社会基础的原始数据，这些数据能够给政府组织带来社会或经济利益，也是政府的数据资产。政府数据资产主要包括两类：一是政府所拥有和管理的数据，如民生数据、信用数据、电力数据、煤气数据、自来水数据、道路交通数据、客运数据、安全刑事案件数据、住房数据、海关数据、出入境数据、旅游数据、医疗数据、教育数据、环保数据、气象数据等；二是政府工作开展产生、采集以及因管理服务需求而采集的外部大数据，如社会经济普查数据、互联网舆论监控数据等。

据统计，我国政府部门掌握的数据资源占全社会的数据资源总量的80%以上，是大数据时代的数据拥有者。政府作为政务信息的采集者、管理者和占有者，具有其他社会组织不可比拟的信息优势。但由于信息技术、条块分割的体制等限制，各级政府部门之间的信息网络往往自成体系、相互割裂，相互之间的数据难以实现互通共享，导致政府掌握的数据大都处于割裂和休眠状态。随着各级政府积极推动公共数据资源的“共享”与“开放”，激活政府数据资产，打破数据孤岛，通过大数据的政用、商用、民用，真正实现百姓、企业、政府的三方共赢，已经成为政府信息化转型的重要目标。目前全国各地都在推动政务大数据中心或平台的建设，以数据采集能力强、智能分析应用广、开放共享程度高等为建设目标，支撑“一站式”政企服务应用，实现各部门、各层级、各领域的数据共享，同时简化行政审批和公共服务的流程，促进政府职能转变和服务型政府的建设。政务大数据中心的主要建设内容包括建设覆盖政务服务各环节的网上办事数据库，如政务电子证照库、业务办理资料库、政策数据库、法规数据库、规划数据库等；建设政务服务专题数据库，如企业情况综合数据库、公共信用信息数据库、文化遗产资源数据库等；建设公共基础数据库，如人口公用基础数据库、法人公用基础数据库、地理空间公用基础数据库、宏观经济基础数据库等，最终形成各类数据库相互联动的政务服务大数据库等。在地方政府开展大数据建设的同时，根据国家发展改革委印发的《“十三五”国家政务信息化工程建设规划》要求，到“十三五”末期，我国政务信息化工程建设要基本形成满足国家治理体系与治理能力现代化要求的政务信息化体系，构建形成大平台共享、大数据慧治、大系统共治的顶层架构，建成全国一体化的国家大数据中心。

此外，自2009年美国政府数据门户网站data. gov上线以来，全球范围内兴起了开放数据运动。开放政府数据（Open Government Data）是大数据时代公开政府信息的一种具体实践。2011年，巴西、印度尼西亚、墨西哥、挪威、南非、菲律宾、英国和美国签署《开放数据声明》，“开放政府合作伙伴”（Open Government Partnership，OGP）宣告诞生。OGP是一个由多个国家发起的多边合作倡议，旨在通过加强政府在提升透明度、公民赋权、打击腐败、新技术研发等方面的具体承诺来提升治理能力，是实现公共治理现代化的产物。随着数据开放在提升国家公共治理能力上重要性的日益凸显，全球已经有79个国家加入这一计划。与此同时，我国也在不断地推动政府数据开放并取得显著成效，自2012年上海市推出全国第一个政府数据开放平台起，截至2018年上半年，全国各地共建成46个地方政府数据开放平台。政府数据开放平台遵循免费获取和不受歧视等开放原则，向社会公开经贸工商、交通出行、机构团体、文化休闲、卫生健康、教育科技、社会民生、资源环境、城建住房、公共安全、农业农村、社保就业、财税金融、信用服务等共14个大类的信息，这些信息部分已开始被信息服务企业调取利用，政府数据的经济价值初步显现。

3. 企业管理大数据

企业大数据是指全面记录企业经营和管理活动的数据，企业大数据主要来自日常工作活动，目前大多数企业已经实现信息化管理，在企业的管理信息系统内，每个企业日常经营和管理中都产生大量数据，如销售数据、生产数据、财务数据、供应商数据、客户数据、人力资源数据等。过去的所谓商业智能，往往大多是“事后诸葛亮”，而大数据可以帮助企业预测未来的走向，帮助企业做到“未雨绸缪”。对企业来讲，管理层最关注的是报表曲线背后隐含的信息以及如何决策，这一切都需要通过数据来传递和支撑。通过对上述企业数据进行分类收集、挖掘利用和高效分析，可以提升企业的经营管理水平和效率。以销售数据为例，常见的关键指标如营销业务新增用户、有效新增用户、活跃转化率、累计留存数、渠道效果等，都可以通过收集和可视化分析，对企业的营销趋势和营销策略进行预测。此外，企业还可以通过收集国家数据及外部行业数据等，如国家统计局网站、政府数据开放平台、权威数据机构网站、官方媒体等公开的数据，优化企业战略和投资方向，发现新的商机和商业模式，比如人口数据对于大多数公司制定发展战略、确定年度目标具有重要的参考意义。

一般来讲，中小企业拥有的有限数据主要应用于企业内部经营，而大型企业特别是具备公有性质企业拥有包括个人信息和商业数据在内的海量数据（以PB级计），如通信、金融、能源、航空等，除了应用于企业内部之外，还可以在合法合规运营的前提下进行数据应用。以通信运营商为例，运营商具备管道入口优势和用户规模优势，拥有用户的位置信息数据、通信行为数据、上网行为数据、搜索行为数据四大类重要的数据资源，一方面可以积极应用大数据技术，提高网络、经营及服务的效率，降低服务成本，实现对内价值提升，如根据用户接触渠道全数据收集和分析，动态评估客户满意度，通过个性化客户关怀降低高价值客户离网率等；另一方面可以融合自有数据与外部数据，通过对外拓展实现自有大数据“他用”。

4. 个人信息大数据

所谓个人的大数据就是与个人息息相关的各种有价值的数据信息，既包括公民的个人信息，即以电子或者其他方式记录的能够单独或者与其他信息结合识别特定自然人身份或者反映特定自然人活动情况的各种信息，包括姓名、身份证件号码、通信联系方式、住址、账号密码、财产状况、行踪轨迹等，也包括非个人信息，如汇总统计的群体性信息等。目前个人大数据因为智能手机终端、可穿戴设备的广泛使用而大量生产，上述互联大数据中最有价值的部分即为个人产生的各类行为数据信息。

大数据时代意味着大数据的广泛获取和使用，其中与个人生活、精神自有息息相关的个人数据，在被电商等互联网企业收集用于精准营销、广告推广等商业用途产生巨大价值的同时，泄露问题也如影随形、无处不在，使得个人信息和隐私安全面临严重威胁。算法和数据技术带来私人定制服务的流行，直接导致大量个人敏感数据唾手可得，造成实际的隐私侵犯和财产损失。近几年，大规模数据泄露事件不断发生，如支付宝前员工出售20G用户资料、携程网大量用户的银行卡信息泄露、华住及万豪等酒店集团数以亿计的顾客信息泄露等，令消费者心有余悸。互联网个人信息泄露问题突出，由此滋生出的“非法使用”个人信息的黑色产业链以其低成本、高回报的特点呈现爆发式增长态势，造成人们因为身份信息泄露遭遇电信诈骗蒙受巨额损失等严重社会问题。大数据由于拥有庞大的数据库，一旦数据遭到非法窃取、泄露、篡改，将会对公民的个人隐私、财产以及人身安全构成严重威胁。

三、大数据的价值

信息化技术的飞速发展，造就了信息的爆发性增长，海量信息被IT系统所收集、传输、使用和存储，成为海量的数据，大数据时代已经来临。在大数据时代，数据不仅仅是信息的简单记录和保存，更是蕴藏着巨大价值的“宝藏”。对于个人、企业乃至国家来说，数据资产已成为最有价值的资产之一，政府和非政府机构的决策、人工智能的发展很大程度上都依赖于数据的收集和整合分析。

（1）社会价值。大数据在带来技术和产业变革的同时，也改变着社会治理的方式。在我国，政府部门掌握着全社会最大量、最核心的数据。以往地方政府提振经济一般是靠房地产、工厂等，随着土地及人口红利殆尽，大数据成为与水电煤等一样重要的生产资料，成为继土地之后政府最重要的资源之一。大数据时代，加大政府数据资源的开发利用，将政府数据通过互联网向社会开放，将有利于激活沉睡的数据。当前，大数据已经成为提升政府社会治理水平的重要手段和支撑，在推动精准治理、简政放权、经济发展、服务民生等方方面面发挥巨大的作用。各级政府部门越来越注重运用技术手段对数据资源进行深度价值挖掘，满足日益增长的精细化、科学化管理需要。与此同时，随着社会经济文化的发展和进步，公众对政府和职能部门的要求也越来越高，集中表现为要求提高行政效率和透明度、创新工作方式、提高对社会的服务能力等。通过政府数据的开放共享，能够有效推动政府信息公开透明，促进行政管理创新，提升社会公共服务水平，具体来说至少有三方面的好处：一是提高政府透明度和工作效率；二是释放政府数据所蕴含的巨大的经济和社会价值；三是可以带来大量创新，节省社会成本，增加就业等。

（2）商业价值。当前，数据已经成为企业的重要战略资产，被广泛应用于盈利分析与预测、客户关系管理、运营风险管理等诸多方面，对行业的商业发展起着举足轻重的作用，包括电商、金融、电信、航空、电力甚至竞技体育等各个行业的企业都在纷纷掘金大数据，大数据已经成为企业重点关注的领域。

对于企业而言，大数据是企业科学决策的基石，是企业精细化管理的重要体现，是企业转型升级的重要抓手，也是企业竞争的重要砝码。大数据的商业价值表现在：掌控业务战略决策，提高服务水平，提高商品购买率，降低企业成本，研发创新产品，强化财会管理，实现决策自动化，优化产品功能检测，强化人员和产品的治理等多个方面。如通过对生产、流通、销售等过程中产生的数据进行智能分析，可以提取有价值的信息，提高企业经营决策的准确性和科学性；通过对销售数据的分析，可以更加准确、全面地了解市场行情、发展动向，使企业能够制定出更适合市场需求的销售策略；通过对用户大数据的分析，可以从繁杂庞大的数据中挖掘、分析用户的行为习惯和喜好，研发出更符合用户偏好的产品和服务，以优化用户体验，最终获得商业利益等，这些都是大数据在商业社会的重要价值。

（3）技术价值。大数据根本上与数学、统计学、计算机科学、数据学等基本理论知识无法分割，大数据技术的突飞猛进给数字领域带来了新的发展机遇。“互联网+”、工业互联网等促进人类社会技术进步的价值，都来源于大数据的发明和运营。大数据不仅创造了新的计算方式、技术处理方式，而且为其他技术的研发、应用和落地提供了基础，例如，人工智能领域的机器学习的快速发展即得益于大数据技术的应用。当前，大数据正在与云计算、物联网、5G 通信等现代信息技术一起，助力人类进入人工智能新时代。

第二节　大数据技术和应用概述

一、大数据应用概述

当前随着信息技术的快速发展，数据收集能力已经不再是技术进步和业务创新的阻碍。现在重点关注的是如何通过数据清洗、数据脱敏、数据分析等工序，以一种可伸缩、可交易的方式，从收集到的大量数据中及时发现新的知识和规律，辅助政府、企业和个人的决策。

（一）大数据对于企业应用的机会

当前，大数据对于企业的意义已从能力要素上升为战略核心，企业不拥抱大数据，就无法在激烈的市场竞争中立足。大数据对企业的商业模式、管理模式带来巨大的冲击和影响，传统行业纷纷借助大数据进行转型和创新。大数据对于企业应用的机会和产品一般包括如下几个方面。

1. 挖掘客户需求

通过对用户大数据进行应用和分析，可以使商家深入了解用户的需求偏好，帮助企业提升营销的针对性，提升广告投放的精准度。比如各大电商公司利用大数据向用户推荐个性化商品和服务，旅游网站利用大数据为旅游者提供心仪的旅游路线等。此外，根据用户的使用评价，企业还可以对现有产品进行优化改进或开发新产品，持续满足用户的需求。

2. 发现商业机会

通过对用户消费趋势、用户社交 UGC（User Generated Content）内容等的大数据分析，企业可以预知用户未来的需求，提前进行产品研发或服务创新，提升企业的竞争力。如通过免费的搜索指数服务（如百度指数、淘宝指数、微信指数等），可以研究关键词关注趋势、洞察网民需求变化、监测媒体舆情趋势、定位数字消费者特征，同时还可以从行业视角，分析市场特点，洞悉品牌表现，从而发现新的商机或商业模式。目前，不少创业公司都会利用上述大数据指数产品进行相关的市场研究和需求分析，以确定商业模式和创业方向。

3. 节约企业成本

通过生产经营全过程的大数据分析，可以轻易发现企业运营管理过程中存在的低效率、高成本的环节，找出管理中的漏洞和不足，从而改进管理制度和流程设计，降低企业成本，提高企业运营效率。如对于航空行业而言，霍尼韦尔旗下 Go Direct 飞行效率服务软件通过融合来自航空公司和飞行员各方的信息，如飞行计划、气象预报、导航变化、飞机性能等，为航空公司准确估算目标航班所需的备份油量，依靠精准加油系统，航空公司每年燃油消耗量可减少 1%～5%；对于传统制造业而言，大数据技术能够加强产业链上下游融合，通过全生产链条的信息整合，使整个生产系统达到协同优化，提升生产效率并降低生产成本；对于物流行业而言，从大数据中可以获取市场变化、物流需求、交通状况、车辆状况等信息，通过及时规划和调整资源配置，优化物流线路设计，监测分析运输车辆的故障险情并提前预警维修等措施，降低物流成本并提高时效。

4. 降低经营风险

企业在经营过程中面临诸如政策法律风险、市场风险、运营风险、财务风险等多种风险，对于这些风险进行识别、评估和管控是企业日常管理中的一项重要内容。大数据为企业降低经营风险、识别业务漏洞提供了有效的工具。如大数据可以帮助保险公司通过对投保人进行信用评价等，识别欺诈骗保等违法行为；大数据帮助娱乐行业评估歌手、歌曲、影视剧的受欢迎程度，为投资者预测拍一部影视剧的投资回报率提供支撑，有助于降低投资风险；当前，风险管控、合规管理愈加成为企业关注的焦点，通过大数据审计系统，实现常态化的风险扫描，对可能存在的重大风险进行检测，能够帮助企业识别和预防业务风险，提升管理效能。

（二）大数据对于政府应用的机会

大数据在政府治理方面应用前景广阔、使用价值巨大，关键是要构建起一套“用数据说话、用数据决策、用数据管理、用数据创新”的全新机制。以大数据助推权力制约无缝化、以大数据助推政府决策科学化、以大数据助推政务管理精准化、以大数据助推公共服务多样化、以大数据助推治理模式多元化。大数据可以有效提升政府社会治理和服务民生的综合能力，其典型应用包括智慧城市和精准扶贫，如在城市交通、城市规划、生态环境、公共安全等城市管理方面，通过数据的开放共享，实现对数据的跨域融合和创新应用，挖掘数据价值，激发社会的创造力，解决城市中的问题；同时大数据可以帮助政府运用科学有效的程序，对扶贫对象实施精准识别、精准帮扶、精准管理，确保贫困人口到 2020 年如期脱贫。

1. 智慧城市

近几年，随着交通拥堵、雾霾、看病难、食品安全等“城市病”的出现，各地政府热衷于建设“智慧城市”，智慧城市的核心就是大数据分析与决策，其本质是通过物联网把信息化的“数字空间”和现实城市的“物理空间”缝合在一起。当物联网发展到一定规模时，借助条形码、二维码、RFID 等能够唯一标识的产品，及传感器、可穿戴设备、智能感知、视频采集、增强现实等技术可实现实时的信息采集和分析，这些数据能够支撑智慧城市的理念需要。

政府利用上述数据资源，依托城市大数据相关平台建设和应用支撑，汇聚城市管理各相关部门的业务数据，进行集中展示和分析，建设智慧公共服务和城市管理系统，如智慧交通、智慧医疗、智慧安保、智慧环保等。通过加强交通、医疗、教育、环保、安防等专业性应用系统建设，提升城市建设和管理的规范化、精准化和智能化水平，有效促进城市公共资源在全市范围共享，积极推动城市人流、物流、信息流、资金流的协调高效运行，在提升城市运行效率和公共服务水平的同时，推动城市发展转型升级。在城市规划方面，通过对城市地理、气象等自然信息和经济、社会、文化、人口等人文社会信息的挖掘，可以为城市规划提供决策，强化城市管理服务的科学性和前瞻性；在交通管理方面，通过对道路交通信息的实时挖掘，能有效缓解交通拥堵，并快速响应突发状况，为城市交通的良性运转提供科学的决策依据；在舆情监控方面，通过网络关键词搜索及语义智能分析，能提高舆情分析的及时性、全面性，全面掌握社情民意，提高公共服务能力，应对网络突发的公共事件，打击违法犯罪；在安防与防灾领域，通过大数据的挖掘，可以及时发现人为或自然灾害、恐怖事件，提高应急处理能力和安全防范能力。

据2018年统计数据显示，全国100%的副省级城市、89%的地级以上城市、49%的县级城市已经开展智慧城市建设，累计参与的地市级城市数量达到300余个，规划投资达到3万亿元，建设投资达到6000亿元。2018年10月10日，国家市场监管总局、国家标准化管理委员会批准发布《智慧城市信息技术运营指南》这一国家标准，为智慧城市信息化建设提供了理论基础和技术支撑，有助于实现数据资源的标准化，有利于梳理城市物联网系统建设的关键功能要素并对系统建设进行总体指导，提升智慧城市信息化建设水平和建设质量。

2. 精准扶贫

消除贫困、改善民生、逐步实现共同富裕，是社会主义的本质要求。大数据分析的数据处理能力和信息统计功能为精准扶贫的实现提供了充足的知识储备和较为完善的科学技术支持。具体来说，大数据助力精准扶贫，主要体现在扶贫目标的精确设定、扶贫对象的准确定位以及扶贫成果评估的具体化等三个方面。❶

---

❶ 新华网. 用大数据助力精准扶贫［EB/OL］.（2017-02-17）［2018-11-01］. http：//www.xinhuanet.com/politics/2017-02/17/c_ 1120483128. htm.

（1）大数据分析有助于扶贫目标的精确设定。依托大数据技术，对扶贫数据进行实时观测、动态监测和分析研判，既能找准脱贫的主体、重点和关键，也能确保扶贫项目科学合理、精准到位，有利于最大限度发挥扶贫资金的使用效益，把宝贵资源精准投放到真正的贫困户身上。

（2）大数据分析有助于扶贫对象的准确定位。通过大数据的方式，使扶贫对象的个人信息能够全面地呈现出来，这样不仅能够准确界定出符合救助标准的贫困人口数量、分布地区等宏观信息，而且能够显示出扶贫对象的家庭状况、性别、受教育程度等具体的人口学特征，有助于对扶贫对象的范围进行准确界定，并对扶贫范围内的对象进行准确的需求评估，保证扶贫措施能够精准到户。

（3）大数据分析有助于成果评估的具体化。大数据分析能够保证扶贫成果信息的真实、准确、及时获得，以确保每一阶段扶贫工作的得失能够被有效分析，从而确定下一阶段的工作目标、工作方法、工作重点以及资金投入等具体内容。此外，依托大数据，还可以为贫困地区提供信息服务，以便当地政府因地制宜、分类施策、因人而异发展产业、对接帮扶，确保脱贫取得实效。

（三）大数据对于个人的机会

大数据除了能够帮助电商进行精准营销外，也可以为个人生活和发展提供更多的便利服务和支撑帮助。如在购物方面，电商网站能够帮助用户找到最合适的商品购买时期、商家和最优惠价格；在社交方面，社交网站为用户提供更准确的好友推荐；在求职就业方面，招聘网站为用户提供更精准的企业招聘信息；在休闲娱乐方面，游戏公司可以向用户推荐可能喜欢的游戏；在疾病治疗方面，医疗机构能够为病人提供更好的治疗方案，提高治疗效果等。

未来的大数据除了将更好地解决社会问题、商业营销问题及科学技术问题外，还有一个可预见的趋势是以人为本的发展方针，即服务于个人的需求，促进个体的全面发展。未来可以建立个人的大数据中心，通过手机终端、可穿戴设备或植入芯片等感知技术来采集捕获个人的大数据，将每个人自出生以来形成的日常生活习惯、饮食特点、身体体征、爱好性情、社交网络、行动轨迹等除思维以外的一切信息都储存下来，这些数据可以基于服务于个人的目的，由本人授权提供给第三方机构进行处理和分析，以此获得第三方提供的服务。如医疗机构将实时监测用户的身体健康状况，如血压数据、心率数据、体温数据、视力数据等健康数据，以便为用户提供疾病诊断或预防服务；教育机构更有针对性地制订用户喜欢的教育培训计划；健身机构结合身体状态和运动特点制订和调整个人的运动计划；政府在用户的心理健康出现问题时采取有效的干预，防范自杀或刑事案件的发生；金融机构能帮助用户进行有效的理财管理，为用户的资金提供更有效的使用建议和规划；道路交通、汽车租赁及运输行业可以为用户提供更合适的出行线路和路途服务安排等。

二、大数据与新领域的技术融合

在当前信息科技的浪潮中，Hadoop、流计算、数据库等大数据技术快速发展，但大数据技术并不是孤立存在的，它与包括云计算、人工智能、物联网、区块链等在内的新技术都有着密切的关系，如大数据的处理需要后端平台的支持（云计算的支持），云计算为大数据提供了弹性可拓展的基础设备；而物联网则是大数据的重要数据来源，大数据技术为物联网数据分析提供支撑；同时大数据催生机器智能从而促进人工智能的大发展，此外，大数据和区块链又因为两者之间共同的关键词“分布式”而联系在一起，区块链技术可以确保大数据流转过程中的真实性。未来云计算、物联网、人工智能、区块链、移动互联网等新兴计算形态，也将一齐助力大数据革命，让大数据发挥出更大的影响力。

1. 大数据与云计算

大数据常和云计算联系到一起，因为实时的大型数据集分析需要分布式处理框架来向数十、数百甚至数万的电脑分配工作。可以说，云计算充当了工业革命时期的发动机的角色，而大数据则是电。云计算技术的发展为这些海量、多样化的大数据提供了存储和运算平台，通过对不同来源数据的管理、处理、分析与优化，将结果反馈到各类应用中，创造出巨大的经济和社会价值。

云计算思想的起源是麦卡锡在 20 世纪 60 年代提出的，即把计算能力作为一种像水和电一样的公用事业提供给用户。如今，在谷歌、亚马逊、脸书等一批互联网企业引领下，一种行之有效的模式出现了：云计算提供基础架构平台，大数据应用运行在这个平台上。业内形容两者之间的关系为：没有大数据的信息积淀，则云计算的计算能力再强大，也难以找到用武之地；没有云计算的处理能力，则大数据的信息积淀再丰富，也终究只是镜花水月。从技术上看，大数据与云计算的关系就像一枚硬币的正反面一样密不可分。大数据必然无法用单台的计算机进行处理，它必须依托云计算的分布式处理技术、分布式数据库、海量数据的存储和管理技术、虚拟化技术等。

2. 大数据与人工智能

任何智能的发展，其实都需要一个学习的过程。人工智能自诞生至今已超过 60 年，但直到近年来，随着大数据等信息技术的发展与成熟，方在应用领域取得重大突破，并逐渐成为社会关注的热点之一。正是由于各类感应器和数据采集技术的发展，人们开始拥有以往难以想象的海量数据，同时，也开始在某一领域拥有深度的、细致的数据。而这些都是训练某一领域“智能”的前提。当下最成功的人工智能应用，如人脸识别、图像识别、无人驾驶、语音识别、电子翻译、计算机棋手与自然人对弈等，其所依托的都是大数据技术。虽然大数据是为了获得洞察力，而人工智能是为了让机器获得人类智能，两者之间有很大的区别，但人工智能和大数据仍然能够很好地协同工作。这是因为人工智能需要数据来建立其智能，特别是机器学习。例如，机器学习图像识别应用程序可以查看数以万计的飞机图像，以了解飞机的构成，以便将来能够识别出它们。人工智能应用的数据越多，其获得的结果就越准确。可以说，没有大数据就没有人工智能的快速发展。

3. 大数据与物联网

物联网的概念始于2000年，最早由美国麻省理工学院提出，是指机器或其他物体通过传感器或其他植入设备，经由互联网把相关数据传输给联网的机器。如今物联网已经开始在人们的生产生活中发挥重要作用，如智能手环、智能监控和烟雾探测器等联网仪器已经广泛使用。

大数据的采集和感知技术的发展是紧密联系的。以传感器技术、指纹识别技术、RFID技术、坐标定位技术等为基础的感知能力提升是物联网发展的基石。全世界的工业设备、汽车、电表上都有着大量的数码传感器，随时测量和传递着有关位置、运动、震动、温度、湿度乃至空气中化学物质的变化，这些都会产生海量的数据信息。而随着移动互联网的发展及智能手机的普及，感知技术迎来了发展的高峰期，除了地理位置信息被广泛应用外，新的感知手段也开始登上舞台。如利用传感器制成的各种环境监测仪器正在发挥着积极的作用，能够实施反馈水体及空气等污染的情况，如空气中的PM2.5是否超标等；在机器人身上安装视觉传感器和触觉传感器，可以使机器人通过视觉对物体进行识别和检测，通过触觉对物体产生压觉、力觉、滑动感觉和重量感觉；医用传感器可以对人体的表面和内部温度、血压及腔内压力、血液及呼吸流量、脉波及心音、心脑电波等进行高难度的诊断等。这些感知被逐渐捕获的过程就是就世界数据化的过程，一旦世界被完全数据化，那么世界的本质也就是信息了。“人类以前延续的是文明，现在传承的是信息”。

4. 大数据与区块链

区块链在本质上是一种去中心化的分布式账本。区块链技术作为一种持续增长的、按序整理成区块的链式数据结构，通过网络中多个节点共同参与数据的计算和记录，并且互相验证其信息的有效性。从这一点来说，区块链技术也是一种特定的数据库技术。区块链以其可信任性、安全性和不可篡改性，让更多数据解放出来，能够推进数据的海量增长。

大数据的分析挖掘是数据密集型计算，需要巨大的分布式计算能力。区块链的共识机制，就是所有分布式节之间如何达成共识，通过算法来生成和更新数据，去认定一个记录的有效性，这既是认定的手段，也是防止篡改的手段。区块链的可追溯性使得数据从采集、交易、流通，以及计算分析的每一步记录都可以留存在区块链上，使得数据的质量获得前所未有的强信任背书，也保证了数据分析结果的正确性和数据挖掘的效果。区块链能够进一步规范数据的使用，精细化授权范围。脱敏后的数据交易流通，则有利于突破信息孤岛，建立数据横向流通机制，形成“社会化大数据”。基于区块链的价值转移网络，有助于逐步推动形成基于全球化的数据交易场景。

第三节　大数据的国家政策和立法概述

当前，大数据已成为塑造国家竞争力的战略制高点之一，其所蕴含的战略价值已经引起多数发达国家及部分发展中国家政府的重视，各国相继出台大数据战略规划和配套法规促进大数据应用与发展。

下面将从国内及国外两个维度就大数据的政策及相关立法现状作相应介绍。

一、国内大数据相关政策和立法发展*

（一）国家政策

1. 国家和行业政策

近年来，我国相继出台一系列利好政策推动大数据的技术、产业及其标准化的发展（见表1-1）。2015年8月，国务院印发《关于印发促进大数据发展行动纲要》；2016年3月，《“十三五”规划纲要》对全面促进大数据发展提出方向性目标和任务；2017年10月，党的十九大报告提出“推动互联网、大数据、人工智能和实体经济深度融合”；12月，中

* 中国电子技术标准化研究院. 大数据标准化白皮书（2018版）［EB/OL］.（2018-03-29）［2018-11-06］. http：//www.cesi.cn/201803/3709.html.

共中央政治局就实施国家大数据战略进行第二次集体学习，中共中央总书记习近平在主持学习时强调，要推动实施国家大数据战略，加快完善数字基础设施，推进数据资源整合和开放共享，保障数据安全，加快建设数字中国，更好服务我国经济社会发展和人民生活改善。这种持续性的方向引导和顶层设计，使我国在大数据发展规划布局、政策支持、资金投入、技术研发、创新创业等方面均处于领先的行列。

表 1-1　我国国家大数据政策

<table>
<tr><th>序号</th><th>政策名称</th><th>发布日期</th><th>发文单位</th></tr>
<tr><td>1</td><td>党的十九大报告</td><td>2017 年 10 月 18 日</td><td>中央委员会</td></tr>
<tr><td>2</td><td>《“十三五”规划纲要》</td><td>2016 年 3 月 16 日</td><td>全国人民代表大会</td></tr>
<tr><td>3</td><td>《关于印发促进大数据发展行动纲要》</td><td>2015 年 8 月 31 日</td><td rowspan="2">国务院</td></tr>
<tr><td>4</td><td>《“十三五”国家信息化规划》</td><td>2016 年 12 月 15 日</td></tr>
<tr><td>5</td><td>《关于运用大数据加强对市场主体服务和监管的若干意见》</td><td>2015 年 7 月 1 日</td><td rowspan="4">国务院办公厅</td></tr>
<tr><td>6</td><td>《关于促进和规范健康医疗大数据应用发展的指导意见》</td><td>2016 年 6 月 21 日</td></tr>
<tr><td>7</td><td>《政务信息系统整合共享实施方案》</td><td>2017 年 5 月 18 日</td></tr>
<tr><td>8</td><td>《科学数据管理办法》</td><td>2018 年 3 月 17 日</td></tr>
</table>

2017 年 10 月 18 日，党的十九大报告中重点提到了互联网、大数据和人工智能在现代化经济体系中的作用，要求“加快建设制造强国，加快发展先进制造业，推动互联网、大数据、人工智能和实体经济深度融合，在中高端消费、创新引领、绿色低碳、共享经济、现代供应链、人力资本服务等领域培育新增长点、形成新动能”，党的十九大报告为大数据和实体经济深度融合指明了方向。

2016 年 3 月 16 日，十二届全国人大四次会议表决通过关于国民经济和社会发展第十三个五年规划纲要（“十三五”规划纲要）。该纲要共分为 20 篇，在拓展网络经济空间一篇中，其提出实施国家大数据战略，把大数据作为基础性战略资源，全面实施促进大数据发展行动，加快推动数据资源共享开放和开发应用，助力产业转型升级和社会治理创新。

2015 年 8 月 31 日，国务院印发《促进大数据发展行动纲要》（国发〔2015〕50 号），提出我国大数据发展的顶层设计，系统部署我国大数据发展工作。并在政策机制部分中着重强调要建立标准规范体系，推进大数据产业标准体系建设，加快建立政府部门、事业单位等公共机构的数据标准和统计标准体系，推进数据采集、政府数据开放、指标口径、分类目录、交换接口、访问接口、数据质量、数据交易、技术产品、安全保密等关键共性标准的制定和实施，加快建立大数据市场交易标准体系；开展标准验证和应用试点示范，建立标准符合性评估体系，充分发挥标准在培育服务市场、提升服务能力、支撑行业管理等方面的作用；积极参与相关国际标准制定工作等。

2016 年 12 月 15 日，国务院印发《“十三五”国家信息化规划》（国发〔2016〕73 号），明确提出要建立统一开放的大数据体系，加强数据资源规划建设，构建统一高效、互联互通、安全可靠的国家数据资源体系，推动数据应用，强化数据资源管理，注重数据安全保护。

2015 年 7 月 1 日，国务院办公厅发布《关于运用大数据加强对市场主体服务和监管的若干意见》（国办发〔2015〕51 号），肯定了大数据在市场监管服务中的重大作用，并在重点任务分工安排中提出“建立大数据标准体系，研究制定有关大数据的基础标准、技术标准、应用标准和管理标准等；加快建立政府信息采集、存储、公开、共享、使用、质量保障和安全管理的技术标准；引导建立企业间信息共享交换的标准规范”。

2016 年 6 月 21 日，国务院办公厅发布《关于促进和规范健康医疗大数据应用发展的指导意见》（国办发〔2016〕47 号），将健康医疗大数据应用发展纳入国家大数据战略布局。该意见明确了健康医疗大数据应用发展的目标，包括到 2017 年年底基本形成跨部门健康医疗数据资源共享共用格局，到 2020 年建成国家医疗卫生信息分级开放应用平台，实现与人口、法人、空间地理等基础数据资源跨部门、跨区域共享等，同时意见还明确了相关重点任务和重大工程，其中包括夯实健康医疗大数据应用基础，全面深化健康医疗大数据应用，规范和推动“互联网+健康医疗”服务，加强健康医疗大数据保障体系建设等。

2017年5月18日，国务院办公厅发布《政务信息系统整合共享实施方案》（国办发〔2017〕39号），明确了加快推进政务信息系统整合共享的“十件大事”。

2018年3月17日，国务院办公厅发布《科学数据管理办法》（国办发〔2018〕17号），明确了我国科学数据管理的总体原则、主要职责、数据采集汇交与保存、共享利用、保密与安全等方面内容，着重从五个方面提出了具体管理措施。（1）明确各方职责分工，强化法人单位主体责任，明确主管部门职责，体现“谁拥有、谁负责”“谁开放、谁受益”。（2）按照“分级分类管理，确保安全可控”的原则，主管部门和法人单位依法确定科学数据的密级及开放条件，加强科学数据共享和利用的监管。（3）加强知识产权保护，对科学数据使用者和生产者的行为进行规范，体现对科学数据知识产权的尊重。（4）要求科技计划项目产生的科学数据进行强制性汇交，并通过科学数据中心进行规范管理和长期保存，加强数据积累和开放共享。（5）提出法人单位要在岗位设置、绩效收入、职称评定等方面建立激励机制，加强科学数据管理能力建设。

围绕国家政策，各部委和相关行业也出台了一系列政策（见表1-2）促进和推动大数据在各领域中的应用发展。

表1-2　部分行业领域大数据政策

序号	政策名称	发布日期	发文单位
1	《关于组织实施促进大数据发展重大工程的通知》	2016年1月7日	国家发改委
2	《生态环境大数据建设总体方案》	2016年3月7日	环境保护部
3	《关于印发促进国土资源大数据应用发展实施意见》	2016年7月4日	国土资源部
4	《关于加快中国林业大数据发展的指导意见》	2016年7月13日	国家林业局
5	《关于推进交通运输行业数据资源开放共享的实施意见》	2016年8月25日	交通运输部

续表

序号	政策名称	发布日期	发文单位
6	《农业农村大数据试点方案》	2016年10月14日	农业部
7	《大数据产业发展规划（2016～2020年）》	2017年1月17日	工业和信息化部
8	中国大数据发展报告（2017）	2017年2月26日	国家信息中心
9	《关于推进水利大数据发展的指导意见》	2017年5月2日	水利部
10	大数据驱动的管理与决策研究重大研究计划2017年度项目指南	2017年7月25日	国家自然科学基金委员会
11	智慧城市时空大数据与云平台建设技术大纲（2017版）	2017年9月6日	国家测绘地理信息局办公室
12	关于深入开展“大数据+网上督察”工作的意见	2017年9月8日	公安部
13	《气象大数据行动计划（2017～2020年）》	2017年12月11日	中国气象局
14	《公共信息资源开放试点工作方案》	2018年1月5日	中央网信办、发展改革委、工业和信息化部
15	《教育部机关及直属事业单位教育数据管理办法》	2018年1月22日	教育部
16	《银行业金融机构数据治理指引》	2018年5月21日	中国银行保险监督管理委员会
17	《国家健康医疗大数据标准、安全和服务管理办法（实行）》	2018年9月13日	国家卫生健康委员会
18	《生态环境信息基本数据集编制规范》	2018年10月8日	生态环境部

2. 国家大数据综合试验区

国家选择具有一定条件的地区设立大数据综合试验区，开展大数据试点工作，旨在贯彻落实国务院《促进大数据发展行动纲要》，为大数据制度创新、公共数据开放共享、大数据创新应用、大数据产业聚集、大数据要素流通、数据中心整合利用、大数据国际交流合作等方面开展试验探索，推动我国大数据创新发展。综合试验区建设将发挥“三个作用”：一是示范带头作用；二是统筹布局作用；三是先行先试作用。在试验区内，开展面向应用的数据交易市场试点，鼓励产业链上下游进行数据交换，探索数据资源的定价机制，规范数据资源交易行为，建立大数据投融资体系，激活数据资源潜在价值，促进形成新业态。目前我国共设有8个国家大数据综合实验区，其中先导试验型综合实验区1个、跨区域类综合试验区2个、区域示范类综合试验区4个、大数据基础设施统筹发展类综合试验区1个。

（1）先导试验型综合实验区：国务院《促进大数据发展行动纲要》中明确提出了“开展区域试点，推进贵州等大数据综合试验区建设”。贵州国家大数据综合试验区定位是积极开展大数据综合性、示范性、引领性发展的先行先试，开展先行探索，积累先试经验，围绕数据资源管理与共享开放、数据中心整合、数据资源应用、数据要素流通、大数据产业集聚、大数据国际合作、大数据制度创新等七大主要任务开展系统性试验，打破数据资源壁垒，通过不断总结可借鉴、可复制、可推广的实践经验，最终形成试验区的辐射带动和示范引领效应。

（2）跨区域类综合试验区：定位是围绕落实国家区域发展战略，更加注重数据要素流通，以数据流引领技术流、物质流、资金流、人才流，支撑跨区域公共服务、社会治理和产业转移，促进区域一体化发展。目前我国已有的跨区域类综合试验区包括京津冀国家大数据综合试验区和珠三角国家大数据综合试验区。

（3）区域示范类综合试验区：定位是积极引领东部、中部、西部、东北等“四大板块”发展，更加注重数据资源统筹，加强大数据产业集聚，引领区域发展，发挥辐射带动作用，促进区域协同发展，实现经济提质增效。目前我国已建设的区域示范类综合试验区包括上海国家大数据综合试验区、河南国家大数据综合试验区、重庆国家大数据综合试验区和沈阳国家大数据综合试验区。

（4）大数据基础设施统筹发展类综合试验区：定位是在充分发挥区域能源、气候、地质等条件基础上，加大资源整合力度，强化绿色集约发展，加强与东、中部产业、人才、应用优势地区合作，实现跨越发展。目前我国已建设的基础设施统筹发展类综合试验区为内蒙古国家大数据综合试验区。

3. 地方政策

在《促进大数据发展行动纲要》等国家政策的引领下，各地政府也高度重视大数据产业的发展，大数据产业发展政策的制定出台呈密集态势。据不完全统计，目前各地出台专门的大数据相关政策文件近 200 项，这些政策以促进大数据产业的发展为目的，主要内容包括大数据产业规划纲要、大数据和云计算发展计划、促进大数据发展应用的若干举措等。政策基于地方产业基础与经济特点进行了高适性匹配，具有认知深刻、创新灵活、匹配度高、管理到位、强调实效的特点。

在制定政策的同时，各地方也相继设立大数据专门管理机构或部门，省级层面已有广东省、浙江省、山东省、贵州省、福建省、广西壮族自治区、吉林省、河南省、江西省、内蒙古自治区、重庆市、上海市、安徽省、云南省、海南省等 15 个地区设立了省级的大数据管理相关机构；从省级以下层面来看，根据机构改革前的机构设置情况来看，已设立了广州市大数据管理局、沈阳市大数据管理局、成都市大数据管理局等 21 个有关机构。上述管理机构或部门的主要职责包括拟定并组织实施大数据战略、规划和政策措施等。在国家治理、经济发展等诸多领域，大数据都在发挥着至关重要的作用，地方大数据管理机构的成立有利于统筹产业规划，是行政体制上的一次灵活创新。

（二）国内立法

1. 国内立法现状

大数据的良性发展自然离不开大数据产业政策的大力支持，而大数据与公民个人数据关系异常密切，无论是数据收集的来源、数据使用还是处理的方式、范围，都与个人数据保护等相关法律制度直接相关。因此，涉及公民个人数据保护的安全隐私政策，对于大数据产业的发展也起着至关重要的作用，具有举足轻重的价值。相对于国外的安全隐私政策立法进程而言，我国对于个人数据保护的立法起步较晚，目前还没有统一的个人信息保护立法，有关个人信息和数据保护的法律规定见于宪法、相关民事、刑事、行政、经济等方面的法律法规之中，侵犯个人信息可能涉及承担民事、行政甚至刑事多方面法律责任，其中涉及的主要法律法规如表 1-3 所示。

表 1-3 国内关于个人信息保护相关的主要法律规定

序号	法律法规名称	发布日期	发布机构
1	《宪法》	1982 年 12 月 4 日	全国人大
2	《刑法修正案（七）》	2009 年 2 月 28 日	全国人大常委会
3	《侵权责任法》	2009 年 12 月 26 日	全国人大常委会
4	《关于加强网络信息保护的决定》	2012 年 12 月 28 日	全国人大常委会
5	《征信业管理条例》	2013 年 1 月 21 日	国务院
6	《电信和互联网用户个人信息保护规定》	2013 年 7 月 16 日	工业和信息化部
7	《消费者权益保护法》（修订）	2013 年 10 月 25 日	全国人大常委会
8	《最高人民法院关于审理利用信息网络侵害人身权益民事纠纷案件适用法律若干问题的规定》	2014 年 6 月 23 日	最高人民法院
9	《刑法修正案（九）》	2015 年 8 月 29 日	全国人大常委会
10	《网络安全法》	2016 年 11 月 7 日	全国人大常委会
11	《民法总则》	2017 年 3 月 15 日	全国人民代表大会
12	《关于办理侵犯公民个人信息刑事案件适用法律若干问题的解释》	2017 年 5 月 8 日	最高人民法院、最高人民检察院
13	《电子商务法》	2018 年 8 月 31 日	全国人大常委会
14	《检察机关办理侵犯公民个人信息案件指引》	2018 年 11 月 9 日	最高人民检察院

（1）宪法方面。

1982 年 12 月 4 日，全国人大公告公布施行现行《宪法》并多次修正，其第 33 条的“国家尊重和保障人权”的规定为我国宪法上的概括性权利条款，是信息数据保护圈作为一项未列举基本权利得以存在的主要依据。其第 40 条规定：“中华人民共和国公民的通信自由和通信秘密受法律的保护。除因国家安全或者追查刑事犯罪的需要，由公安机关或者检察机关依照法律规定的程序对通信进行检查外，任何组织或者个人不得以任何理由侵犯公民的通信自由和通信秘密。”将通信自由和通信秘密列为十分重要的宪法权利，核心在于保护公民隐私权。

（2）民事方面。

2009 年 12 月 26 日，全国人大常委会颁布《侵权责任法》，其第 2 条把隐私权作为一项公民基本权利明确规定出来，是立法的一大亮点。第 36 条明确网络用户、网络服务提供者利用网络侵害他人民事权益应当承担侵权责任，此规定加重了网络服务者对网络信息的审查义务，为保护民事主体在网络中的隐私权提供了有力的法律依据。

2014 年 6 月 23 日，最高人民法院发布《关于审理利用信息网络侵害人身权益民事纠纷案件适用法律若干问题的规定》，针对互联网发展过程中出现的法律适用问题，除了明确管辖法院、诉讼程序和相关认定规则之外，同时明确了个人信息保护范围，加大被侵权人的司法保护力度，对于规范网络行为、建立良好的网络秩序，具有重要意义。其中第 12 条规定：“网络用户或者网络服务提供者利用网络公开自然人基因信息、病历资料、健康检查资料、犯罪记录、家庭住址、私人活动等个人隐私和其他个人信息，造成他人损害，被侵权人请求其承担侵权责任的，人民法院应予支持。”该条款用列举的方式框定了个人隐私和其他个人信息的外延，界定了个人信息保护的范围。

2017 年 3 月 15 日，全国人民代表大会第五次会议通过的《民法总则》从民事基本法层面首次规定个人信息保护的制度。其中第 110 条将隐私权列为重要的人格权，第 111 条规定：“自然人的个人信息受法律保护。任何组织和个人需要获取他人个人信息的，应当依法取得并确保信息安全，不得非法收集、使用、加工、传输他人个人信息，不得非法买卖、提供或者公开他人个人信息。”将个人信息权单列为一项民事权利进行直接立法保护，确立了个人信息安全的法律地位和法律性质。

（3）刑事方面。

2009 年 2 月 28 日，全国人大常委会通过《刑法修正案（七）》，首次在第 253 条中规定了“出售、非法提供公民个人信息罪”和“购买、非法获取公民个人信息罪”。在此基础上，2015 年 8 月 29 日，全国人大常委会通过《刑法修正案（九）》，对第 253 条做了部分改动，进一步增强了对个人信息的保护。与《刑法修正案（七）》相比，变化之一是犯罪主体身份一般化，《刑法修正案（九）》将个人信息保护的两罪名的犯罪主体由原仅限于国家机关或者金融、电信、交通、教育、医疗等单位及其工作人员扩大为一般主体及单位；变化之二是获取方式不限，对于通过履行职责或者提供服务以外的其他方式合法地获得公民个人信息后，又将该信息出售、非法提供给他人的行为，纳入刑法的打击范围；变化之三是最高刑期提高至 7 年，加大了处罚力度。

2017 年 5 月 8 日，最高人民法院、最高人民检察院共同发布的《关于办理侵犯公民个人信息刑事案件适用法律若干问题的解释》（以下简称《两高解释》）对侵犯公民个人信息犯罪的定罪量刑标准和有关法律适用问题作了全面、系统的规定，为依法惩治侵犯公民个人信息犯罪活动、保护公民个人信息安全和合法权益提供司法指导。《两高解释》第 1 条“公民个人信息”是指以电子或者其他方式记录的能够单独或者与其他信息结合识别特定自然人身份或者反映特定自然人活动情况的各种信息，包括姓名、身份证件号码、通信联系方式、住址、账号密码、财产状况、行踪轨迹等，对个人信息的概念进行明确界定，同时还对“违反国家有关规定”“提供公民个人信息”“情节严重”等进行了明确。

2018 年 11 月 9 日，最高人民检察院发布《检察机关办理侵犯公民个人信息案件指引》，明确了此类案件在审查逮捕、审查起诉阶段证据认定、法律适用以及社会危险性、羁押必要性审查等方面的实务问题，统一司法标准。

（4）行政、经济及其他方面。

2012 年 12 月 28 日，全国人大常委会表决通过《关于加强网络信息保护的决定》，从立法层面对能够识别公民身份和涉及公民个人隐私的电子信息进行保护，具有重要的宣示意义。该决定规范了网络服务提供者和其他企事业单位使用、收集、保密、管理公民的电子信息的行为，并明确了公民有拒绝接收垃圾信息的权利，及在侵权行为发生时，公民有权要求网络服务提供者删除有关信息或者采取其他必要措施予以制止等。该决定一定程度上缓解了当时我国网络信息安全立法滞后的问题。

2013 年 1 月 21 日，国务院颁布《征信业管理条例》，该条例适用于我国境内从事个人或企业信用信息采集、整理、保存、加工并向信息使用者提供的征信业务及相关活动。在个人信息的收集上，采集个人信息应当经信息主体本人同意，未经本人同意不得采集。禁止征信机构采集个人的宗教信仰、基因、指纹、血型、疾病和病史信息以及法律、行政法规规定禁止采集的其他个人信息。此外，对于通过格式合同取得个人信息主体同意的，《征信业管理条例》规定应当在合同中作出足以引起信息主体注意的提示，并按照信息主体的要求作出明确说明。在个人信息的查询上，个人信息主体有权每年两次免费获取本人的信用报告。向征信机构查询个人信息的，应当取得信息主体本人的书面同意并约定用途。但法律规定可以不经同意查询的除外。在个人信息的使用上，信息使用者应当按照与个人信息主体约定的用途使用个人信息，不得用作约定以外的用途，不得未经个人信息主体同意向第三方提供。该条例对个人征信业务实行严格管理，突出了对个人合法权益的保护。

2013 年 7 月 16 日，工业和信息化部根据《关于加强网络信息保护的决定》颁布的《电信和互联网用户个人信息保护规定》，是与以互联网数据为主的大数据产业密切相关的法律性文件之一。该部门规章明确了电信和互联网用户个人信息的保护范围：电信业务经营者和互联网信息服务提供者在提供服务的过程中收集的用户姓名、出生日期、身份证件号码、住址、电话号码、账号和密码等能够单独或者与其他信息结合识别用户的信息以及用户使用服务的时间、地点等信息；要求电信业务经营者、互联网信息服务提供者在收集、使用用户个人信息应当遵循合法、正当、必要的原则，并对用户个人信息的安全负责；未经用户同意不得收集、使用用户个人信息，且要求明确告知用户其收集、使用信息的目的、方式和范围等事项；不得收集提供服务所必需以外的用户个人信息；在用户终止使用服务后应当停止对用户个人信息的收集和使用，并提供注销号码或账号的服务；不得泄露、篡改、毁损、出售或者非法向他人提供用户个人信息等。该规定完善了电信业务经营者和互联网信息服务提供者对用户个人信息安全的保护规范。

2013年10月25日，全国人大常委会修订颁布《消费者权益保护法》，将个人信息的保护写入其中，并特别规定了经营者对消费者个人信息的保护责任。经营者及其工作人员对收集的消费者个人信息必须严格保密，不得泄露、出售或者非法向他人提供。经营者未经消费者同意或者请求，或者消费者明确表示拒绝的，不得向其发送商业性信息等。《消费者权益保护法》的修订加强了消费者个人信息权的特殊保护。

2016年11月7日，全国人大常委会颁布《网络安全法》，作为我国网络安全领域的首部法律，《网络安全法》将“维护网络空间主权和国家安全”作为立法宗旨，除了强化数据安全管理的要求，明确安全保护义务（第21条）、禁止窃取网络数据的义务（第27条）、境内存储的义务（第37条）等外，还强化了公民个人信息的保护（第40~45条），规定网络运营者应当对其收集的用户信息严格保密，建立健全用户信息保护制度，不得违法、违约收集、使用、处理他人的个人信息，同时确立了个人信息收集和使用的合法正当原则、知情同意原则、目的限制原则、安全保密原则和删除更正原则，是目前个人信息保护最全面和最权威的规定，为公民个人信息保护提供了强有力的保障。需要特别指出的是，《网络安全法》首次从国家立法的高度采用概括列举方式定义了“个人信息”的概念，根据《网络安全法》第76条第5款，个人信息是指以电子或者其他方式记录的能够单独或者与其他信息结合识别自然人个人身份的各种信息，包括但不限于自然人的姓名、出生日期、身份证件号码、个人生物识别信息、住址、电话号码等。

2018 年 8 月 31 日，全国人大常委会颁布《电子商务法》，有关个人信息保护问题成为该法的重点之一，其第 5 条、第 23 条、第 25 条、第 69 条、第 79 条对于个人信息安全进行了规定，明确了电子商务经营者收集、使用个人信息应当遵守法律、行政法规有关个人信息保护的规定，明确禁止大数据“杀熟”行为，并规定电商平台有义务将重要的个人信息保护到底等内容。同时，在个人信息主体权利上，延伸《网络安全法》的规定，增加查询用户信息的权利。同时，该法还对电子商务数据的应用和自由流通给予明确的法律保障，鼓励电子商务数据开发应用，保障电子商务数据依法有序自由流动。

除了以上已正式发布的相关法律规定，目前仍有部分法律法规正处于征求意见阶段，如 2019 年 5 月 27 日，国家互联网信息办公室发布《数据安全管理办法（征求意见稿）》，该办法明确了个人信息和重要数据的收集、处理使用和安全监督管理的相关标准，提出网络运营者以经营为目的收集重要数据或个人敏感信息，应向所在地网信部门备案，网络运营者通过网站、应用程序等产品收集使用个人信息，应当分别制定并公开收集使用规则等内容。2019 年 5 月 31 日，国家互联网信息办公室发布《儿童个人信息网络保护规定（征求意见稿）》，明确网络运营者收集、存储、使用、转移、披露儿童个人信息的，应当遵循正当必要、知情同意、目的明确、安全保障、依法利用的原则，同时规定网络运营者应当设置专门的儿童个人信息保护规则和用户协议，并设立个人信息保护专员或者指定专人负责儿童个人信息保护。2019 年 6 月 13 日，国家互联网信息办公室发布了《个人信息出境安全评估办法（征求意见稿）》，界定了个人信息出境的行为，明确了网络运营者和个人信息接收者的职责，细化了个人信息出境安全评估的内容。该办法的出台对保障个人信息安全、规范个人信息出境依法有序的流动，具有重大的指导意义。

（5）规范标准方面。

除上述法律法规、部门规章、司法解释外，我国还颁布了一系列个人信息保护方面的指南、标准等配套文件，指导各行各业开展个人信息保护工作。尽管国家推荐性标准不具有强制性效力，但在《网络安全法》配套措施尚未完善的情况下，其在一定程度上反映了监管部门的态度，为个人信息保护提供了具有可操作性的参考和指引。

2013年2月1日，由全国信息安全标准化技术委员会提出并归口组织，中国软件评测中心牵头，联合多家单位制定的《信息安全技术公共及商用服务信息系统个人信息保护指南》（以下简称《个人信息保护指南》）实施，该指南是我国首个个人信息保护国家标准，属国家标准“指导性技术文件”，对利用信息系统处理个人信息的活动起指导和规范作用，目的在于提高企业个人信息保护技术水平，促进个人信息的合理利用。最显著的特点是将个人信息分为个人一般信息和个人敏感信息，并提出默许同意和明示同意的概念。对于个人一般信息的处理可以建立在默许同意的基础上，只要个人信息主体没有明确表示反对，便可收集和利用。对于个人敏感信息，则需要建立在明示同意的基础上，即在收集和利用之前，必须首先获得个人信息主体明确的授权。根据该指南的定义，个人敏感信息指的是一旦遭到泄露或修改，会对标识的个人信息主体造成不良影响的个人信息。各行业个人敏感信息的具体内容根据接受服务的个人信息主体意愿和各自业务特点确定。个人敏感信息可以包括身份证号码、手机号码、种族、政治观点、宗教信仰、基因、指纹等。个人一般信息则是指除个人敏感信息以外的个人信息。该指南明确要求，处理个人信息应有特定、明确和合理的目的，并在个人信息主体知情的情况下获得个人信息主体的同意，在达成个人信息使用目的之后删除个人信息。该指南还提出了处理个人信息时应当遵循的八项基本原则，即目的明确、最少够用、公开告知、个人同意、质量保证、安全保障、诚信履行和责任明确。这是我国首次制定类似的行业标准，比较全面地规范了个人信息处理的全流程活动，将有效促进个人信息保护观念转变，提高个人信息保护意识。但该指南只是一个推荐性标准，其实施取决于相关行业主体的自愿配合，从某种程度上说缺乏一定的强制力。

此外，国家质量监督检验检疫总局、国家标准化管理委员会也已发布或正在制定一系列与个人信息保护相关的国家推荐性标准，包括但不限于已发布的《信息安全技术个人信息安全规范》和尚未正式发布的《信息安全技术数据出境安全评估指南》。具体而言，2018 年 1 月 2 日正式发布的国家推荐性标准《信息安全技术个人信息安全规范》包含个人信息及其相关术语基本定义，个人信息安全基本原则，个人信息收集、保存、使用以及处理等流转环节以及个人信息安全事件处置和组织管理要求等。2017 年 8 月 25 日发布的《信息安全技术数据出境安全评估指南（征求意见稿）》对数据出境安全评估流程、评估要点、评估方法、重要数据识别指南等内容进行了具体规定。

（6）法律责任方面。

在法律责任方面，依据上述法律法规的规定，侵犯个人信息可能需要承担民事、行政甚至刑事责任，从而为个人信息的保护提供了有力的法律制度保障。

①民事责任。《网络安全法》第 74 条第 1 款规定："违反本法规定，给他人造成损害的，依法承担民事责任。"因此，未经同意收集、使用他人个人信息，数据主体可依据《民法总则》《侵权责任法》和《消费者权益保护法》等相关法律规定主张赔偿，相关侵权者将承担民事侵权责任。

②行政责任。未经同意收集、使用他人个人信息，尚不足《两高解释》"情节严重"要求时，根据《网络安全法》第 64 条的规定，面临的处罚将包括警告、没收违法所得、罚款、暂停相关业务、停业整顿、关闭网站、吊销相关业务许可证和吊销营业执照等；对直接责任人员的罚款数额可达 10 万元，对网络运营者的罚款数额更可高达 100 万元。

③刑事责任。未经同意收集、使用他人个人信息，达到《两高解释》"情节严重"要求时，则构成刑法"侵犯公民个人信息罪"，应承担刑事责任，包括对直接负责的主管人员和其他直接责任人员定罪处罚，并对单位判处罚金等。

2. 大数据立法趋势

我国大数据立法虽然起步较晚，但随着《民法总则》《网络安全法》

的实施以及后续的配套法律法规的建设完善，个人信息保护相关法律制度建设取得显著成效，有效地改善了过去“守法成本高、违法成本低”的怪象。特别是《网络安全法》的出台，不仅赋予数据主体收集同意权、被遗忘权、纠错权等一系列权利，还首次明确规定了网络运营者在收集、使用个人信息数据过程中相应的保障义务。但是，在制度越发健全和完善的同时，我们还需要清醒地认识到，我国个人信息保护的立法仍然寄居于国家安全和网络安全保护立法的大框架之下，还没有针对公民个人和隐私进行专门的立法保护，个人信息保护的法律规定较为分散。相较于欧盟的《一般数据保护条例》（GDPR）、《隐私和电子通讯指令》（ePD），在数据保护领域我国立法仍有相当的可完善空间。

由于数据应用的法律尚存模糊地带，数据灰产悄然滋生，对个人信息肆意侵犯的现象更是时有发生。在未来的个人信息保护立法进程中，如何平衡大数据产业的发展和个人信息的合理保护将会成为立法宗旨上的一个重要考量的角度。此外，大数据时代的一个重要基石——个人信息的法律属性尚未确定，目前在学术界还存在隐私权说、人格权说、财产权说等多种学说流派。因此，无论是从合理立法角度考虑，还是从产业长期发展角度出发，大数据方面的安全隐私立法进程都应当谨慎稳健。短期来看，可以在目前数据安全隐私保护框架基础上循序渐进，通过进一步完善和细化个人信息保护的配套法律规范和标准，促进大数据产业的良性发展，增强守法合规企业的竞争力，创建有序竞争的市场环境。长远来看，随着大数据产业的持续发展，对个人信息保护进行专项立法是必然趋势。据悉，《数据安全法》《个人信息保护法》已被写入十三届全国人大常委会立法规划的第一类项目，即条件比较成熟、任期内拟提请审议的法律草案，立法的地位和优先级有了巨大提升。可见国家已经意识到个人信息保护的重要性，这也预示着我国终将出台有关个人信息保护的专项法律规定。

总而言之，大数据产业发展需要国家从法律法规、行业规范以及技术手段等多方面对个人隐私数据进行监管和保护，也需要政府、企业及社会公众等各方主体切实遵守相关规定，承担相应责任，只有这样才能促进大数据产业的健康发展。

二、国外大数据相关政策和立法发展*

（一）国外政策

大数据行业的良性发展离不开大数据产业政策的大力支持。当前，大数据所蕴含的战略价值已经引起多数发达国家政府的重视，以美国、欧盟等为代表的国家或区域政府组织相继出台大数据战略规划和配套政策制度，以战略规划促进产业发展、以政府立法提供制度保障、以开放数据激发创新应用，同时加速关键技术研发布局，积极培养大数据产业人才，加大政府投资保障产业发展，大力促进大数据应用与发展。

1. 美国大数据政策

2009 年 5 月，美国政府宣布实施“开放政府计划”（Open Government Initiative），该计划提出利用整体、开放的网络平台，公开政府信息、工作程序和决策过程，以鼓励公众交流和评估，增进政府信息的可及性，强化政府责任，提高政府效率，增进与企业及各级政府间的合作，推动政府管理向开放、协同、合作迈进。联邦政府同时开通了旗舰级项目——“一站式”政府数据下载网站 data. gov，只要不涉及隐私和国家安全的相关数据，均需全部在该网站公开发布。data. gov 的上线意味着美国政府数据仓库的正式建立，标志着美国政府信息进一步公开与透明。

2012 年 3 月，美国白宫科技政策办公室发布《大数据研究和发展计划》，成立“大数据高级指导小组”，旨在通过对海量复杂的数据集合的收集、整理，从中获得知识和洞见，以提升对社会经济发展的预测能力。具体实现三个目标：（1）开发能够对大量数据进行收集、存储、维护、管理、分析和共享的最先进的核心技术；（2）利用这些技术加快科学和工

---

* 中国电子技术标准化研究院. 大数据标准化白皮书（2018 版）[EB/OL].（2018-03-29）[2018-11-06]. http://www.cesi.cn/201803/3709.html.

程学领域探索发现的步伐，加强国家安全，转变现有的教学方式；（3）扩大从事大数据技术开发和应用的人员数量。根据这一计划，美国希望利用大数据技术在多个领域实现突破，包括科研教学、环境保护、工程技术、国土安全、生物医药等，具体的研发计划涉及美国国家科学基金会、国家卫生研究院、国防部、能源部、国防部高级研究局、地质勘探局等6个联邦部门和机构。2012年3月22日，奥巴马政府宣布2亿美元投资大数据领域，是大数据技术从商业行为上升到国家科技战略的分水岭。[1] 在美国政府的推动下，企业、科研院校以及非营利机构也纷纷加入其中，进而形成利益相关者全体成员系统化共进的局面。目前EMC、IBM、惠普、微软、甲骨文等IT巨头积极通过并购实现技术整合，推出大数据相关产品和服务；同时也出现了Cloudera、Palantir、Splunk、DataStax等大数据新兴公司。

2013年11月，美国信息技术与创新基金会发布《支持数据驱动型创新的技术与政策》，建议世界各国的政策制定者应采取措施，鼓励公共部门和私营部门开展数据驱动型创新。其中指出“数据驱动型创新”作为崭新命题，所面临的包括新概念、新技术的挑战；并就政府如何支持数据型驱动的创新提出建议：（1）政府应大力培养所需的有技能的劳动力；（2）政府要推动数据相关技术的研发。

2014年5月，美国总统行政办公室发布《大数据：把握机遇，保存价值》，对美国大数据应用与管理的现状、政策框架和改进建议进行集中阐述；并就保护个人隐私的价值、数字时代负责任的教育创新、大数据与歧视、执法与安全保护、数据公共资源化提出建议。

2016年5月，美国总统科技顾问委员会发布《联邦大数据研究和开发战略计划》，该计划在已有基础上提出美国下一步的大数据七大发展战略，代表大数据研究和开发的关键领域，其包括在科学、医学和安全的

---

[1] 中国林业网. 大数据的发展历程：2005—2014［EB/OL］.（2014-10-13）［2018-09-01］. http：//www.forestry.gov.cn/portal/xxb/s/2519/content-709605.html.

各个方面促进人们的理解；确保国家在研发上的持续领导；提高国家应对社会压力的能力以及通过研究和开发面向国家和世界的环境问题。

2. 欧盟大数据政策

2011 年欧盟委员会发布《开放数据：创新、增长和透明治理的引擎》，开始推进开放数据战略，该战略从三个方面对原有法律、政策进行修订与补充：第一，建立适应信息再利用的法律框架；第二，动用金融工具，以支持开放数据和行动作为建立欧洲经济数据门户的部署；第三，促进各成员国之间的协调与经验交流，为开放数据与共享提供平台。

2014 年欧盟委员会发布《数据驱动经济战略》，聚焦深入研究基于大数据价值链的创新机制，提出大力推动“数据价值链战略计划”，通过一个以数据为核心的连贯性欧盟生态体系，让数据价值链的不同阶段产生价值。“数据价值链战略计划”包括开放数据、云计算、高性能计算和科学知识开放获取四大战略，主要原则是：高质量数据的广泛获得性，包括公共资讯数据的免费获得；作为数字化单一市场一部分，欧盟内数据的自由流动；寻求个人潜在隐私问题与其数据再利用潜力之间的适当平衡，同时赋予公民以其希望形式使用自己数据的权利。

2015 年欧盟大数据价值联盟正式发布《欧盟大数据价值战略研究和创新议程》，设定了欧盟国家和区域层面的发展目标，以实现未来欧洲在世界创造大数据价值中的领先地位。该议程建议建立欧盟大数据契约的合同制公私伙伴（cPPP），以在欧盟 2020 地平线（Horizon 2020）、各国和地区计划中推行议程，增强泛欧的研究与创新工作，形成清晰的研究、技术发展和投资战略。议程从七个方面指出在欧盟建立良好的大数据生态系统所需要解决的主要挑战。议程对大数据发展目标的预期影响进行研究，设定了关键绩效指标，以评估预期影响。

2017 年欧盟委员会发布《打造欧洲数据经济》报告，对数据驱动型经济的潜力、面临的障碍、解决方案等进行分析总结。报告指出，大数据是经济增长、就业和社会进步的重要资源，2015 年欧盟数据经济的价值是 2 720 亿欧元，接近欧盟地区生产总值的 1.9%。如果有适当的政策和法律解决方案，数据经济的价值将会在 2020 年翻一番。

3. 英国大数据政策

2012 年 5 月，世界上首个开放式数据研究所 ODI（The Open Data Institute）在英国政府的支持下建立，首批注资 10 万英镑。这是英国政府研究和利用开放式数据方面的一次里程碑式发展。未来，英国政府将通过这个组织来利用和挖掘公开数据的商业潜力，并为英国公共部门、学术机构等方面的创新发展提供“孵化环境”，同时为国家可持续发展政策提供进一步的帮助。

2013 年 1 月，英国商业、创新和技能部宣布，将注资 6 亿英镑发展 8 类高新技术，大数据独揽其中的 1.89 亿英镑。英国政府预计大数据将成为英国经济的主要驱动力，而 4 个大数据研究中心将确保英国在国际竞争中保持较强竞争力。到 2017 年，大数据分析为英国创造 5.8 万个工作岗位，并带来 2 160 亿英镑的经济收入。

2013 年 10 月，由英国商务、创新和技能部牵头编制的《英国数据能力发展战略规划》发布。该战略旨在使英国成为大数据分析的世界领跑者，并使公民和消费者、企业界和学术界、公共部门和私营部门均从中获益。该战略在定义数据能力以及如何提高数据能力方面，进行了系统性的研究分析，并提出举措建议。

2017 年 8 月，由英国运输部与英国国家基础设施保护中心（CPNI）共同制定的新的网络安全准则《车联网和自动驾驶汽车网络安全准则》出台。该准则属于英国政府道路安全与网络安全相关政策的一部分。

4. 法国大数据政策

2011 年 7 月，法国工业部长埃里克贝松宣布，启动开放数据终端移动（Open Data Proxima Mobile）项目，希望通过该项目实现公共数据在移动终端上的使用，从而最大限度地挖掘它们的应用价值。项目涉及交通、文化、旅游和环境等领域。

2011 年 12 月，法国政府推出的公开信息线上共享平台 data.gouv.fr，上线当天发布的第一批资源中就包含 35.2 万组数据，且网站的数据由每个政府部门的专员统计和收集、持续更新。

2013 年 2 月，法国政府发布《数字化路线图》，明确大数据是未来要大力支持的战略性高新技术。政府将以新兴企业、软件制造商、工程师、信息系统设计师等为目标，开展一系列的投资计划，旨在通过发展创新性解决方案，并将其用于实践，以促进法国在大数据领域的发展。法国软件编辑联盟曾号召政府部门和私人企业共同合作，投入 3 亿欧元资金用于推动大数据领域的发展。❶

2013 年 4 月，法国经济、财政和工业部宣布将投入 1150 万欧元用于支持 7 个未来投资项目，法国政府投资这些项目在于“通过发展创新性解决方案，并将其用于实践，以促进法国在大数据领域的发展”。

2013 年 7 月，法国中小企业、创新和数字经济部发布《法国政府大数据五项支持计划》，包括引进数据科学家教育项目；设立一个技术中心给予新兴企业各类数据库和网络文档存取权；通过为大数据设立原始扶持资金，促进创新；在交通、医疗卫生等纵向行业领域设立大数据旗舰项目；为大数据应用建立良好的生态环境，如在法国和欧盟层面建立用于交流的各类社会网络等。

5. 日本大数据政策

2012 年 6 月，日本 IT 战略本部发布电子政务开放数据战略草案，迈出了政府数据公开的关键性一步。为了确保国民方便地获得行政信息，在紧急情况时政府利用标准化技术，可以以较少的网络流量向手机用户提供统计信息、测量信息、灾害信息等公共信息，并尽快在网络上实现行政信息全部公开且可被重复使用，以进一步推进开放政府的建设进程。

2012 年 7 月，日本推出《面向 2020 年的 ICT 综合战略》，提出“活跃在 ICT 领域的日本”的目标，重点关注大数据应用。战略聚焦大数据应用所需的社会化媒体等智能技术开发，传统产业 IT 创新以及在新医疗

❶ 中国产业投资网. 国外大数据产业的发展情况解析［EB/OL］.（2015-03-06）［2018-11-15］. http：//www.cu-market.com.cn/spsd/20150306/150492015.html.

技术开发、缓解交通拥堵等公共领域的应用。

2013 年 6 月，日本公布新战略："创建最尖端 IT 国家宣言"。宣言阐述了 2013~2020 年以发展开放公共数据和大数据为核心的日本新 IT 国家战略，提出要把日本建设成为一个具有"世界最高水准的广泛运用信息产业技术的社会"。2013 年 7 月 27 日，日本三菱综合研究所牵头成立"开放数据流通推进联盟"，旨在由产官学联合，促进日本公共数据的开放应用。

2015 年 6 月，日本政府经内阁会议决定了 2014 年度版制造业白皮书。白皮书指出，日本制造业在积极发挥 IT 作用方面落后于欧美，建议转型为利用大数据的"下一代"制造业。

2017 年 10 月，日本公正交易委员会竞争政策研究中心发布《数据与竞争政策研究报告书》。在该报告书中，日本明确了运用竞争法对"数据垄断"行为进行规制的主要原则和判断标准。

6. 印度大数据政策

2012 年，印度批准了国家数据共享和开放政策，目的在于促进政府拥有的数据和信息得到共享及使用。印度建设了一个"一站式"政府数据门户网站 data. gov. in，把政府收集的所有非涉密数据集中起来，包括全国的人口、经济和社会信息。截至 2019 年 5 月，已拥有 145 个部门的 4 732 个数据目录和 286 909 项数据资源。同时，印度政府还拟定了一个非共享数据清单，保护国家安全、隐私、机密、商业秘密和知识产权等数据的安全。

2013 年 1 月，印度政府公布新的科技创新政策。新政策既着眼于形成新的创新视角，又提出到 2020 年跻身全球五大科技强国的目标。新政策强调印度将加强科学、技术与创新之间的协同，使之全方位融入社会经济进程。印度政府还将 2010~2020 年作为"创新十年"，并组建了国家创新委员会，要求在 2017 年，该国研发投入占 GDP 的比例将提高到 2%。

7. 澳大利亚大数据政策

2012 年 10 月，澳大利亚政府发布《澳大利亚公共服务信息与通信技术战略 2012～2015》，强调应增强政府机构的数据分析能力，从而促进更好的服务传递和更科学的政策制定，并将制定一份大数据战略确定为战略执行计划之一。截至 2016 年年底，其政府数据开放网站 data. gov. au 已包括 275 个组织的 23 293 个数据集和 5 625 个应用程序。

2013 年 8 月，澳大利亚政府信息管理办公室（AGIMO）大数据工作组发布《公共服务大数据战略》，以六条“大数据原则”为指导，旨在推动公共部门利用大数据分析进行服务改革，制定更好的公共政策，保护公民隐私，使澳大利亚在该领域跻身全球领先水平。

2016 年 5 月，澳大利亚信息专员办公室（OAIC）发布《大数据指南和澳大利亚隐私原则》的草案，指南草案概述了关键的隐私要求，并鼓励实施隐私管理框架，采用这种方法将在设计初始阶段就考虑将“设计的隐私”嵌入实体、系统和交互中。

（二）国外立法现状

立法保护个人信息及隐私权是国际上通行的做法，目前世界上已有近 90 个国家和地区以及组织制定了个人信息保护的相关法规和标准，下面以美国、欧洲、日本、巴西及印度为例简要介绍。

1. 美国的大数据立法

美国对个人信息采取积极利用的态度，无论是学界还是实务界都有市场化的趋向。相对于欧盟对个人数据隐私的严格保护，美国更关注个人数据的经济特性和价值。在大数据立法方面，美国是行业自律模式的倡导者，采取分散立法模式，成文立法散见于联邦、各州的各行业规定之中，辅之以行业内部的行为规则、规范、标准和行业协会的监督，在充分保证个人数据自由流动的基础上保护个人数据，实现行业内个人数据保护自律和行业利益保护的平衡。美国早期数据保护方面的立法主要是 1974 年通过的隐私法和 1986 年的电子通信隐私法。

1974 年的隐私法是美国行政法中保护公民隐私权和知情权的一项重要法律，是美国最重要的个人信息保护方面的联邦法律，也是美国个人信息保护的综合性法律，为其他具体领域的个人信息保护确立了基本原则与权利体系。其立法的基本原则是：（1）行政机关不应该保有秘密的个人信息记录；（2）个人有权知道自己被行政机关记录的个人信息及其使用情况；（3）为某一目的而采集的公民个人信息，未经本人许可，不得用于其他目的；（4）个人有权查询和请求修改关于自己的个人信息记录；（5）任何采集、保有、使用或传播个人信息的机构，必须保证该信息可靠地用于既定目的，合理地预防该信息的滥用。

1986年的电子通信隐私法涵盖声音通信、文本和数字化形象的传输等所有形式的数字化通信，它不仅禁止政府部门未经授权的窃听，而且禁止所有个人和企业对通信内容的窃听，同时还禁止对存贮于电脑系统中的通信信息未经授权的访问及对传输中的信息未经授权的拦截。如果系统经营者违反了电子通信隐私法保护下的用户的网络隐私权，将用户的私人邮件公之于众，用户有权提起诉讼，追究经营者的侵权责任。系统经营者则必须立刻删除已经发布的私人信息，并可能就隐私侵权承担损害赔偿责任，侵权的经营者还可能被要求支付对方的律师费。因为在某些情况下，证明经营者的错误行为和确定赔偿数额十分困难，受到侵害的用户在提起诉讼前可能会花费大量的财力，而让败诉的经营者承担律师费则解决了用户的后顾之忧。此外，违反电子通信隐私法还可能引发刑事责任。❶

2015年10月，美国通过网络安全信息共享法，明确规定个人隐私、自由等私权利的保护。此外，针对金融、医疗、电信、教育、娱乐、消费者保护和儿童隐私保护等高危行业，美国立法也遵循“公平信息实践法则”，采取“告知与同意”框架，按照行业领域细分进行联邦立法。如在金融领域，《金融隐私权法案》对银行雇员披露金融记录，及联邦立法机构获得个人金融记录的方式作出限制；在保险领域，《健康保险隐私及责任法案》规定个人健康信息只能被特定的、法案中明确的主体使用并

---

❶ 华劼. 网络时代的隐私权——兼论美国和欧盟网络隐私权保护规则及其对我国的启示［J］. 河北法学，2008（6）：7-12.

披露，个人可以控制了解其本人的健康信息，但要遵循一定程序标准；在消费者信用领域，公平信用报告法属于消费者保护法系列，规定了消费者个人对信用调查报告的权利，规范了消费者信用调查/报告机构对于报告的制作、传播、对违约记录的处理等事项，明确了消费者信用调查机构的经营方式；在儿童隐私保护领域，《儿童在线隐私权保护法案》规定了网站经营者必须向其父母提供隐私权保护政策的通知，以及网站对13岁以下儿童个人信息的收集和处理原则与方式等。而针对大数据安全方面的复杂性，2015年美国国家标准与技术研究院（NIST）大数据工作组下属安全与隐私小组针对大数据安全与隐私发布了第一版框架性草案，从安全与隐私的维度对大数据的几个关键特征——多样性、规模性、真实性、高速性、有效性进行阐述，提供了大数据领域安全与隐私保护的参照性蓝本。

2012年2月23日，美国总统奥巴马签署美国白宫发布的工作报告《在网络世界的消费者隐私权：在全球化经济环境下保护隐私权与促进创新的新体系框架》（*Consumer Data Privacy in A Networked World: A Framework for Protecting Privacy and Promoting Innovation in the Global Digital Economy*）。该报告正式提出《消费者隐私权利法案》（Consumer Privacy Bill of Rights），向社会公众公布并提请国会进行审议。报告对《消费者隐私权利法案》的立法理念和主要内容进行了介绍，集中体现了美国政府应对大数据时代隐私保护问题的做法。目前，《消费者隐私权利法案》尚未获得国会通过。该法案就保护用户隐私提出了七条原则。

（1）个人控制（Individual Control）：消费者有权控制企业对个人信息的收集和使用。法案要求在任何情况下，企业都应当赋予消费者选择权，使其有权控制企业收集的任何个人数据。对于不与消费者直接接触的第三方，只要数据的用途会对消费者的权益造成重大影响，也要赋予消费者选择权。收集数据的企业也应当对第三方进行尽职调查，调查第三方企业将如何使用消费者数据以及是否赋予消费者适当的选择权。此外，消费者应当有权对授权进行撤销，而这种撤销的方式应当与授权方式的便捷性相同。

（2）透明度（Transparency）：消费者有权无障碍地理解和获取有关隐私及其安全保障的信息。在最有利于消费者理解隐私风险和实施个人控制的时间和地点，企业应当清楚地说明如下信息：收集个人数据的种类，收集个人数据的原因，所收集的个人数据的用途，在何种条件下删除数据或者删除数据中消费者的身份信息，是否与第三方分享个人数据以及分享的目的等。企业所采取的通知形式，应当使消费者能够在获取企业服务的同时在所使用的设备上进行阅读。不与消费者接触的企业，应当详细告知消费者收集、使用以及公开个人数据的情况。

（3）情境一致（Respect for Context）：消费者有权期望企业收集、利用和公开个人信息的方式与其提供信息时的情境协调一致。企业使用、公开个人数据应当具有特定目的，并且该目的应当和他们向消费者公开说明与消费者合理预期的目的相符，并以实现这些目的为限使用、公开数据。如果不相符，企业应当以消费者容易作出反应的方式，进行突出说明。此外，法案特别要求对从儿童和青年处获得的数据应该给予比成人更完善的保护。

（4）安全（Security）：消费者有权要求自己的数据得到安全和负责任的处理。企业应当结合自身在个人数据领域的实践，评估隐私和安全风险，同时必须采取合理的安全措施以防范可能出现的风险，如数据丢失，数据非法获取、使用、损坏或修改，数据的不适当公开等。

（5）接入权与准确性（Access and Accuracy）：个人数据有误时，在与数据敏感性，以及与数据错误可能对消费者带来不利影响的风险性相适应的情况下，消费者有权获取进而更正以可用格式存在的个人数据。企业应当采取合理措施确保其保存的是准确的个人数据。

（6）收集控制（Focused Collection）：消费者有权合理限制企业对个人信息的收集和保存。企业应当根据其实现特定目的的需要确定收集数据的范围，在不需要个人数据后应当以安全方式删除个人数据或者清除个人数据中的身份信息。

（7）问责制（Accountability）：消费者有权将个人信息交予会对信息采取适当措施的企业进行处理，以确保企业遵守法案的有关规则。企业应当对其雇员进行培训以使其在合规情况下利用个人数据，并定期据此进行绩效评估。企业还应当进行全面的内控监督，以确保数据使用在合理范围内。除法律另有规定外，企业如将个人数据向第三方公开，至少应当确保接收这些数据的企业承担遵守法案原则的合同义务。问责制下，不仅公司内部需要控制和问责机制，更要对消费者和执法机构承担外部责任。可以看出，《消费者隐私权利法案》提出了十分详细具体的问责事由，涵盖企业员工行为控制、内部数据使用监督、向第三方公开数据等方面，使事后问责更明确具体。

2018年6月28日，美国加利福尼亚州通过《2018加利福尼亚州消费者隐私法案》（California Consumer Privacy Act of 2018/ Assembly Bill 375，CCPA），该法案被称为美国“最严厉、最全面的个人隐私保护法案”，将于2020年1月1日生效。该法案赋予消费者对其个人信息更多的控制权，具体如下。

（1）信息披露请求权。根据该法案，消费者有权请求收集消费者个人信息的企业向该消费者披露企业所收集个人信息的情况。收集消费者个人信息的企业应当在收集信息时或之前，告知消费者拟被收集个人信息的种类及目的。在没有告知消费者的情况下，企业不得收集其他种类的个人信息，也不得将所收集的个人信息用于其他目的。

（2）数据删除请求权。消费者有权要求企业删除从消费者处收集的个人信息。当企业收到可验证的消费者删除其个人信息的请求时，应该删除消费者的个人信息，同时告知所有服务提供商从其记录中删除个人信息。

（3）退出选择权。消费者有权要求向第三方出售个人信息的企业不得再出售其个人信息。

（4）未成年人的特别保护。若消费者不满16周岁，则企业不得出售其个人信息，但是该消费者在13~16岁且对出售个人信息的行为进行肯定性授权除外。

近几年，美国的脸书、谷歌等科技公司爆发的一系列个人隐私泄露的丑闻事件，引发了舆论对民众隐私权的高度关注。在欧盟及美国加利福尼亚州均相继出台数据保护法规及新的州隐私法律的背景下，面临日趋严峻的个人隐私保护方面的挑战，特朗普政府希望通过制定新的隐私法律以适应当今以数字为核心驱动力这一时代趋势，并于 2018 年 9 月 25 日呼吁公众就全国性的“新消费者数据隐私法案”发表评论，亚马逊、谷歌、苹果等科技公司纷纷表示将支持新的数据隐私法案的出台，而这意味着未来美国可能出台一系列面向互联网企业的新规定。

与此同时，美国推出澄清域外合法使用数据法（CLOUD 法案），采取“数据控制者”标准，打破原有的“服务器标准”，扩张了美国执法机构调取不在美国境内存储数据的范围，增强了美国执法机构全球获取数据的能力。

2. 欧洲的大数据立法

英国在 1984 年颁布了英国历史上第一部数据保护法，之后根据欧盟 1995 年的《数据保护指令》的要求，英国政府于 1998 年 1 月出台了新的数据保护法。2017 年 8 月 7 日，为了配合欧盟的 GDPR，英国数字、文化媒体和体育部发布了一份名为《新的数据保护法案：我们的改革》的报告，将通过一部新的数据保护法案（New Data Protection Law）以更新和强化数字经济时代的个人数据保护。

法国早在 1978 年就颁布了《信息技术、档案和自由法》。该法第 1 条规定，信息应服务于公民，信息技术发展不应侵犯身份信息、个人权利、隐私、公共和私人自由。2018 年 6 月 20 日，该法被第 2018-493 号法律修改，以使法国数据保护法与 GDPR 保持一致，共同形成“法国数据保护法”。2018 年 12 月，法国再次重新修订“法国数据保护法”，主要是为了保持与 GDPR 的协同，如本次修订删除了一些不符合 GDPR 的条款（例如，如果数据能在短时间内匿名处理，则豁免禁止处理所谓的“敏感”数据）、修订了关键条款中的一些措辞。同时，本次修订还增加了控制者和处理者未能汇报数据泄露的责任，包括责任主体范围已由电信运营商扩展到所有数据控制者，处理者未通知控制者数据泄露也需要承担责任。此外，阻碍法国数据保护执法机关（CNIL）执法将面临1年的监禁和最高1.5万欧元的罚款。

瑞典是欧洲第一个颁布国家数据保护法的国家。1998年，瑞典将欧盟的《数据保护指令》转化为国内法，发布了新的个人数据法，并取代1973年的数据法。除个人数据法外，瑞典还制定了《瑞典数据库条例》，并同时成立了瑞典数据库监督局。1982年，瑞典制定了《瑞典情报法案》。这些法案明确要求设立专门机构对个人数据处理进行审查，以明确个人隐私权受到侵犯时可以要求一定的损害赔偿，其中还详细规定了通过计算数据库可以收集的数据种类、数据库系统的升级、数据的存储及安全以及数据开放等问题。

《联邦数据保护法》是德国关于数据保护的专门法，对个人数据的合法获取、处理和使用情况作出明确规定。其中规定，信息所有人有权获知自己哪些个人信息被记录、被谁获取、用于何种目的；私营组织在记录信息前必须将这一情况告知信息所有人；出于广告目的的获取、处理、使用个人信息，必须经过信息所有人的书面同意；非法获取或不再需要的信息必须删除。此外，《联邦数据保护法》呼吁公立和私营组织设立专职信息保护人员；在政府内部，应当设立“联邦数据保护与信息自由专员”，监督政府机构在保护个人数据方面的行为。在联邦层面以外，德国各州也有自己的数据保护专员，以类似的方式监督各州政府机构的行为。

西班牙于1999年就颁布了数据保护法，除此之外，西班牙的某些法律也存在个人数据保护的条款，如《西班牙信息社会服务法》《西班牙通用电信法》。2018年12月，西班牙新的数据保护法生效，主要面向在西班牙内有经营活动的公司。新的数据保护法除GDPR相关内容外，也有自己的特点。（1）在某些情形下，倘若控制者已经及时采取了所有合理措施来保证数据删除或修正，它将不再对数据误差承担责任。（2）允许雇员在检举系统中进行匿名或非匿名举报，数据控制者也有义务将存在的检举系统告知其雇员；在举报情景下收集的任何数据的最长保留期为 3 个月。（3）允许在部分情况下以合法利益为由处理个人数据，包括对于员工个人数据的处理。（4）除行业法明确规定的情况外，禁止公司对犯罪记录数据进行处理。（5）规定数据保护合规官（DPO）的责任，以及在任命数据保护合规官起的 10 天内须在数据保护部门（AEPD）进行注册等。（6）规定除非逝者禁止或该行为不符合适用的法律规定，逝者的继承人有权对逝者的数据进行访问、删除以及纠正。（7）涵盖关于卫生以及临床研究的数据处理的一些方面，其中包括以研究为目的重新利用个人数据以及有效假名的标准。

欧盟一直是数据保护领域的立法先驱，从价值属性上看，更注重个人数据隐私的人权特性与社会价值，以人格保护为重点。从启动时间到法律文件数量、领先概念和自我更新，欧盟都为其他司法辖区的数据保护立法工作提供了蓝本和榜样，影响不仅局限于其各成员国，还扩展到其他国家和地区如日本、韩国和我国香港地区等。欧盟模式是统一的立法模式，通过综合立法确定个人数据保护的各项基本原则，并设立专门的机构来监督法律实施。

早在 1981 年，欧盟理事会就通过《有关个人信息自动化处理保护公约》；1995 年欧盟通过《关于个人数据处理保护与自由流动指令》（1995/46/EC），指令制定了一系列关于个人数据保护的法律原则和规则，几乎涵盖所有有关个人数据处理方面的规定。但是伴随着互联网与大数据的发展以及各种智能终端的普及，个人数据无处遁形，而自然人的天然弱势地位导致其难以掌控自身数据。为了应对数字时代个人数据的新挑战，并且确保欧盟规则的前瞻性，欧盟委员会重新审视现有的个人数据保护法律框架，于 2012 年 11 月制定了具有更强包容性和合作性的《一般数据保护条例》（GDPR）。2016 年 4 月，欧盟议会最终投票通过商讨了四年的 GDPR，并在欧盟官方杂志公布正式文本，该条例在文本公布两年后即已在 2018 年 5 月生效，直接适用于欧盟各成员国。

GDPR 是基于风险控制的法案，任何数据处理行为都需要评估是否满足数据处理的合法基础。GDPR 第 6 条规定 6 种数据处理的合法基础，包括数据主体的同意、履行合同的必要、履行法定义务所必需、保护数据主体或另一自然人的核心利益所必需、公共利益、控制者或第三方所追求的正当利益的必要等。同时，GDPR 第 7 条也规定了同意的条件。2019 年 1 月，科技巨头谷歌就因违反 GDPR 的同意制度而被法国数据保护机构（CNIL）罚款 5000 万欧元。CNIL 主张谷歌在收集数据的同意上既不“具体”也不“明确”，GDPR 所要求的同意只有当用户针对诸多特定目的分别给予认可（而不是打包式认可）时才是“具体的”，并且 GDPR 所要求的同意只有当用户作出清晰的确认动作（如勾选并未预置勾选的空格）时才是“明确的”。[1]

相对于 1995 年制定的《数据保护指令》，GDPR 在数据主体的权利、控制者的义务、数据传输规则等方面发生明显的变化。GDPR 最引人注目的莫过于设计了数据的被遗忘和删除权（第 17 条）。GDPR 详细构筑了被遗忘和删除权的构成要件，包括主体、客体、适用条件、例外情况及不遵守被遗忘和删除权的处罚措施。隐私数据或者称为特殊类别的个人数据，密切关系着个人的身体健康、生命及财产安全，对其处理存在特定的风险。GDPR 专门规定了“特殊类别的个人数据”的处理条件（第 9 条）：揭示种族或民族起源、政治意见、宗教信仰的个人数据处理，与基因数据或健康、性生活、犯罪、安全措施相关的数据通常是禁止收集处理的，除非符合一定的条件，如已经获得个人的明示同意，或数据控制者应处理劳动关系、社会保险之需要并在法律允许范围内且以已经采取了适当的保护措施等。

同时，GDPR 还增加了义务主体的责任，引入了专门数据保护知识的数据保护专员。如果出现以下三种情况，数据处理者或者控制者应该

---

[1] 经济犯罪工作坊. 法国数据保护机构 CNIL 以违反 GDPR 同意制度处罚谷歌 5000 万欧元［EB/OL］.（2019-01-24）［2019-01-26］. http：//www.yidianzixun.com/article/0LAw7ype.

任命有专门数据保护知识的数据保护专员：数据被公共机构或团体处理；被超过250名雇员的企业处理；处理者或控制者的核心活动包括处理行动且基于处理性质、范围、目的，要求对数据主体进行持续性和系统性监控。数据保护专员的任职期限至少为2年，可获得连任。在第一种情形下，可指定多名数据保护专员，要防止因为履行GDPR的职责而遭到解雇；在第二种情况下，企业应当指定独立的数据保护专员。数据保护专员的指定应该是透明的，向公众及监管机构通告其姓名及详细的联系方式。事实上，数据保护专员会确保控制者和处理者遵从GDPR，主要通过监测企业的活动，这会允许数据主体通过联系数据保护专员来行使他们的权利，同时他也扮演着与监管机构之间的联系人和合作者的角色。

此外，GDPR还加入了数据泄露通知的要求（第33~34条），要求控制者应当在72小时内向监管机构报告个人数据的泄露情况。如果通知没有在72小时内完成，则应该解释延误原因。如果数据泄露可能会给数据主体的隐私带来巨大风险时，如身体伤害等，相关的控制者必须毫不延误地通知数据主体，以便个人及时采取措施。通知应说明个人数据违反的性质，并且提供降低风险的建议。

与1995年的指令一样，GDPR禁止向无法确保充足的数据保护的国家和组织传输个人数据。充分性保护评估由委员会执行，应当考虑多种因素，包括需要遵守的有效的法律规定、独立监管机构现存或有效的确保遵守数据保护规则的功能、国际协议等。个人数据的跨境传输有利于全球贸易和国际合作的扩展，但是不断增加的流动量也给个人数据保护带来新挑战，GDPR的个人数据传输规则有利于规范欧盟成员国之间的数据流动。

2017年1月10日，欧盟委员会提出对《电子通信领域个人数据处理和隐私保护的指令》（ePD指令，2002/58/EC）的最新修订，即以《隐私与电子通信条例》取代当前的ePD指令。《隐私与电子通信条例》相较于ePD指令，存在许多新变化：（1）在适用对象和适用范围上。根据条例第2条，条例适用对象是在提供和使用电子通信服务中处理电子通信数据，以及对与终端用户的终端设备相关的信息的保护。因此，即时通信软件如 Facebook、Skype 等均被纳入监管范围。根据条例第 3 条，条例具有域外效力，只要向欧盟境内终端用户提供电子通信服务就会受到约束。(2) 提高企业收集数据的要求。根据条例第 8 条，利用终端设备的处理和存储能力，从终端用户的终端设备（包括其硬件和软件）收集信息是被禁止的，除非存在用户同意等的正当理由。第 10 条规定，电子通信软件、网站、搜索引擎等向用户提供隐私设置选项，允许用户禁止第三方在其终端设备上存储信息，或者处理已经存储的信息。在软件安装到用户终端之时，软件提供者应当将其隐私设置选项通知用户，只有用户同意隐私设置后才能继续安装。

2018 年 10 月 4 日，欧盟议会通过《非个人数据自由流动条例》，该条例旨在促进欧盟境内非个人数据的自由流动，消除欧盟成员国数据本地化的限制，有助于实现欧盟单一数字市场战略（Digital Single Market Strategy）。《非个人数据自由流动条例》适用于非个人数据。根据《非个人数据自由流动条例》第 2 条规定，该条例适用于处理欧盟内个人数据以外的电子数据：(1) 向在欧盟居住或设有营业场所的用户提供服务，无论数据服务提供商是否在欧盟成立；(2) 由在欧盟居住或设有营业场所的自然人或法人为其自身需要而实施的数据处理行为。《非个人数据自由流动条例》旨在确保非个人数据的跨境自由流动，条例确立了非个人数据在欧盟内部的一致的自由流动原则，除非出于公共安全原因的限制或禁止。根据《非个人数据自由流动条例》第 4 条，数据本地化的要求应当被禁止，除非以公共安全为理由且符合比例原则。对于任何立法草案引入新的数据本地化要求或对现有数据本地化要求作出修改的，成员国应当根据欧盟 2015/1535 指令第 5~7 条规定的程序向欧盟委员会报告。同时，《非个人数据自由流动条例》也确保成员国有关机关能够及时获得数据，第 5 条规定不得影响主管当局根据欧盟或成员国法律要求，获取或访问执行公务所需数据的权力。主管当局要求访问数据时，不得以该数据由另一成员国处理为由而拒绝。此外，《非个人数据自由流动条例》保障专业用户能够自由地迁徙数据。根据第 3 条规定，“专业用户”是指为与其贸易、商业、手工业、专业或任务有关的目的使用或请求数据处理服务的自然人或法人，包括公共机关或受公法管辖的主体。保障专业用户能够自由地迁徙数据实质上就是保证专业用户的数据可携带权。但对此，《非个人数据自由流动条例》没有直接规定携带权该如何实现，而是将自由度留给业界：在《非个人数据自由流动条例》正式通过后的12个月内，云服务行业就应该拿出“行为准则”。且根据第6条规定，该“行为准则”应当是全面的并且至少应当涵盖数据传输过程中的重要方面，如数据迁移的最佳实践；签订合同前云服务商就数据迁移方面的信息披露；数据备份的进程和位置；可用的数据格式和支持；所需的IT配置和最小的网络带宽；在数据移植前所需的时间和数据可用于移植的时间；在服务提供商破产的情况下可访问数据的保证。

3. 日本的大数据立法

日本的个人信息保护源于电子政府推进过程。实施电子政府，建立政府信息公开机制，必然涉及个人信息的收集、存储、处理和交换，因而存在潜在的侵害个人信息主体权益的风险。2005年开始实施的个人信息保护法是日本实施个人信息保护的基本法，是一部对于个人信息持有处理者的企事业单位的规制法。因此，这部法律不是一部直接规定国民的权利和利益的法律，它直接约束的是企事业单位。一方面，国民的权利和利益在日本是依靠民法的权利保护条款去执行的，因此，原则上隐私受到侵害时，在明确隐私权如何受到侵害及其侵害度后，应定性为民法的不法行为进行法律诉讼。另一方面，企事业单位在利用消费者的个人信息时，需要告知“使用用途”，并有“通知、发布”的义务。2015年8月，日本参议院全体会议通过了个人信息保护法的修正案，2017年5月30日起施行。新的修正案存在如下修改要点：（1）明确个人信息的定义。身体特征等属于个人信息，完善有关需要保护的个人信息（敏感信息）的规定。（2）在适当的规则下确保个人信息等的有用性。完善关于匿名化信息的加工方法和处理等的规定、完善有关个人信息保护方针的制定、申报、公布等规定。（3）加强对个人信息的保护。确保追溯能力

(有关提供给第三方时的确认和记录的义务)、新增以谋求不正当利益为目的的个人信息数据库提供罪。(4) 个人信息保护委员会的设立及其权限。(5) 个人信息应用的全球化。完善有关跨境应用及向外国执行当局提供信息的规定、完善关于向外国的第三方提供个人信息的规定。(6) 其他，包括未经本人同意向第三方提供的申报、公布等更为严格、完善可变更使用目的规定等。这些规定增强了企业的可操作性。除个人信息保护法外，日本还分别制定了国家行政机关、地方公共团体、行政法人等的相关法规，如《关于行政机关持有的个人信息保护的法律》《关于独立行政法人持有的个人信息保护的法律》等。

4. 巴西的大数据立法

2018 年 8 月 14 日，《巴西通用数据保护法》正式通过，并将于 2020 年2 月 15 日正式生效。《巴西通用数据保护法》是一部综合性法律，对个人数据的收集、使用、处理和存储进行了详细规定。

首先，《巴西通用数据保护法》大量借鉴欧盟 GDPR 的规定，如在适用范围上，《巴西通用数据保护法》也有域外效力。根据该法第 3 条，本法适用于自然人或者受公法或私法管辖的法律实体所进行的任何数据处理操作，无论法律实体总部所在国或数据所在国在何处，但是需要满足下述条件：①处理操作是在巴西境内进行；②以提供货物或服务为目的的处理活动，或者处理位于巴西境内的个人数据；③所处理的个人数据在巴西境内收集。因此，该法不仅覆盖巴西所有的私营和公有实体，而且只要满足第 3 条规定的条件，巴西境外的法律实体也要受到该法的管辖。

其次，在数据跨境传输上，《巴西通用数据保护法》也与 GDPR 类似，同样规定数据跨境流动的合法理由包括：①第三国或国际组织提供的个人数据保护水平达到本法规定的充分性程度；或②数据控制者提供保障性文件，如用于传输的合同条款、标准合同条款、全球性的公司规则、定期发布的印章、证书和行为规则。

最后，在行政处罚上，《巴西通用数据保护法》也有着和 GDPR 一致的罚额，即上一年度企业收入的最高2%金额。

5. **印度的大数据立法**

印度最高法院退休法官B. N. 斯里克利什纳（B. N. Srikrishna）领衔的高级别专门委员会向印度联盟法律部长提交了《2018个人数据保护法案（草案）》。该法案共计15章，全面规定了数据保护义务、处理个人数据的基础、数据主体权利、数据跨境传输、印度数据保护局等制度。在适用范围上，法案效力延伸至整个印度，该法案第2条规定："本法适用于以下情形：（a）在印度境内收集、披露、分享或者以其他方式处理个人数据；和（b）由邦、印度公司、印度公民或者根据印度法律成立或者创建的个人或者团体处理个人数据。"法案同样具有域外效力，第2条规定："法案也应适用于不在印度境内的数据受托人或者数据处理者处理个人数据的情形，但前提是此类处理：（a）与在印度进行的业务有关，或者与向印度境内的数据主体提供商品或者服务的系统性有关；或者（b）与对印度境内数据主体的画像活动有关。"

法案第三章规定处理个人数据的基础，并在第四章专门规定处理个人敏感数据的基础。根据法案第三章，处理个人数据的基础包括：（1）基于同意处理个人数据；（2）为履行邦的职能处理个人数据；（3）基于法律或者法院、法庭的命令处理个人数据；（4）为迅速采取行动而必需的个人数据处理；（5）为雇用相关目的而必需的个人数据处理；（6）基于合理目的的数据处理。上述合法基础中，（1）、（2）、（3）、（6）均与GDPR个人数据处理的合法事由类似，然而法案也有一些不同于GDPR的规定，首先是对医疗、健康、灾害进行特别规定。第15条规定的为迅速采取行动而必需的个人数据处理主要针对威胁生命健康、公共卫生、灾害等情形。同时如处理行为是下述情况所必需，则可处理个人数据：（a）应对涉及对数据主体或者任何其他个人之生命构成威胁或健康构成严重威胁的医疗紧急情况；（b）在流行病、疾病爆发或者其他存在公共卫生威胁期间，为了向任何个人提供医疗或健康服务而采取措施；或者（c）在发生灾害或者公共秩序崩溃期间，为了确保个人安全或向个人提供帮助或服务而采取措施。其次是对为雇用相关目的而必需的个人数据处理进行特别规定。根据该法案第 16 条规定，如果处理行为是下述情况所必需，则可以处理个人数据：（a）数据受托人招聘或解雇数据主体；（b）数据受托人向作为雇员的数据主体提供任何服务，或作为雇员的数据主体向数据受托人寻求利益；（c）验证作为数据受托人雇员的数据主体的出席情况；或（d）与评估作为数据受托人雇员的数据主体表现有关的任何其他活动。处理个人敏感数据的基础同样基于同意、履行邦的职能、根据法律、法院命令、为迅速采取行动等合法理由，但是为雇用相关目的的处理不在合法理由之列。

在数据跨境传输上，法案规定“关键个人数据”（Critical Personal Data）必须进行本地化处理，而其他的数据符合经数据保护局批准的标准合同条款或集团内计划或第三国进行充分性保护等的条件下才能进行跨境转移。

小　结

当前，大数据已成为信息产业持续高速增长的新引擎，各行各业的决策正在从“业务驱动”转变为“数据驱动”。以美国和欧盟为代表的世界各国和地区，一方面积极出台大数据战略规划和配套政策促进大数据产业的发展，另一方面不断通过制定法律法规、行业准则和标准指引保护个人信息安全，从而兼顾大数据的开发利用以及个人信息安全及隐私权保护，实现社会经济发展和公民权益保护的平衡。我国尽管在大数据产业发展方面取得突出成效，但在个人信息保护立法等方面与世界先进水平仍存在一定的差距。对此，除了抓住大数据产业发展的契机外，还应该参考和借鉴国外先进的立法经验，不断完善个人信息保护的法律制度和规范，为大数据产业的健康发展营造良好的法律环境。

第二章　大数据生命周期全链条各环节的法律规定要求

导　语

本章通过对大数据法律属性的研究，从数据收集、数据存储、数据开发与应用、数据传输等方面探讨大数据生命周期全链条各环节的法律规定要求。从横向来看，大数据各环节不仅包括我国的法律法规、相关标准，也包括欧盟、美国等国家和地区的相关规定，全球视野下的大数据保护呈现多样化的形态。从纵向来看，大数据生命周期全链条各环节有着不同的法律要求，数据收集、数据存储、数据传输、数据应用、数据销毁等都有着与其处理行为相适应的特别要求，只有将大数据处理活动纳入互相联系的处理环节，才能把握大数据处理的实质要求。

第一节　数据的法律属性

一、数据的法律性质

人们通常认为世界是由物质和能量构成的，但控制论创始人维纳提出一个观点：信息就是信息，不是物质也不是能量。也就是说，信息是独立于物质和能量的构成现实世界的第三种要素，广泛存在于事物的运动、发展、相互联系和相互作用中。哈佛大学的一个研究小组提出了著名的资源三角论断：没有物质，什么都不存在；没有能量，什么都不会发生；没有信息，任何事物都没有意义。

信息虽然是一种“客观存在”，但主要存在于意识中，只有记录下来之后才成为一种“客观实在”。数据就是计算机时代对信息的一种数字化记录。从中文字面来看，数据由“数”和“据”两部分组成。“数”是代表描述和计量的数字，“据”是代表背景和需求的根据，合起来就是有根据的数字。数据不是无序的数字，而是有根据的数字，但这并不代表数据本身具有人们能够理解的意义，只有当基于特定的需求或背景对数据进行解释以后，数据才会变成信息，从而产生意义。比如一串数字“13966886688”，在没有任何背景参照之前，这只是数据，没有意义，但是放在特定的背景下，就成为信息，在移动通信领域可以解释为一个不错的中国移动手机号码，而在移动互联网领域则可以解释为一个 QQ 号、微信号或者飞信账号等。

国家标准《GB/T 5271. 1—2000 信息技术词汇第 1 部分：基本术语》将信息定义为“关于客体（如事实、事件、事务、过程或思想，包括概念）的知识，在一定的场合中具有特定的意义”，将数据定义为“信息的可再解释的形式化表示，以适用于通信、解释和处理”。而对于大数据，国家标准《GB/T 35295—2017 信息技术 大数据 术语》中定义为“具有体量巨大、来源多样、生成极快、其多变等特征并且难以用传统数据体系结构有效处理的包含大量数据集的数据”。正是由于信息和数据、大数据如此密不可分，目前各国在理论和立法上存在着将“信息”和“数据”不加区分进行使用的情况。

我国法学界长期以来都认为，数据虽然具有经济价值，但其价值体现离不开信息本身以及展示和处理信息的系统，因此数据本身并不属于传统民法上的有体物或智力成果等无体物的范畴，也不构成民法上的权利客体。为了应对移动互联网和大数据的发展，我国 2016 年公布的《民法总则（草案）》曾将“数据信息”归入知识产权客体范畴，但最终发布实施的《民法总则》删除了上述条文，仅在第五章“民事权利”第

127 条规定："法律对数据、网络虚拟财产的保护有规定的，依照其规定。"由此可见我国立法者仍然倾向性认为，数据虽然属于民事权利保护的范围，但其在法律属性上具有特殊性、多样性和复杂性，不应简单归为人格权、物权、债权或知识产权等传统民事权利的客体，故在目前阶段仅作了模糊化处理，对其所属民事权利名称、内涵和外延等均没有作出具体规定。

二、数据权利的属性

信息和大数据时代，数据的财产化和资源化已成必然，但是不能因此而简单认为数据已经构成民法意义上的财产，也不能认为数据属于民法意义上的财产性权利。当然，数据作为一种客观存在，可以对其进行占有、使用、收益、处分等类物权行为，这些行为必然体现一定的权利和利益。

权利通常是指法律赋予人们做什么或不做什么以及要求他人做什么或不做什么的能力，也可以理解为是法律所赋予人们的保护利益的力量。权利的特点在于内容明确、归属唯一、边界清晰，是否侵犯相对来讲比较容易判断，因此往往是法律明文保护的内容。

权益可以理解为包含权利和利益。与权利相比，利益通常不具有内容明确这一特点，且边界非常模糊，因此有时甚至谈不上归属问题。大数据产业中经常被提及的公民个人利益、公众利益、社会公共利益、国家利益等概念，其实多有重合交叉，最典型的，如国家领导人的身体状况一旦泄露，既侵害了领导人的公民个人利益，也侵害了国家利益。也就是说，就利益而言，同一内容往往会涉及多方主体的利益。

可见，权益是比权利更宽泛的一个概念，但是两个概念本质上都指向利益。目前大数据利用和流通中面临的主要问题之一，便是大数据中包含大量涉及公民、社会和国家的信息，其中体现的权利和利益相互交织、边界模糊，因此用权益来统领比用权利更合适。至于权益的归属，从数据产生、收集、传输、应用、流通的角度，可以对涉及的主体进行以下分类。

（1）数据来源者，也称数据主体，是指提供数据来源的自然人、法人或其他实体。数据是信息的数字化记录，所谓数据来源，其实就是信息来源。由于信息广泛存在于现实世界中，不仅有描述事物特征的，也有描述或指示事物运动、变化、相互联系和相互作用的，所以不能简单地认为数据来源者是单一的，也不能简单地认为数据来源者就当然地享有全部数据权益。如手机号码，来源于运营商，但销售给个人后，使用权益就归个人（成为个人信息），但从号码的所有权来看，它又是归国家所有的；又如微信号，表面上用来标识用户在微信系统中的身份，实际上记录的是用户与微信服务商之间的联结关系，没有用户，不会产生这个微信号，而没有微信系统，同样不会产生这个微信号，因此用户和微信平台都是数据来源者，但按照微信使用条款，微信号的所有权属于微信服务商，个人仅享有使用权。

（2）数据收集者，是指归集、记录数据的自然人、法人或其他实体。数据产生之后，并不像有体物那样具有排他性，不考虑合法性问题的话，任何个人和组织均可以收集数据。还以微信号为例，微信服务商当然会收集该数据，另外在人们使用微信支付或者授权微信号登录其他平台的过程中，那些收款方、支付中间平台和其他平台等当然也会收集该数据。在移动互联网时代，包括传统电信运营商、BAT三巨头以及京东、亚马逊网购平台等在内的市场主体，都在投入大量的软硬件和人力资源用于数据收集，从而成为数据收集者。

（3）数据控制者，是指能够决定数据处理目的和方式的自然人、法人或其他实体。相比而言，数据收集是一个动态的概念，数据控制则是一个静态的概念。只要在数据收集之后进行了相应的记录或存储动作，则数据收集者同时成为数据控制者，例外情况是，如果数据收集者只是建立数据接口和流通渠道，数据产生之后没有记录或存储，而是直接向外流出，则该主体就仅仅是数据收集者，数据的接收方成为数据控制者。更普遍的情况是，市场主体通过数据公开、数据分享和数据交易等流通行为在支付相应的对价后从数据收集者或其他数据控制者处取得数据，从而成为数据控制者。

（4）数据加工者，是指通过某种工具、方法对数据进行整合、分析的自然人、法人或其他实体。在大数据时代，数据的价值不在于数量的多寡，而在于对数据进行的专业化处理，或者简单一点叫做“数据加工”，通过“数据加工”实现数据的经济价值。这种加工并非简单的数据筛选、汇编或排序，而是通过数据整合、数据清洗、数据脱敏、数据标准化和数据建模等手段有效地聚集和分析数据，产生新的价值。市场主体具备数据收集或数据控制能力，并不当然意味着其具备数据加工能力，就像社会生活中的加工，原材料的所有人不具备加工能力，加工人不拥有原材料的所有权，双方相互独立，通过合作取得利益。

当前，对于数据的权益的归属，并没有十分明确的规定。但是，从实际情况来看，数据权益往往只在数据收集者、控制者、加工者这里有所体现，数据来源者往往并不能直接获益。在现有的法律规则下，单个数据来源者一般只能获得刑事、民事和行政立法中，关于公民个人信息、商业秘密等特殊数据的权益保护，而对于这些数据之外的其他数据，则更多是从经济和效率的角度，将保护大数据收集、控制、加工者的权益作为优先价值取向。

三、大数据权益归属的司法认定

2018 年 8 月，杭州互联网法院就淘宝（中国）软件有限公司与安徽美景信息科技有限公司有关“生意参谋”零售电商数据平台不正当竞争纠纷案进行了公开宣判。该案被称为全国首例大数据产品不正当竞争纠纷案，虽然裁判文书尚未公开，但从公开报道可以获悉，在当前大数据权益及权属立法缺失的现实情况下，杭州互联网法院作为司法系统代表，首次对大数据权益及其归属表达了明确观点。

（1）杭州互联网法院确认淘宝公司对大数据产品享有竞争性财产权益。对此，法院的主要观点可以归纳为以下两点。

①淘宝公司开发、运营的大数据产品，是在收集网络用户浏览、搜索、收藏、交易等行为痕迹所产生的巨量原始数据基础上，以特定的算法深度分析过滤、提炼整合并经匿名化脱敏处理后形成的预测型、指数型、统计型等衍生数据，其呈现方式是趋势图、排行榜、占比图等，主要功能是为淘宝、天猫商家的网店运营提供系统的数据化参考服务，帮助商家提高经营水平。

②网络数据产品的开发与市场应用已成为当前互联网行业的主要商业模式，是网络运营者市场竞争优势的重要来源与核心竞争力所在。大数据产品中凝结了淘宝公司长期的人力、物力、财力和运营经验，能够为淘宝公司带来可观的商业利益与市场竞争优势，显然具有类似商品或服务的商业价值或财产属性。

（2）杭州互联网法院确认，淘宝公司必须在信息数据收集和使用阶段符合合法性和正当性等原则，才可以对大数据产品享有权益。也就是说，大数据与普通商品不同。大数据业界和法律界普遍认为，由于大数据产品的商业价值往往与个人信息或用户信息相关，故商事主体仅依其对大数据产品占有或控制行为的合法性，并不能当然证明其对大数据产品享有合法的权益。大数据产品的原始来源问题，涉及大数据收集与使用的合法性问题，绝对不可以绕开。该案中关于大数据来源及权益的合法性问题，法院的主要观点可以归纳如下。

①根据网络安全法的规定，网络用户浏览、搜索、收藏、加工、交易等行为痕迹信息属于用户信息，但是不属于个人信息。淘宝公司除了需要履行用户信息保护与安全相关的法定义务，还应当基于与用户之间的合同关系尽到合理审慎的注意义务，未经用户同意，不得将用户信息随意公开使用或交由他人使用。

②虽然用户信息与数据不可混为一谈，但原始数据与用户信息事实上密不可分。淘宝公司对用户信息并不享有独立的权利，而是仅享有基于合同约定的使用权，当然，即使仅享有使用权，也不影响淘宝公司基于使用权而享有财产性利益。

③大数据产品不同于原始数据，也不能简单等同为用户信息的有序集合，其虽然体现财产权益，但是由于我国“物权法定”的原则，法院不宜确认淘宝公司对大数据产品具有所有权，但是在查明淘宝公司收集和使用大数据过程中合法合规的前提下，可以认定淘宝公司对大数据产品享有财产权益，并且该权益在商业竞争中受到反不正当竞争法的保护。

第二节　大数据收集阶段

一、概述

大数据的特征之一为来源多样，大数据收集是指从不同的来源记录、创建、收集、获取数据。大数据收集方式主要包括以下四种。

（1）网络数据收集。通过网络爬虫或公开 API 等方式获取政府机构、企业和非营利性组织等在互联网公开提供的数据。

（2）从其他组织获取数据。通过线上或线下等方式获得在其他组织系统中已经形成的数据。

（3）通过机器或传感器获取数据。包括从各类传感器、摄像头、智能仪表、GPS 装置等公共和个人智能设备中记录数据。

（4）系统数据。组织内部系统运行过程中产生的业务数据，包括管理和商业数据、用户身份和行为数据、用户创造或生成的内容数据，以及各种系统、程序和服务运行产生的运维和日志数据等。

从数据在进入组织系统之前是否已经形成这一角度，可以将大数据收集分为收集首次记录的数据和从组织外部获取已经形成的数据。

从收集的数据是否涉及个人信息这一角度，可以将大数据来源分为以下两类。

（1）个人信息数据。《网络安全法》《最高人民法院、最高人民检察院关于办理侵犯公民个人信息刑事案件适用法律若干问题的解释》《电信和互联网用户个人信息保护规定》《GB/T 35273—2017 信息安全技术个人信息安全规范》等法律法规和标准分别在各自领域对个人信息给出了权威定义，综合来看，个人信息是指以电子或者其他方式记录的能够单独或者与其他信息结合识别特定自然人身份或者反映特定自然人活动情况的，包括姓名、出生日期、身份证件号码、个人生物识别信息、住址、通信联系方式、通信记录和内容、账号密码、财产信息、征信信息、行踪轨迹、住宿信息、健康生理信息、交易信息等在内的各种信息。但值得注意的是，已有的判例中，对于个人的网络活动轨迹及上网偏好，未被认定为个人信息。

【案例】2015 年，北京百度网讯科技公司与朱某隐私权纠纷案（[2014] 宁民终字第 5028 号）在一波三折之后落下帷幕，南京中院作为二审法院，推翻了一审判决，认定百度通过 Cookie 进行的涉及隐私信息的个性化推荐行为不构成侵犯朱某的隐私权。该判决认定，网络用户通过使用搜索引擎形成的检索关键词记录，虽然反映了网络用户的网络活动轨迹及上网偏好，具有隐私属性，但这种网络活动轨迹及上网偏好一旦与网络用户身份相分离，便无法确定具体的信息归属主体，不再属于个人信息范畴。而一审法院则认为，个人隐私除了用户个人信息外还包含私人活动和私有领域。朱某利用特定词汇进行网络搜索的行为，将在互联网空间留下私人的活动轨迹，这一活动轨迹展示了个人上网的偏好，反映个人的兴趣、需求等私人信息，在一定程度上标识个人基本情况和个人私有生活情况，属于个人隐私的范围。该判决的争议性比较大，但是从中可以看到涉及个人隐私或敏感信息的认定问题。一审和二审法院就使用 Cookie 软件收集的用户上网信息是否为个人信息，侵犯个人信息或隐私的方式是否仅限于将信息加以公开，使用 Cookie 软件收集个人用户信息是否存在某种告知而不用明示同意即可等问题观点明显不同，判决也在学界和业界引起巨大的争议。

（2）非个人信息数据。除了个人信息数据以外的数据，均可列入非个人信息数据范畴。而随着移动互联网、大数据、云计算、人工智能、物联网等一系列科技的创新、应用与普及，数据使生产力迭代与生产关系重构，大大提升人类经济活动与生活效率，因此国内外对于非个人数据的自由流动均持积极鼓励态度，同时也在立法层面保障非个人数据的合法财产性权益。

二、大数据收集阶段涉及的法律问题

大数据收集阶段涉及的法律问题主要包括个人信息保护、不正当竞争与知识产权侵权风险。

（一）个人信息保护

我国已经建立起个人信息保护的法律体系。在大数据收集阶段，无论是收集首次记录的数据，还是从组织外部获取已经形成的数据，均涉及个人信息保护问题。事实上，个人信息保护问题贯穿于大数据生命周期的全部阶段。

此外需要注意的是，在大数据收集阶段，《网络安全法》还确立了"用户"的知情权和同意权。根据《网络安全法》第22条规定，"网络产品、服务具有收集用户信息功能的，其提供者应当向用户明示并取得同意"。此处的"用户信息"显然并不等同于"个人信息"，而"用户"也并非仅限于个人用户。如果未经向用户明示告知收集功能，或者未经用户同意，则网络产品、服务提供者收集用户信息的行为违法。但《网络安全法》并未对该违法行为进一步规定相应的后果。

1. 个人信息保护总体情况

《全国人民代表大会常务委员会关于加强网络信息保护的决定》《网络安全法》《消费者权益保护法》《刑法修正案（九）》《电信和互联网用户个人信息保护规定》等法律法规均明确保护个人信息，并提出个人信息收集必须遵循的原则和规则。

法定的个人信息收集原则有：

（1）合法原则，指数据收集者不得违反法律、行政法规的规定收集个人信息，不得窃取或者以其他非法方式获取个人信息。

（2）正当原则，指数据收集者不得以欺骗、误导或者强迫等方式或者违反双方的约定收集个人信息。

（3）必要原则，也称为最小化原则或最少够用原则，指不得收集与其提供的服务无关的个人信息。

法定的个人信息收集主要规则有：

（1）向被收集者公开信息收集、使用规则；

（2）向被收集者明示收集、使用信息的目的、方式和范围；

（3）经被收集者同意；

（4）对收集的个人信息严格保密，不得泄露、篡改或者毁损，不得出售或者非法向他人提供。

2. 收集个人信息的行政违法风险

网络运营者、网络产品或服务的提供者收集个人信息时违反上述原则和规则，构成以下行政违法行为，将面临《消费者权益保护法》《网络安全法》《治安管理处罚法》《电信和互联网用户个人信息保护规定》等规定的责令改正、警告、没收违法所得、处违法所得1倍以上10倍以下罚款、处100万元以下罚款、责令暂停相关业务、责令停业整顿、责令关闭网站、吊销相关业务许可证、吊销营业执照等行政处罚。构成行政违法的行为有以下几类：

（1）未公开收集、使用规则；

（2）未明示收集、使用信息的目的、方式和范围；

（3）未经被收集者同意即收集、使用个人信息；

（4）收集与其提供的服务无关的个人信息；

（5）违反法律、行政法规的规定和双方的约定收集、使用个人信息；

（6）违反法律、行政法规的规定和与用户的约定，处理其保存的个人信息；

（7）泄露、篡改、毁损其收集的个人信息；

（8）在发生或者可能发生个人信息泄露、毁损、丢失的情况时，未立即采取补救措施，未按照规定及时告知用户并向有关主管部门报告；

（9）未经被收集者同意，向他人提供可识别特定个人的个人信息；

（10）没有按照要求采取措施对个人信息予以删除或者更正；

（11）窃取或者以其他非法方式获取个人信息；

（12）非法出售或者非法向他人提供个人信息；

（13）其他违法行为。

3. 收集个人信息的刑事犯罪风险

根据我国刑法的规定，从数据类型来看，涉及“侵犯公民个人信息罪、非法获取国家秘密罪、故意泄露国家秘密罪、过失泄露国家秘密罪”；从在大数据收集过程的合法性来看，涉及“非法侵入计算机信息系统罪，非法获取计算机信息系统数据、非法控制计算机信息系统罪，提供侵入、非法控制计算机信息系统程序、工具罪，破坏计算机信息系统罪”；从数据按照责任落实来看，涉及“非法利用信息网络罪定罪、拒不履行信息网络安全管理义务罪”等。

而在刑事责任追究上，上述部分罪名不仅对个人适用，对企业也适用。此外，企业如果没有做好内部员工管理，员工有违法行为的，企业也负有对员工违法行为造成他人侵权责任的连带赔偿责任。

【案例】在胡某、曹某等出售个人征信报告、银行卡信息案（[2014] 闸刑初字第1381号）中，银行职员因此获刑。2011年2月下旬起，上海警方连续接到几十起报案，涉及招商银行、工商银行、农业银行等多家银行，客户被盗刷金额最高的达到233万多元。上海市闸北区公安分局经侦支队在江西南昌将犯罪嫌疑人朱某某抓获。朱某某交代，其在网上联络寻找专门贩卖个人信息的贩子，以每份几十到一百元的价格，从这些人手上购买目标车主的个人银行卡信息和个人征信报告。另一犯罪嫌疑人胡某，真实身份是招商银行信用卡中心风险管理部贷款审核员，向朱某某出售了个人银行信息300多份。胡某通过中间人拿到朱某某要求查询的名单后，通过银行内部系统查询这些客户的银行卡信息及个人征信报告，然后非法出售。对于此案，法院判决：银行职员违反国家、行业相关规定，利用职务便利，将银行客户的公民个人信息出售给他人，构成出售公民个人信息罪，被判处有期徒刑一年三个月。

个人征信报告中包含更详尽的个人信息，包括银行客户的收入、详细住址、手机号、家庭电话号码，甚至配偶和子女的职业、生日等，借助这些信息，可筛选编排出最有可能的6位数银行卡密码，从而导致银行卡被盗刷。客户与银行间是储蓄合同关系，在这一关系中，银行的义务之一就是为储户个人信息保密，即使在双方合同条款中没有约定，这一义务也属于合同中的附随义务。就这一点而言，客户账户信息从银行渠道泄密，银行应当承担赔偿责任。从犯罪嫌疑人角度来看，胡某属于银行工作人员而从事职务行为，银行面对第三人损失，不能免责，应当承担责任在先，然后再对内追究个人责任。

4. 收集个人信息的民事侵权风险

根据《消费者权益保护法》《民法总则》《侵权责任法》等规定，收集个人信息过程中违法，侵害个人信息依法保护的权利的，需要承担停止侵害、恢复名誉、消除影响、赔礼道歉以及赔偿损失的民事责任。

（二）不正当竞争与知识产权侵权风险

从外部获取已经形成的数据，可能涉嫌不正当竞争、侵害商业秘密和侵害著作权。

1. 不正当竞争风险

某些平台或应用运营者在运营过程中会产生一些一般用户都可以浏览或利用的数据，如用户的简单评论或评价、用户的评论数、商户的基本信息及评分等，该类数据的所有权目前并不明确。虽然该类数据多由用户完成，但是其单独的评论或评价并不会产生显著的价值。很多平台或应用的经营者都会通过用户协议或隐私条款明确要求该类数据的所有权及处分权益归经营者所有，从现有案例来看，该类协议的有效性并没有被法院或监管机关所质疑。[1] 大数据收集阶段的不正当竞争问题主要在于一方违背商业道德和诚实信用的违法数据抓取和使用行为，涉嫌违反

[1] 参见上海汉涛公司与北京爱帮公司不正当竞争纠纷案，（2011）一中民终字第7512号。

《反不正当竞争法》第 12 条等规定。

违法的数据抓取行为分为三类：（1）超出协议范围的数据抓取行为；[1]（2）违背行业内公认准则的数据抓取行为；[2]（3）采用违法手段进行的数据抓取行为。

即使数据抓取的技术手段是合法的，对于获取数据的使用行为也同样有可能构成不正当竞争。[3]

2. 侵害/侵犯商业秘密风险

如果相关数据是平台或应用运营者在运营过程中产生的数据，包括访问量、注册用户数量、用户浏览记录等一般用户无法获取的经营数据，相关运营者同时采取了保密措施（如设置防火墙、加密），则此类数据应当属于商业秘密的范畴。通过技术手段抓取上述数据，涉嫌违反《反不正当竞争法》第 9 条等规定。[4]

3. 侵害著作权风险

以下三类数据或信息可能构成著作权法项下的保护客体：

（1）用户制作和提供的内容，即 UGC（User Generated Content），如针对互联网电商平台销售产品的用户评价、旅游网站旅行者的体验报告和订餐网站对餐厅和菜品的评价等。此类信息可能是一个简单的好或坏的评价，也可能是具有独创性的文字作品或摄影作品，包括用户的深度评论或日记、用户上传的照片和视频等，而这些可能会构成著作权保护

---

[1] 参见北京微梦创科网络技术有限公司与北京淘友天下技术有限公司等不正当竞争纠纷案，（2016）京 73 民终 588 号。

[2] 参见北京百度网讯科技有限公司等与北京奇虎科技有限公司等不正当竞争纠纷案，（2013）一中民初字第 2668 号。

[3] 参见上海汉涛信息咨询有限公司与北京百度网讯科技有限公司不正当竞争纠纷案，（2015）浦民三（知）初字第 528 号；上海汉涛公司与北京爱帮公司不正当竞争纠纷案，（2011）一中民终字第 7512 号。

[4] 参见衢州万联网络技术有限公司与周某某、冯某、陈某 1、陈某 2、陈某 3 侵害商业秘密纠纷案，上海市第二中级人民法院（2010）沪二中民五（知）初字第 57 号、上海市高级人民法院（2011）沪高民三（知）终字第 100 号。

的客体。

（2）平台或平台商户创作的具有独创性的文字作品和摄影作品，包括文字性的介绍、照片等。

（3）平台运营者收集和整理的数据库，通过汇编和整理（对其内容的选择或者编排体现出独创性），有可能成为汇编作品。

三、大数据收集阶段对于企业的落地规范要求

对于一般数据的收集，当前的法律规制是较为开放自由的，一般来说，只要收集手段合法（不存在窃取、欺骗、误导或者强迫等行为），都可以收集。但是对于个人信息的收集，则需要做好以下规范。

1. 合法性评估

企业收集个人信息可以分为两种情况。

（1）直接收集个人信息。

对于直接收集个人信息，企业应遵循法定的原则和规则，如应遵守《网络安全法》的合法、正当、必要的原则。企业应做到以下几点：

首先，应梳理服务的功能范围，确定个人信息的正当收集、使用范围；

其次，量体裁衣，参照《个人信息安全规范》中的《隐私政策模板》，设计出适用本企业业务模式、产品功能的《隐私政策》（也可以隐私条款形式在用户协议中体现），明确收集、使用范围，以获得用户的充分授权；

最后，对于《隐私政策》或隐私条款中的关键条款，还需要使用“增强式告知”（如加粗、添加下划线）方式告知并提示用户，并且通过“主动触发”的形式，由用户主动点击同意，或主动填写相关的个人信息；

此外，产品或服务在升级或增加功能点后，需要扩大个人信息收集、使用范围的，需要按照同样的“明示”标准，让用户知晓并同意。

（2）间接收集个人信息。

对于间接收集个人信息，企业应做到以下几点：

首先，从供应商选择的角度，要对个人信息提供方的数据流程进行法律合规性评估，并基于评估结果选择供应商。

其次，从供应商签约的角度，应在双方的合作协议中明确个人信息提供方对数据来源合法性的担保责任；明确个人信息提供方对个人信息的授权和脱敏责任，明确个人信息提供方的保密义务；明确个人信息提供方保证其将承担违反法律、《个人信息安全规范》、与其用户之间的隐私政策而提供数据的经济和行政责任。

最后，从数据使用的角度，企业在获得数据后，应当对数据采取必要的保密措施，进行数据分类处理，确定特定的使用目的，避免数据的扩散或泄露；数据进行交易或流通之前，对数据进行必要的处理，尤其应当注意对于个人信息的脱敏。

另外，个人信息数据应存储在中国境内，因业务需要，确需向境外提供的，应当按照国家有关部门制定的办法进行安全评估，并履行相应的报批或报备手续。

2. 数据流向（用途）评估

如果企业此前收集的是非个人信息，企业对这些非个人信息的隐私风险评估后发现，个人身份信息可能被重新识别，为减少合规风险，应当就该收集和识别活动取得用户的授权同意。

如果企业此前收集的是个人信息，对这些个人信息进行匿名化处理后需要与相关主体进行共享，或者企业需要将收集的非个人信息与合作方进行共享，则可以在与共享匿名数据的合作方的合作协议中约定相关数据被恢复身份识别化后的双方责任和义务承担。并且，企业应定期、持续对匿名数据的重新识别风险进行评估，以决定对这些共享数据进行何种程度的匿名化处理以及是否需要就该等风险告知个人信息主体并取得相应披露授权。

3. 法律规定必须收集的数据

鉴于国家统一管理的需要，国家在通信、金融、新闻出版等领域，均有“实名制”要求，运营者应当收集用户的个人信息数据。例如：

（1）通信行业。《网络安全法》第 24 条规定：“网络运营者为用户办理网络接入、域名注册服务，办理固定电话、移动电话等入网手续，或者为用户提供信息发布、即时通信等服务，在与用户签订协议或者确认提供服务时，应当要求用户提供真实身份信息。”

（2）金融行业。《个人存款账户实名制规定》第 6 条规定：“个人在金融机构开立个人存款账户时，应当出示本人身份证件，使用实名。”

（3）新闻出版行业。《互联网信息服务管理办法》第 14 条规定：“从事新闻、出版以及电子公告等服务项目的互联网信息服务提供者，应当记录提供的信息内容及其发布时间、互联网地址或者域名；互联网接入服务提供者应当记录上网用户的上网时间、用户账号、互联网地址或者域名、主叫电话号码等信息。互联网信息服务提供者和互联网接入服务提供者的记录备份应当保存 60 日，并在国家有关机关依法查询时，予以提供。”

第三节　大数据存储阶段

一、概述

大数据存储是指将数据持久保存在大数据平台，存储的内容包括收集的原始数据和大数据分析结果等，是大数据应用过程中不可或缺的关键环节。原始大数据的量级经常以 PB 计，但很多大数据在被收集之后的很短时间内就会变成垃圾数据，只有少部分需要存储和保留，进入数据生存周期的其他阶段。大数据可以在组织内进行本地化存储，也可以使用组织外的数据存储平台。不同的大数据类型对应的存储需求不同，主要涉及存储期限、是否需要加密以及如何进行访问控制等内容。

二、大数据存储阶段涉及的法律问题

大数据存储阶段涉及的法律问题主要包括法律对不同类型和级别的数据有不同的强制性要求、存储期限是否符合“必要原则”、法律规定必须收集的数据、数据控制者对数据的安全保障义务、满足访问控制要求等。

1. 法律对不同类型和级别的数据有不同的强制性存储要求

（1）涉及国家秘密的数据，均应当严格按照《保守国家秘密法》的规定进行存储。

（2）涉及个人信息的数据，根据《网络安全法》《消费者权益保护法》等规定，用户信息或用户/消费者个人信息在存储过程中均应严格保密，且应存储在中国境内。此外，近期正在起草中的《儿童个人信息网络保护规定（征求意见稿）》中，还规定对于儿童个人信息，网络运营者应明确告知存储地点和到期后的处理方式，并征得儿童监护人的明示同意。

（3）涉及重要敏感信息的数据，根据《网络安全法》以及《GB/T 31167—2014 信息安全技术云计算服务安全指南》以及《国家网络安全事件应急预案》等文件规定，除了国家秘密、个人信息外，与国家安全、经济发展、社会稳定以及企业和公众利益密切相关的重要敏感信息（关键数据），应当在境内存储，且施以特别的安全保障义务。

2. 存储期限符合“必要原则”

《网络安全法》第 41 条规定：网络运营者收集、使用个人信息，应当遵循合法、正当、必要的原则；网络运营者不得收集与其提供的服务无关的个人信息。上述即个人信息保护的“必要原则”，也称最小化原则或最少够用原则。在个人信息存储阶段也需要遵守必要原则。

《GB/T 35273—2017 信息安全技术个人信息安全规范》将存储期限的“必要原则”细化为个人信息保存时间需最小化，具体要求包括：个人信息保存期限应为实现目的的所必需的最短时间；超出上述个人信息保存期限后，应对个人信息进行删除或匿名化处理。

3. **数据控制者对数据的安全保障义务**

《全国人民代表大会常务委员会关于加强网络信息保护的决定》第3~4条、《网络安全法》第41条、《消费者权益保护法》第29条、《电信条例》第12条等法律法规均规定了数据控制者对数据的安全保障义务，包括应当建立健全用户信息保护制度；应当采取技术措施和其他必要措施，确保信息安全，防止个人电子信息泄露、毁损、丢失；在发生或者可能发生信息泄露、毁损、丢失的情况时，应当立即采取补救措施，并告知用户或向主管部门报告。《网络安全法》第22条第2款还规定，网络产品、服务的提供者应当为其产品、服务持续提供安全维护；在规定或者当事人约定的期限内，不得终止提供安全维护。

例如，广东省通信管理局针对广州市动景计算机科技有限公司提供的UC浏览器智能云加速产品服务存在安全缺陷和漏洞风险，未能及时全面检测和修补，已被用于传播违法有害信息，造成不良影响的情况，责令其立即整改，采取补救措施，并要求其开展通信网络安全防护风险评估，建立新业务上线前安全评估机制和已上线业务定期核查机制，对已上线网络产品服务进行全面检查，排除安全风险隐患。❶

4. **满足访问控制要求**

大数据存储应能保障数据的可用性，即可以合规地访问、修改、删除。根据《网络安全法》第43条规定，个人发现网络运营者违反法律、行政法规的规定或者双方的约定收集、使用其个人信息的，有权要求网络运营者删除其个人信息；发现网络运营者收集、存储的其个人信息有错误的，有权要求网络运营者予以更正。《侵权责任法》第36条规定，网络用户利用网络服务实施侵权行为的，被侵权人有权通知网络服务提供者采取删除、屏蔽、断开链接等必要措施。

---

❶ 广州动景计算机公司因UC浏览器被查［EB/OL］.［2019-07-25］. https://mini.eastday.com/a/170919174851430.html.

因此，当个人和用户提出相应的要求时，网络运营者应当有可行的措施对相关个人信息予以删除或者更正，包括本地处理措施以及在第三方存储或者容灾备份等平台网络安全措施。特别注意的是，在删除环节，应采用多种形式的删除手段，防止多副本情况下出现漏删，确保数据删除彻底。

5. 法律责任

（1）民事责任。《侵权责任法》和《最高人民法院关于审理利用信息网络侵害人身权益民事纠纷案件适用法律若干问题的规定》规定网络用户、网络服务提供者利用网络侵害他人民事权益的，应当承担相应的侵权责任。

（2）行政责任。《网络安全法》和《电信条例》等规定了违反安全保障义务等的行政处罚措施，包括：责令改正，可以根据情节单处或者并处警告、没收违法所得、处违法所得 1 倍以上 10 倍以下罚款，没有违法所得的，处 100 万元以下罚款，对直接负责的主管人员和其他直接责任人员处 1 万元以上 10 万元以下罚款；情节严重的，并可以责令暂停相关业务、停业整顿、关闭网站、吊销相关业务许可证或者吊销营业执照。

（3）刑事责任。《刑法》第 286 条规定，网络服务提供者不履行法律、行政法规规定的信息网络安全管理义务，经监管部门责令采取改正措施而拒不改正，致使违法信息大量传播或者致使用户信息泄露，造成严重后果的，个人或单位构成拒不履行信息网络安全管理义务罪。

三、大数据存储阶段对企业的落地规范要求

（一）法定规范

根据《网络安全法》的规定，网络运营者应当履行以下义务。

（1）按照网络安全等级保护制度的要求，履行下列安全保护义务：保障网络免受干扰、破坏或者未经授权的访问，防止网络数据泄露或者被窃取、篡改；制定内部安全管理制度和操作规程，确定网络安全负责人，落实网络安全保护责任；采取防范计算机病毒和网络攻击、网络侵

入等危害网络安全行为的技术措施；采取监测、记录网络运行状态、网络安全事件的技术措施，并按照规定留存相关的网络日志不少于6个月；采取数据分类、重要数据备份和加密等措施。

（2）应当为其产品、服务持续提供安全维护。

（3）在规定或者当事人约定的期限内，不得终止提供安全维护。

（4）关键信息基础设施的运营者还应当履行下列安全保护义务：设置专门安全管理机构和安全管理负责人，并对该负责人和关键岗位的人员进行安全背景审查；定期对从业人员进行网络安全教育、技术培训和技能考核；对重要系统和数据库进行容灾备份；制定网络安全事件应急预案，并定期进行演练。

（二）国家标准规范

根据《大数据服务安全能力要求》《个人信息安全规范》等国家标准，大数据存储环节应做到以下几点。

（1）对存储的数据进行分类分级：

①数据应先分类再分级，至少应区分涉及国家秘密的数据、个人信息数据、重要敏感信息数据、关键数据；

②不同类别的数据应分开存储，并采取物理或逻辑隔离机制；

③组织根据自身需求，可对组织数据进行内部分类和分级，如将敏感数据进一步划分为一般敏感和重要敏感数据。

（2）涉及国家秘密、个人信息、重要敏感信息、关键信息数据应存储在中国境内。

（3）遵守数据保护原则，主要考虑以下几个方面：存储架构安全、逻辑存储安全、存储访问控制、数据副本安全、数据归档安全、数据时效性管理。

（4）建立数据存储冗余策略和管理制度，及数据备份与恢复操作过程规范。

第四节 大数据传输阶段

一、概述

大数据传输是指将收集的原始数据、开发（加工）后的数据等在组织内部转移、传递或者向组织外部实体转移、传递。大数据传输可以通过在线（线上）或离线（线下）等多种方式进行。

二、大数据传输阶段涉及的法律问题

大数据传输阶段涉及的法律问题主要包括数据责任是否随数据传输而转移、禁止传输的情形及违法信息的可追溯、跨境传输的具体要求。数据传输中涉及的数据控制者对数据的安全保障义务，可以参考数据存储阶段涉及的数据控制者对数据的安全保障义务。

（一）数据责任是否随数据传输而转移

数据责任，主要是指个人信息保护义务和数据安全保障义务。法律上的一般有体物，在交付给其他主体后，通常由接受方承担相应的物上责任。但数据的特殊性在于，其不同于一般有体物，数据在不同主体之间的传输并不当然意味着数据责任的转换。就个人信息保护义务而言，无论数据如何传输、向谁传输，整个数据传输链条上的所有主体，均需要承担个人信息保护义务，直至整个数据传输链条上的所有数据副本全部销毁为止。而数据安全保障义务也类似，除非数据主体不再保留数据副本，否则就需要承担数据存储和传输过程中的数据安全保障义务。

（二）禁止传输的情形以及违法信息可追溯

《保守国家秘密法》第 26 条规定："禁止在互联网及其他公共信息网络或者未采取保密措施的有线和无线通信中传递国家秘密。"第 28 条规定："互联网及其他公共信息网络运营商、服务商应当配合公安机关、国

家安全机关、检察机关对泄密案件进行调查；发现利用互联网及其他公共信息网络发布的信息涉及泄露国家秘密的，应当立即停止传输，保存有关记录，向公安机关、国家安全机关或者保密行政管理部门报告；应当根据公安机关、国家安全机关或者保密行政管理部门的要求，删除涉及泄露国家秘密的信息。”《网络安全法》第50条规定：“国家网信部门和有关部门依法履行网络信息安全监督管理职责，发现法律、行政法规禁止发布或者传输的信息的，应当要求网络运营者停止传输，采取消除等处置措施，保存有关记录；对来源于中华人民共和国境外的上述信息，应当通知有关机构采取技术措施和其他必要措施阻断传播。”

因此，传输涉及国家秘密的数据，必须在法定情形和保密条件下进行，网络运营者亦不得传输法律、行政法规禁止发布或者传输的信息。在发现传输涉密数据或违法信息后，应当保存有关记录，也就是确保涉密或违法数据可追溯，以便有关部门调查核实。

（三）跨境传输的特殊要求

1. 我国法律

全球自由贸易的发展对大数据的跨境流动提出迫切要求。在我国，并非所有数据都要受到跨境传输的特殊要求限制，根据《网络安全法》第37条的规定，仅有“关键信息基础设施的运营者在中华人民共和国境内运营中收集和产生的个人信息和重要数据”因业务需要向境外提供的，应当按照国家网信部门会同国务院有关部门制定的办法进行安全评估。目前，《个人信息和重要数据出境安全评估办法》《关键信息基础设施安全保护条例》等配套法规仍在征求意见阶段，尚未最终出台。

由于关键信息基础设施收集的数据往往事关国家安全、经济发展、社会稳定以及企业和公众利益，故《网络安全法》第66条规定了大数据违法跨境传输的法律责任，包括：责令改正，警告，没收违法所得，罚款，以及责令暂停相关业务、停业整顿、关闭网站、吊销相关业务许可证或者吊销营业执照，对直接负责的主管人员和其他直接责任人员罚款。

此外，2016年1月1日实施的《反恐怖主义法》要求，电信主管部门通过对网络运营商的直接管控，阻断涉及恐怖主义、极端主义内容信息的传输，其管辖范围不仅包括境内的数据传输，还包括跨境传输。该法第 19 条规定："电信业务经营者、互联网服务提供者应当依照法律、行政法规规定，落实网络安全、信息内容监督制度和安全技术防范措施，防止含有恐怖主义、极端主义内容的信息传播；发现含有恐怖主义、极端主义内容的信息的，应当立即停止传输，保存相关记录，删除相关信息，并向公安机关或者有关部门报告。网信、电信、公安、国家安全等主管部门对含有恐怖主义、极端主义内容的信息，应当按照职责分工，及时责令有关单位停止传输、删除相关信息，或者关闭相关网站、关停相关服务。有关单位应当立即执行，并保存相关记录，协助进行调查。对互联网上跨境传输的含有恐怖主义、极端主义内容的信息，电信主管部门应当采取技术措施，阻断传播。"

2. 国际规则

（1）美欧跨境数据转移规则。

1998 年生效的欧盟个人数据保护指令，就已经不许向未达到欧盟标准的国家或地区传输客户的个人数据。根据这一要求，从欧盟向美国传输客户的个人数据时，企业会面临法律障碍。为了避免贸易摩擦，经过两年多的谈判，2000 年双方推出了由美国提出的《安全港协议》（Safe Harbor）。按照此协议精神，美国公司可以自愿接受约束，以获取来自欧洲的更多商业机会。即使如此，《安全港协议》的严谨程度也比不上现行的欧洲相关法律，遭到了一些消费者权益保护组织的非难。"信息安全港"其实是一个虚拟"社区"。它公布一些基本的隐私权保护原则。任何企业，只要宣布自己遵守上述原则并提出了具体落实方案，报有关部门或机构备案后，就算进入了"信息安全港"，可以"安全、合法地"从欧盟国家转移消费者资料。如果事后发现该企业并未达到声称的保护标准，则可以以欺诈罪论处。

但在斯诺登 2013 年曝光美国监控计划后，奥地利公民思科瑞姆斯起诉脸书，指控后者将欧洲用户的数据传回到美国服务器，思科瑞姆斯最初向爱尔兰数据保护专员办公室提出投诉，因为脸书的欧洲总部设在爱尔兰。该案件最终被诉至设在卢森堡的欧盟法院，要求后者作出裁决：如果担心美国的隐私保护措施，欧盟国家的数据隐私监管机构是否可以单方面中止《安全港协议》？此外，欧盟委员会也对“安全港”机制进行审查，以确保美国执法部门访问欧洲人的数据将是适度和仅限于绝对必要的。此后，美国和欧盟就加强和调整“安全港”机制进行了两年多的谈判，旨在减轻欧洲方面对隐私问题的担忧。但是，2015 年 10 月，欧洲法院作出判决，认定该协议无效。

欧洲法院宣判欧美《安全港协议》无效这一举动，意味着美国在欧盟将不再拥有“对个人数据提供充分保护国家”的地位，如果美国网络科技公司要将欧盟公民的数据传输至美国，该公司需要在双方之间签订有关隐私保护的合同，或获得数据保护部门的批准。欧洲法院在裁定中指出，欧盟的数据保护法规规定，欧盟公民的个人数据不能传输至非欧盟国家，除非该非欧盟国家能为这些数据提供有效保护。鉴于美国未能达到上述要求，欧美之间签订的《安全港协议》无效，脸书等美国公司应立即停止将收集到的欧洲用户数据传输至美国。同时，这一判决对脸书、谷歌、亚马逊等美国互联网巨头也产生了重大影响。但是，由于判决生效后尚无新的欧美数据传输协议，现阶段，有关企业可以运用欧盟数据保护法律之下的其他机制，继续进行跨大西洋数据传输。

2016 年 2 月 2 日，欧洲委员会宣布与美国达成新的数据跨境协定——《欧盟-美国隐私护盾》（EU-SU Privacy Shield），替代《安全港协议》。相比于《安全港协议》，《欧盟-美国隐私护盾》要求美国企业承担更多的义务，如在企业依据自愿原则提交参加隐私护盾的自我确认书（声明其符合并遵守隐私护盾之要求）后，就应当完全遵守其中的所有隐私原则，而且需要公开其隐私政策、执法部门获取个人信息的请求等。自我确认书必须至少每年提交一次，否则就会被从隐私护盾名单中除名。在监督和执法方面，美国商务部、联邦贸易委员会（FTC）、交通部等部门负责监督参加隐私护盾的美国企业履行义务，并作出处罚和制裁。同时，隐私护盾赋予了欧盟公民更多的数据权利和多种救济可能性，其救济途径包括：①直接向美国企业提出请求和投诉，后者必须于45日内作出回应；②参加隐私护盾的美国企业必须提供免费的替代性纠纷解决机制并告知用户以便其可以进行投诉；③直接向其本国数据保护机构进行投诉，后者负责将投诉转交美国商务部，美国商务部必须于90日内作出回应，或者将投诉转交FTC处理；④如果穷尽前述方式未能解决争议，可以诉诸隐私盾仲裁小组（Privacy Shield Panel）的仲裁程序。此外，《欧盟-美国隐私护盾》对美国政府进行网络监控、获取个人信息也作出明确限制，对美国企业而言，只有在以下情形下才可以不用遵守隐私护盾隐私原则及补充原则：为了满足必要的国家利益、公共利益或者执法需求；制定法、政府法规、判例法有冲突规定；欧盟和成员国法律的例外、减损规定等。[1]

【案例】微软与美国司法部跨境数据隐私案

2013年，FBI以协查原因要求调取微软爱尔兰数据中心电邮数据，调取要求遭到微软拒绝，该案上诉至美国联邦第二巡回法院。第二巡回法院在判决中认定，根据《存储通信法案》（SCA），通过搜查令要求网络运营者提供数据的规定不适用于境外，确认以数据存储位置作为判断数据管辖权的标准。2017年6月，该案件提交至美国最高法院。2018年3月，美国通过《澄清域外合法使用数据法》（Clarifying Lawful Overseas Use of Data），该法案采取“数据控制者”定义，只要是服务提供者控制、监管的数据，无论是否在美国境内，都可以被调取。

（2）APEC隐私保护框架。

APEC跨境隐私规则体系（CBPRs）是目前全球范围内有关跨境数据流动的最新规则体系，也是亚太地区唯一的专门规范跨境数据传输的区

[1] 从“安全港”到“隐私护盾”［EB/OL］．（2016-05-01）［2019-07-25］．http：//news.163. com/16/0330/09/BJD6IJAH00014AED.html.

域性规则。CBPRs 规范的对象是那些在亚太地区的业务牵涉个人数据跨境传输的企业。这里的“企业”，包括专门从事跨境电子商务的企业，也包括与此相关的但主营业务并不是跨境电子商务的企业，如金融、医药、通信设备制造等领域的跨国巨擘。CBPRs 对申请加入体系的国家提出明确的前提要件：申请人的国内具有高水平的隐私保护法律，其相关法律应当通过 APEC 监督小组的审核。APEC 于 2010 年制定了跨境隐私执法安排制度（Cross-border Privacy Enforcement Arrangement，CPEA），为各经济体的执法机构提供一个信息共享、相互帮助、跨境联合执法的平台。截至 2015 年 8 月底，共计 8 个成员经济体的 22 个隐私执法机构加入 CPEA，其中，美国派出的部门是联邦贸易委员会，韩国是行政安全部，墨西哥是联邦信息公开与数据保护委员会，我国香港特别行政区是隐私专员公署。❶ 可以预见，随着加入 CPEA 的各经济体政府部门越来越多，APEC 区域内的数据保护联合执法必将得以加强。

三、大数据传输阶段对于企业的落地规范要求

1. 境内数据传输

（1）遵守责任不随数据转移原则，对数据传输后产生的数据安全事件承担必要的安全责任。

（2）在数据传输前，对数据进行风险评估，确保数据传输后的风险可承受，方可传输数据，并通过合同明确数据接收方的数据保护责任。

（3）在数据传输前，对数据的敏感性进行评估，根据评估结果对需要传输的敏感信息进行脱敏操作。

（4）遵守可审计原则，记录时间、传输需求、数据接收方等相关信息。

---

❶ 中国信通院. 亚太地区（APEC）跨境数据流动规则的未来趋势［EB/OL］.（2015-12-01）［2019-07-25］. http://www.catr.cn/kxyj/catrgd/201511/t20151102_2131984.html.

（5）提供有效的数据共享访问控制机制，明确不同机构或部门、不同身份与目的的用户的权限，保证访问控制的有效性。

（6）建立大数据公开的审核制度，严格审核发布信息符合相关法律法规要求。明确数据公开内容、权限和适用范围，信息发布者与使用者的权利与义务。定期审查公开发布的信息中是否含有非公开信息，一经发现，立即删除。

（7）评估数据传输安全风险，明确数据传输安全要求，并采取相应的安全技术举措。

2. 跨境数据传输

根据《网络安全法》第 37 条规定，因业务需要，确需向境外提供的，应当按照国家网信部门会同国务院有关部门制定的办法进行安全评估。虽然从立法层面看，目前关于数据跨境流动安全评估制度仍然比较宏观，但是企业还是应该建立相关数据保护和跨境数据流动的合规政策。

（1）明确属于国家秘密的数据或信息，即根据《保守国家秘密法》，载体明确标有“绝密”、“机密”或“秘密”的数据或信息。不允许通过邮寄或托运的方式出境，未经相应主管部门批准，也不得被携带、传递至境外。

（2）加强数据审核，格外注意所传输数据中是否存在可能涉及国家安全和利益的信息，如果是则应按照国家秘密处理，如果企业自身不能确认，则应停止传输，并及时咨询主管部门或者第三方专业人士的意见，以尽可能地降低自身风险。

（3）应当随时注意各行业主管部门的最新意见和指示，关注关键信息范围，并在开展跨境数据传输前咨询专业人士的意见，以最大限度地降低企业可能面临的法律风险。

第五节　大数据应用阶段

一、概述

大数据应用，是大数据生命周期中最为复杂的一个阶段，其中除了涉及大数据开发（也称大数据加工），包括数据清洗、数据脱敏、数据分析等操作，同时还会伴随有数据存储、传输行为发生。大数据的应用过程，可以在组织内完成，也可以在组织外完成；可以是对大数据的开发应用，也可以是数据的直接交易。其最终目的，从原始数据中发掘价值，支撑组织决策；或者将大数据转换成适合对外提供或交易的形式，并通过交易获得利益。

二、大数据应用阶段涉及的法律问题

大数据应用阶段，除了应该遵循上文中大数据存储、传输的相关法律规制外，本阶段最主要的法律问题包括数据应用范围应与授权（合同约定）的一致性，以及数据规范脱敏两个方面。从实践操作来看，第一个方面的要求主要体现在数据应当可溯源，第二个方面的要求主要在于数据应当脱敏并达到去识别化。

（一）数据溯源

大数据应用都应仅限于数据收集时确定的目的和范围，特别是对于包含用户信息或个人信息的数据，如果需要变更目的或超范围，需要重新得到数据主体的知情同意，否则便有违法之嫌。同时，大数据的应用过程包含了很多数据活动，数据会变换多种形式，也将在不同数据主体和数据角色之间流通，因此，必须对数据、数据活动和执行主体等进行详细记录，才可以保证大数据的开发和应用始终处于既定的目的和范围内，也能够实现当数据活动涉嫌违法时，可以通过数据溯源准确地分析和定位违法主体。

（二）数据脱敏

数据脱敏指从原始环境向目标环境进行敏感数据交换的过程中，通过一定方法消除原始环境数据中的敏感信息，并保留目标环境业务所需的数据特征或内容的数据处理过程。数据脱敏是大数据应用阶段一个非常重要的环节，其意义主要在于确保个人信息和其他关键敏感信息在对外展示或对外提供时，不触犯法律红线，尤其是不得违反刑法关于公民个人信息和国家秘密信息保护等的规定。

目前我国法律法规对于个人信息的范围已经有明确的定义，个人敏感信息也可以推而得知，但是对于其他关键敏感信息，仅有概括式的规定而尚未有明确的定义，关于大数据脱敏的方法和流程，也尚未出台统一的国家标准。按照现有的法律规定和国家标准，主要从数据脱敏的范围（对象）和脱敏程度两个方面做简单的概述。

1. 数据脱敏的范围

数据脱敏的目的，是要实现敏感隐私数据的可靠保护。因此，脱敏的范围也就是所谓“敏感隐私数据”，其中除了包括涉及客户安全数据或者商业性敏感数据外，最重要的就是身份证号、手机号、卡号、客户号等个人敏感信息。对于此类信息的范围界定，可以参照《GB/T 35273—2017 信息安全技术个人信息安全规范》的规定，个人敏感信息是指一旦泄露、非法提供或滥用可能危害人身和财产安全，极易导致个人名誉、身心健康受到损害或歧视性待遇等的个人信息。通常情况下，14 岁以下（含）儿童的个人信息和自然人的隐私信息属于个人敏感信息，并且可从以下角度判定是否属于个人敏感信息（见表 2-1）。

（1）泄露：个人信息一旦泄露，将导致个人信息主体及收集、使用个人信息的组织和机构丧失对个人信息的控制能力，造成个人信息扩散范围和用途的不可控。某些个人信息在泄露后，被以违背个人信息主体意愿的方式直接使用或与其他信息进行关联分析，可能对个人信息主体权益带来重大风险，应判定为个人敏感信息。例如，个人信息主体的身份证复印件被他人用于手机号卡实名登记、银行账户开户办卡等。

（2）非法提供：某些个人信息仅因在个人信息主体授权同意范围外扩散，即可对个人信息主体权益带来重大风险，应判定为个人敏感信息。例如，性取向、存款信息、传染病史等。

（3）滥用：某些个人信息在被超出授权合理界限时使用（如变更处理目的、扩大处理范围等），可能对个人信息主体权益带来重大风险，应判定为个人敏感信息。例如，在未取得个人信息主体授权时，将健康信息用于保险公司营销和确定个体保费高低。

表 2-1 个人敏感信息举例

信息类别	举 例
个人财产信息	银行账号、鉴别信息（口令）、存款信息（包括资金数量、支付收款记录等）、房产信息、信贷记录、征信信息、交易和消费记录、流水记录等，以及虚拟货币、虚拟交易、游戏类兑换码等虚拟财产信息
个人健康生理信息	个人因生病医治等产生的相关记录，如病症、住院志、医嘱单、检验报告、手术及麻醉记录、护理记录、用药记录、药物食物过敏信息、生育信息、以往病史、诊治情况、家族病史、现病史、传染病史等，以及与个人身体健康状况产生的相关信息等
个人生物识别信息	个人基因、指纹、声纹、掌纹、耳廓、虹膜、面部识别特征等
个人身份信息	身份证、军官证、护照、驾驶证、工作证、社保卡、居住证等
网络身份标识信息	系统账号、邮箱地址及与前述有关的密码、口令、口令保护答案、用户个人数字证书等
其他信息	个人电话号码、性取向、婚史、宗教信仰、未公开的违法犯罪记录、通信记录和内容、行踪轨迹、网页浏览记录、住宿信息、精准定位信息等

2. 数据脱敏的程度

数据脱敏的最低程度要求，是实现数据的去识别，即不会造成敏感数据的泄露。因此，敏感数据泄露的风险高低，就是衡量数据脱敏程度的判断标准。一般来说，敏感数据泄露有很多不同的类型，我们可以通过不同的敏感数据泄露风险模型，综合衡量敏感数据泄露的风险，并采取不同的数据脱敏算法对数据进行脱敏。目前，敏感数据脱敏至少要达到以下三种泄露风险的控制。

（1）个人标识泄露。即数据使用人员通过任何方式可以确认数据表中某条数据属于某个个人时，称为个人标识泄露。个人标识泄露最严重，因为一旦发生个人标识泄露，数据使用人员就可以得到具体个人的敏感信息。

（2）属性泄露。即数据使用人员根据其访问的数据表可以了解到某个人新的属性信息时，称为属性泄露。个人标识泄露肯定会导致属性泄露，但属性泄露也有可能单独发生。

（3）成员关系泄露。即数据使用人员可以确认某个人的数据存在于数据表中时，称为成员关系泄露。成员关系泄露相对风险较小，个人标识泄露与属性泄露肯定意味着成员关系泄露，但成员关系泄露也有可能单独发生。

此外，常规的数据脱敏操作其实相对简单易行，数据脱敏的难点问题往往在于，有些信息本身可能并不直接是敏感信息，但是可通过与其他信息（不一定掌握在数据控制者处）结合后还原出敏感信息，此时的数据脱敏，才是对数据控制者的真正考验。

（三）大数据不同应用模式下的法律问题

1. 大数据自用模式

大数据自用涉及个人信息的，应当于收集前告知并在征得同意的目的和范围内使用，并采取必要的措施和手段保障个人信息在使用过程中的安全。如果确需超出收集时所明确告知的目的和范围使用个人信息，应以合理形式告知用户并获得用户的明示同意。大数据自用如涉及用户信息或个人信息的对外展示，应视同数据对外提供而给予合法性核查和安全保障。

2. 大数据他用模式：数据共享的特殊要求

数据共享的主要推动者是政府机构，共享的数据也主要是政府信息。除去一些常见的问题，如数据准确性、真实性、完整性、一致性、合法性、及时性、可用性、安全性等，最重要的问题是，如何才能既保证敏感信息不被泄露，又保证对数据的充分访问控制和对数据的有效和正常使用。而且，真实数据不是静态的，会随着时间的变化而变化，数据规模也会不断变化，很难准确评估数据共享中敏感信息泄露的风险。因此，很难对数据进行完全有效的脱敏处理，存在敏感信息泄露的风险。

3. 大数据交易

大数据交易是指数据供方和需方之间以数据商品作为交易对象，进行的以货币交换数据商品，或者以数据商品交换数据商品的行为。数据商品包括原始数据或加工处理后的数据衍生产品。数据交易包括以大数据或其衍生品作为数据商品的数据交易，也包括以传统数据或其衍生品作为数据商品的数据交易。

（1）国内大数据交易发展现状。

目前国内的大数据交易以平台模式为主。大数据交易平台主要有三种类型：①政府主导的交易平台，以贵阳大数据交易所为代表，包括上海数据交易中心、华中大数据交易平台、浙江大数据交易中心、重庆大数据交易市场、华东江苏大数据交易平台、长江大数据交易所、武汉东湖大数据交易中心、河北大数据交易中心等；②产业联盟主导的交易平台，以中关村数海大数据交易平台为代表；③企业主导的交易平台，比如数据堂、京东万象、九次方、聚合数据等。

（2）大数据交易基本构成。

大数据交易主要涉及以下主体和平台：数据供方，数据交易中提供数据的组织或个人；数据需方，数据交易中购买和使用数据的组织或个人；数据交易服务机构，为数据供需双方提供数据交易服务的组织；数据交易服务平台，为数据交易提供各项服务的信息化平台。

数据交易方式主要分为以下三种。

①在线数据交易：数据供方以数据调用接口的形式通过网络向数据需方交付数据的数据交易模式。

②离线数据交易：数据供需双方在达成数据交易协议后，由数据供方通过离线方式将数据从供方传输到需方的数据交易模式。

③托管数据交易：数据供需双方在达成数据交易协议后，由供方将数据拷贝到数据交易服务机构指定的数据托管服务平台，需方在数据托

管服务平台内使用数据，数据不发生转移的交易模式。

（3）大数据交易中的法律问题。

我国大数据交易面临的法律问题主要包括数据权益归属不清晰、交易范围和内容不明确、数据定价机制不完善、数据质量标准不统一、信息保护和数据安全缺乏监管等。目前大数据交易相关的国家标准，除了《GB/T 36343-2018 信息技术数据交易服务平台交易数据描述》已经发布，其他重要的标准还在制定过程中，因此，目前解决大数据交易相关法律问题的通行做法，是由各大数据交易平台根据现行法律法规，通过门槛式约定和自由约定等方式实现合法合规，包括自行制定交易公约和规则，或者指导交易各方订立合同明确权利义务等。

（4）大数据交易原则。

各大数据交易平台根据多年实践，总结出以下交易原则。

①数据交易合法合规原则：数据交易应遵守我国关于数据安全管理相关法律法规、尊重社会公德，不得损害国家利益、社会公共利益和他人合法权益。

②主体责任共担原则：数据供需双方及数据交易服务机构对数据交易后果负责，共同确保数据交易的安全。

③数据安全防护原则：数据交易各参与方应采取数据安全保护、检测和响应等措施，防止数据丢失、损毁、泄露和篡改，确保数据安全。

④个人信息保护原则：数据供需双方在进行数据交易时，应采取个人信息安全保护技术和管理措施，避免个人信息的非法收集、滥用、泄露等安全风险，切实保护个人权益。

⑤交易过程可控原则：应确保数据交易参与方的真实可信，交易对象合法、数据交付和资金交付过程可控，做到安全事件可追溯，安全风险可防范。

（5）禁止交易的数据。

根据我国现行法律法规，禁止交易的数据至少应包括以下几种。

①涉及国家秘密等受法律保护的数据。

②涉及个人信息的数据，除非获得了全部个人数据主体的明示同意，或者进行了必要的去标识化处理。

③涉及他人知识产权和商业秘密等权利的数据，除非取得权利人明确许可。

④涉及以下内容的数据：反对宪法所确定的基本原则的；危害国家安全，泄露国家秘密，颠覆国家政权，破坏国家统一的；损害国家荣誉和利益的；煽动民族仇恨、民族歧视，破坏民族团结的；破坏国家宗教政策，宣扬邪教和封建迷信的；散布谣言，扰乱社会秩序，破坏社会稳定的；散布淫秽、色情、赌博、暴力、凶杀、恐怖或者教唆犯罪的；侮辱或者诽谤他人，侵害他人合法权益的；涉及枪支弹药、爆炸物品、剧毒化学品、易制爆危险化学品和其他危险化学品、放射性物品、核材料、管制器具等能够危及人身安全和财产安全的危险物品的；宣扬吸毒、销售毒品以及传播毒品制造配方的；涉及传销、非法集资和非法经营等活动的。

三、大数据应用阶段对于企业的落地规范要求

（1）依据国家个人信息和重要数据保护的法律法规要求建立数据使用正当性原则，明确数据使用和分析处理的目的和范围。

（2）建立数据使用的内部责任制度，保证在数据使用声明的目的和范围内对受保护的数据进行使用和分析处理。

（3）遵守最小授权原则，提供细粒度访问控制机制，限定数据使用过程中可访问的数据范围和使用目的。

（4）遵守数据保护原则，主要考虑以下几个方面：分布式处理安全；数据分析安全；数据正当使用；数据加密处理；数据脱敏处理；数据溯源。

（5）遵守可审计原则，记录和管理数据使用操作。

（6）对数据分析结果的风险进行合规性评估，避免分析结果输出中包含可恢复的敏感数据。

(7) 建立与第三方之间的数据流通和共享规则，明确各方权利义务，遵守大数据交易原则和规则。

(8) 建立内部数据系统安全体系，建立集团公司与子公司之间数据共享规则，设立大数据业务法务合规岗位，建立个人信息泄露问责机制。

(9) 加强大数据资产管理，建立大数据品牌体系。

第六节　大数据销毁阶段

一、概述

大数据销毁是指彻底删除大数据存储平台或第三方大数据存储平台上的数据及其副本，如果数据来自外部实时数据流，还包括断开与实时数据流链接的行为。数据需要被删除的原因包括但不限于：(1) 为了减少数据泄露的风险，避免数据被不适当地传输或使用；(2) 删除不相关或不正确的数据，数据与最初使用目的不再相关，或数据不正确；(3) 满足客户要求删除其数据的要求。而根据销毁动作发起的动因，可以分为主动销毁和被动销毁。主动销毁的情形包括数据迁移、数据存档、数据已经失去价值且法律并无强制性保留的要求；被动销毁的情形主要为信息来源者（数据主体）向组织提出要求。

二、大数据销毁阶段涉及的法律问题

(1) 同步销毁。随着计算机技术的发展，大数据不仅可以在本地存储、开发和应用，还能通过“云”存储、开发和应用，同时由于数据的可复制性，数据不管在本地还是在“云”上，都可能存在一个甚至多个副本。当数据满足销毁条件时，不管数据在谁的控制之下、存储在何处、有多少副本，都应同步删除。这就要求在数据收集、存储、传输、开发和应用等各阶段，采取相应的技术措施，做好数据溯源，确保大数据流通过程的可追溯性，以保障在必要的时候，可以实现大数据的同步销毁。

（2）法定保留。《保守国家秘密法》《网络安全法》《电信条例》等法律法规对于涉及国家秘密以及与国家安全、经济发展、社会稳定以及企业和公众利益密切相关的数据，均规定在信息泄露等特殊情形下应当留存以备相关部门查询。因此，上述重要数据，应当依法保留，非经法定程序和按照法律规定，不得销毁。

三、大数据销毁阶段对于企业的落地规范要求

（1）立即删除超出收集阶段明确的数据留存期限的相关数据；对留存期限有明确规定的，按相关规定执行。

（2）在删除数据可能会影响执法机构调查取证时，采取适当的存储和屏蔽措施。

（3）依照数据分类分级建立相应的数据销毁机制，明确销毁方式和销毁要求。

（4）遵守审计原则，建立数据销毁策略和管理制度，明确销毁数据范围和流程，记录数据删除的操作时间、操作人、操作方式、数据内容等相关信息。

小　结

本章通过对大数据从收集、存储、传输、开发和应用、销毁等环节的制度梳理，明确了各主体享有的权利和承担的义务。对于企业特别是大数据企业而言，数据合规对于企业发展至关重要，不履行合规义务将面临民事、行政、刑事上的责任，因此，企业应从各个环节把控违规风险，建立完备的、合规的数据收集、存储、传输、开发和应用、销毁制度，并保障上述制度得以施行。此外，大数据的监管制度也会随着产业的发展、国际立法的趋势发生改变，企业也应及时关注相关立法制度的变化。

第三章　大数据垂直领域的特殊规定

导　语

2012年2月，《纽约时报》的一篇专栏称，“大数据”时代已经降临，在商业、经济及其他领域中，决策将日益基于数据和分析而作出，而并非基于经验和直觉，由此，全球掀起了一场轰轰烈烈的数据革命，“大数据”一词开始广泛进入公众视野。

以金融业、通信业、军事为首，世界各国尤其是世界经济发达地区，正努力尝试着将“大数据”应用到社会经济的方方面面，通过获取大规模的数据资源，用纷繁复杂的数据分析方法得出相关结论，从而更好地对国家安全、社会经济、日常生活等方面作出预测与防范。

除了收集各行业大规模的数据资源，如何挖掘、利用这些数据成为目前大数据时代的重中之重，2015年8月31日，国务院出台《国务院关于印发〈促进大数据发展行动纲要〉的通知》（国发〔2015〕50号），提出以企业为主体，营造宽松公平环境，加大对大数据关键技术研发、产业发展和人才培养的投入力度，着力推进数据汇集和发掘，深化大数据在各行业创新应用，促进大数据产业健康发展。国家相关部门分别就金融、健康医疗、交通旅游服务、气象、农业农村、国土资源等领域出台了相应的大数据发展文件，探讨、制定我国各行业各领域大数据的发展方向及目标。

大数据正越来越广泛地应用于各行各业，大数据与实体经济的融合给人们生活带来越来越大的变化，从大数据应用垂直领域来看，金融、交通、通信、医疗、政务、电子商务等行业在数据收集能力、数据分析及挖掘水平、大数据应用普遍性等方面都处于领先地位。基于此，本章将分别从我国金融、交通、通信、医疗、政务、电子商务等方面探讨目前大数据在这些行业领域的发展现状及问题，以求共同思考、探索未来大数据在我国各行业的发展方向。

第一节　金融

一、金融大数据发展概述

金融机构在开展金融服务过程中，能够获取大量金融数据信息，包括客户身份信息、资金交易信息、资产负债信息、消费信息、资金往来信息等，这些信息几乎覆盖社会经济的各个领域。经过多年积累，各大金融服务机构已积累了大量高价值的数据，拥有开展大数据分析的基础资源。与此同时，金融服务机构大多具备雄厚资金实力，有能力在信息化建设方面进行巨额投资，促进金融数据开发与运维系统的构建和完善，共同推动金融行业成为全球范围内最早、开展信息化建设最全面的代表行业之一。庞大的数据资源加上强大的信息化能力，使得金融行业在大数据应用方面具备天然优势。

随着互联网的发展，电子化证券和货币交易结算系统在各金融行业全面覆盖，互联网现在可以提供几乎全部类型的银行信贷、证券交易、保险理财等服务。越来越高频的交易数据和用户的信用数据，可以被用于金融分析、金融产品的开发，以及用户信贷的信用评级和风险管理。目前，大数据在金融行业的应用涵盖金融业四大主要领域：银行业、保险业、证券业和征信业。

金融大数据具备以下特征。

第一，优质的数据资源：金融机构自行收集数据的真实性程度很高，在金融行业存储的用户数据，大都是身份证、姓名等真实数据，且经过前台人员的核验，数据质量要明显高于一般行业。金融行业是电子化、网络化、数据化程度最高的产业之一，通过多年积累，已经具备覆盖范围广、数据体量大、数据质量高的数据资源。

第二，强大的技术实力：金融行业有着良好的信息化基础，对数据化及互联网化有着深入地理解，并且拥有丰富的交易和数据处理经验，具备海量数据计算的能力，同时还拥有丰富的技术人才储备。

第三，专业的金融能力：金融业务具有高度的专业性，而金融机构聚集了国内大多数的金融专业人才，在大数据时代金融产品设计方面有着独特的先天优势，较难被其他行业以低廉成本获得。

1. 银行业大数据应用

在大数据时代，以银行为代表的金融机构，获取数据的途径大大拓宽。除了传统营业网点之外，网上银行、电话银行、手机银行、网站等途径也为银行提供了多样化的数据资源获取渠道，基于多方来源汇总产生的海量数据，构成银行开展大数据应用试点、建设和推广的基础。这些数据包含大量来自客户的个人数据，包括客户的消费记录、现金流、信用卡还款记录、贷款频率等。通过对不同客户的数据进行重组和归纳，经过大数据的精准分析，对客户进行信用评级，实现个人贷款和信用卡准入的自动化审批；根据公司自身的资金状况，行业竞争对手的产品信息，利用数据分析报告设定贷款定价，完善资本分配方法；同时可以利用大数据计算技术为财富客户推荐产品，利用客户行为数据设计满足客户需求的金融产品。

数据规模的扩大、数据总量的扩容以及数据分析能力的不断提升，各方面因素共同拓宽了大数据应用在银行业务中的发展空间，丰富了银行业务的适用场景和服务类别，加速了产品创新。除了决策支持等传统应用之外，目前银行业的大数据应用主要集中在以下几个方面。

（1）金融产品创新。利用大数据技术，通过对客户提供的个人信息以及收集到的客户行为数据进行综合分析，并结合从其他数据库获取的相关数据，将客户进行分类，并预测客户偏好，有针对性地推出符合客户实际需求的金融产品，比如个性化的理财产品。

（2）互联网金融。互联网金融是金融业大数据应用的典型代表，呈现出以下特点：①数字化，互联网金融利用云计算技术和大数据技术，通过海量数据挖掘潜在市场需求，可以提升互联网金融公司的经营效率和水平，在降低成本的同时也提升了信息的适用效率；②模式多元化，互联网金融在支付模式、服务模式、销售模式等方面具有高度灵活性和选择多样性，包含移动支付、融资众筹、P2P 网络借贷等形式；③普惠性，互联网金融既面向高价值客户，又为非高净值客户提供低门槛的金融产品，进一步提升了市场覆盖率和交易便捷性。从目前来看，国内商业银行的互联网经营模式大多还是集中于传统业务的互联网运营，坐拥大数据技术的互联网公司成为互联网金融的主力。随着互联网技术的发展和金融行业经营的趋势变化，越来越多的金融企业开始与互联网公司合作，如招商银行、平安集团等与 TalkingData 的数据合作；而一些互联网公司，尤其是电子商务网站，也开始利用自身掌握的用户数据，开展小型金融业务，如阿里金融和京东金融。以阿里小贷为例，凭借阿里自身掌握的贷款人交易数据，对其信用状况进行核定，这种小额贷款无须借款人提供抵押品或第三方担保，仅凭自己的信誉就能取得贷款，并以借款人信用程度作为还款保证，大大地降低了交易成本，缓解了微小企业贷款难的问题。

（3）风险管理。金融企业面临很大的市场风险，包括信用风险、操作风险和市场风险等。对此，为实现对风险的有效管控，国内部分金融企业把银行授信和授后管理过程中获取的各种数据，利用大数据技术进行建模，实现相关的风险的精准预测。

（4）反金融犯罪。利用客户基本信息、交易历史数据等基础数据，利用大数据分析技术，分析正在发生的交易行为是否可能为金融欺诈、洗钱等金融违法行为，实现实时监管。

2. 保险业大数据应用

保险行业盈利是建立在概率计算基础之上的，风险发生概率及可能造成的损失等数据均需进行精确估算，因此，保险行业对数据具备天然的、极大的敏感性。大数据应用的出现，使保险公司能够通过对数据分析，进一步提升风险判断精确性，从而进行更为合理地定价，更有效地挖掘潜在客户。保险业大数据应用主要有以下几个方面。

(1) 业务挖掘。保险业可获取的信息十分丰富，如寿险、健康险等，可以了解客户从出生到死亡、客户的身体状况等具体信息，可以说针对客户个人的所有信息均包含其中。通过对客户数据收集，通过大数据分析，保险机构能够深入挖掘客户的潜在需求偏好，据此设计出符合客户需求的新型产品。

(2) 合理定价。保险业以精算为业务核心，传统保险精算采用以历史数据为基础的固定风险费率的精算模式，保险费率一旦确定，在保险期内一般不会再变，而且费率的差异化程度不高。大数据将有效提高保险公司的精算能力，通过利用大数据技术，保险公司可分析客户风险高低，从而为不同的客户实行差别费率，提高保险公司的业务竞争能力。

(3) 防范骗保。传统保险理赔主要依靠理赔人员的经验和责任心，在处理保险理赔时，由于信息的不对称，难免存在疏忽或主观判断失误，而且随着骗保的作案方法升级，在应对骗保方面更显得力不从心。大数据技术的出现，使得信息更加透明，可以更加准确地预测骗保的可能性。例如，世界知名的数据库公司 LexisNexis 利用理赔、政府数据和犯罪记录检测出大量的诈骗行为。该数据库通过关联大量美国保险公司理赔数据、第三方保险公司的历史理赔数据，按照关系匹配政府数据和犯罪记录，自动整合理赔人的犯罪记录及相关人记录，通过算法检测欺诈行为和欺诈网络。通过大数据检测发现，超过 20% 的理赔请求属于欺诈、重叠或不当，而且存在医疗机构介入汽车保险欺诈网络的情况。

3. 证券业大数据应用

证券公司在为客户提供证券交易服务的同时，获取了大量的客户个人基本信息、资产信息、交易信息、风险偏好等数据，基于此对这些数据进行综合、深入的分析，可以得出客户的交易行为模式，针对不同客户推送不同的、有针对性的信息和服务，提升客户交易意愿，从而提高证券服务佣金收入，提振业绩表现。

除了在传统收取交易佣金方面的应用外，还可借助大数据的相关技术，提升工作效率，降低管理难度，也可以为客户提供更好的服务。有部分证券公司上线了智能投顾业务，例如，广发证券的“贝塔牛”业务等，利用大数据分析，建立股票交易模型，结合客户的风险偏好、资金规模等数据，为客户提供定制化的证券投资策略或建议，这些新产品的开发也将促进证券公司从传统经纪业务向财务管理的转型。

此外，对于证券监管机构而言，利用大数据技术，能够实现对大量与证券交易行为相关的资料的综合统计与深入分析工作，从大量与交易行为相关的信息中快速提炼可疑信息，及时发现违规交易情形，实现智能监管。

4. 征信业大数据应用

征信数据作为用户基础数据，具有适用范围广、数据体量大的特点，因此也被视为国家金融大数据发展的重要基石，在防范、打击电信诈骗以及优化、扩大个人征信业务等方面作出了重要贡献，且将在未来打击个人金融信息犯罪领域发挥不可替代的作用。

2002 年，由央行牵头，首次成立征信专题工作小组。2004 年年初，个人征信基础数据库建立，标志着我国征信初步建成。2013 年，国家征信管理局设立，《个人信用信息数据库管理暂行办法》出台，人民银行与全国各家银行系统联网工作基本完成。至此，以政府为主导的央行征信登上历史舞台。

2015 年，央行开始受理征信牌照，芝麻信用、腾讯征信、深圳前海征信、鹏元征信、中诚信征信、中智诚征信、拉卡拉信用及北京华道征信成为第一批试点机构。2018 年 2 月，中国互金协会主导，携 8 家个人征信机构成立百行征信有限公司（简称“信联”）并获得首个个人征信牌照。国家立意呼之欲出：标志着第三方征信以消费、社交、财富、安全、行为偏好等多维度数据为基础出发，从此开启征信新市场迎来大数据征信时代。而在企业征信方面，庞大的企业征信数据，将便利征信机构对企业多维度信息进行综合评估，量化企业信用信息，帮助金融机构和企业对客户、合作伙伴等进行分层及差异化管理，利用量化评估指标建立相应的风险策略。而对于部分企业征信分析机构而言，其可利用企业征信数据，为企业提供全息信用画像，通过将工商、税务及法人对外投资等广谱多维的数据相融合，深入刻画企业的整体状况，揭示信用风险，助力风控决策。

金融大数据的发展提高了征信数据收集能力与分析能力，提升了信用数据的准确性。但是随着数据量不断扩大，新问题也相应显现，如数据安全问题等，庞大数据对数据存储和处理的要求也越来越高，势必会影响金融大数据应用的效率和成本。区块链技术的出现，可有效解决上述大数据征信的问题。区块链的优势在于存储方式由中心化转为分布式，数据分散在区块链内部各节点，信息透明、不可篡改、使用成本低，大数据与区块链技术的结合，将使金融征信变得更为安全和简便。

二、金融大数据所面临的问题

1. 使用来源不明的数据

当前的金融大数据，其首要问题即数据来源的界定与判断。金融机构在开展大数据业务时，其数据来源除了自身收集的真实性程度较高的优质数据外，还可能会使用来源于第三方机构的数据，诸如央行的个人征信中心、各家征信机构，以及个人信息验真服务的各家服务商等。业内将大数据总结为黑数据、灰数据、白数据三类，分别指来源于黑色产业、灰色产业、白色产业的数据。“黑数据”是指来源于国家明令禁止的产业或行为的数据，例如，攻击他人计算机系统、盗取注册用户资料、非法倒卖用户资料等。“白数据”是指来源于合法途径的数据，一般而言需具备充分的授权。“灰数据”是指来源于介乎合法、不合法之边缘的数据，往往是通过打“擦边球”方式取得的数据，其产生具体可分为以下几种类型。

（1）法律规定不明确，数据收集者自行按照有利于自己的角度进行解读。

（2）虽然法律法规没有明确禁止性规定，但不符合国家政策导向或者监管部门内部要求。

（3）有些部门规章或行业准则有规定，但实际上没有被认真执行。

（4）形式上合法，但实质上不完全符合法律规定，例如，某些大型互联网公司通过不同意授权无法使用所有功能的方式，强制且过度地获取用户的数据授权。

（5）越权收集，例如，通过手机上的APP收集信息，一个APP一般就关联到几十个不同公司/作者的插件，个人授权APP访问的信息实际上就可能被几十个插件所共享。

在大数据应用过程中，如无法合理判断数据来源，可能导致数据被滥用的问题。

2. 数据安全和个人隐私保护难度升级

金融大数据包含海量的个人消费信息、金融交易信息、个人资产信息、信用信息等数据。鉴于目前相关的法律法规体系尚不健全，在数据采集、储存、传输、交易、应用等各环节存在一些不规范的情形，甚至出现盗取、非法出售个人信息等严重违法行为，对数据安全和个人隐私保护提出了新的挑战，具体表现在以下方面。

（1）随着大数据应用能力不断升级，数据处理范围、处理速度以及数据传输速度等实现新的突破，但这也意味着数据泄露可能造成的损害程度、广度以及恢复难度相较以前明显提升，对大数据隐私安全方面的保护要求也会越来越高。

（2）随着大数据处理能力的成熟、AI技术的运用，通过对大数据的分析，使得对个人行为的预测成为现实，可能会导致个人隐私权保护范围出现新的变化。

（3）大数据来源复杂多样，加大了个人隐私保护的难度。数据存在多方来源，导致隐私数据保护的责任界定不清晰，责任主体难以认定。

（4）随着技术的发展，获取数据的手段不断升级，信息获取的隐蔽性大大加强，如发生个人数据方面的纠纷，个人可能面临难以举证的问题。

3. 金融科技巨擘可能产生数据垄断

金融及互联网领域巨擘凭借其在各自行业的业务优势，收集和掌握了大量个人数据，通过对这些数据的利用，这些企业可以更好地改进产品，从而吸引更多用户；也可以通过数据分析，有针对性地选择应对竞争对手的策略，从而进一步巩固自身在行业内的地位。2017 年 5 月，《经济学人》杂志以“世界上最有价值的资源不再是石油，而是数据”为题刊发封面文章，其中提到，一种全新商品孕育了一个快速发展且利润丰厚的产业，这使反垄断监管者不得不介入，以约束商品流动的控制者。这个商品过去是石油，现在是数据，数据资源已经成为企业的一种战略性资源。当前互联网企业越来越重视对数据的掌控能力，例如“顺丰菜鸟之争”，其问题核心在于两家巨头企业对于数据话语权的争夺。巨头企业大量汇集数据信息，加之云存储技术的发展，使金融数据高度聚集，金融数据寡头将不可避免地产生，如果缺乏数据共享机制，在客观上可能会带来数据垄断现象。如何规范数据资源开放和共享的内容及形式，已成为大数据应用健康发展的重要课题。

4. 基于大数据开发的金融产品和交易工具对金融监管提出挑战

随着大数据应用程度的提高，基于大数据开发的金融产品和交易工具也不断涌现，优化了金融服务和产品，促进了金融生产和管理模式创新，提升了金融业的运营水平。同时也应该认识到，作为人类设计和开发的产物，基于大数据开发的金融产品和交易工具在产品设计、开发等方面存在的隐患，可能会导致与预期结果不一致的情况出现，这些创新的金融产品或工具至少在现阶段无法确保 100% 有效。例如，2013 年 4 月 23 日，由于美联社的推特账户发布奥巴马遇袭的假消息，导致股市出现暴跌。2013年8月16日发生的“光大证券乌龙指事件”，光大证券在使用其套利系统时出现问题，导致上证指数出现短时间大幅拉升的异常情况。因此，在鼓励金融创新的同时，也要避免因为过度强调技术先进性，而忽视金融创新产品及工具的潜在巨大系统性风险。

5. 授权合法性问题

在大数据业务开展过程中，需要使用和分析个人用户的数据，一般而言，需要事先取得用户的授权。但授权的内容、授权的形式需符合法律要求的具体程度，目前并没有十分明确。比如电子授权，目前比较可行的方式是通过短信的方式来确认用户同意，那么短信这种电子方式的授权是否符合电子签名法要求的电子证据的要求，仍然存在一定的争议。在授权内容上，如何判断授权内容已经包括所有可能收集和使用的信息，而不会产生越权收集、使用的情形，这也是有待立法讨论及实践逐步摸索解决的主要问题。

三、大数据在金融行业应用的典型案例

1. 阿里巴巴的“网商贷”

网商贷是浙江网商银行（阿里旗下蚂蚁金服持股30%，为其第一大股东）向中小网商推出的以网络电子商务为信用数据来源的纯信用贷款产品，包括阿里信用贷款、网商贷（国际站专享）、淘宝/天猫信用贷款、速卖通四类。

网商贷主要服务于阿里巴巴旗下的各电商平台商家，浙江网商银行借助阿里巴巴平台优势，通过大数据技术，汇总、分析商家在经营过程中的销售状况、店铺客户评价、资金来往信息、退货率等记录，建立合理的信用评级机制。在此模式下，网商贷以借款人的信用发放贷款，借款人无须提供抵押品或第三方担保，而以自身信用程度作为还款保证。

相较于传统小额贷款，网商贷具有以下优势。

（1）客户群更为优质，客户还款能力更强。传统小额贷款客户群主要是农户、个体户、中小微企业，客户范围较广，客户还款能力参差不

齐，还款能力难以判断，而网商贷通过建立信用数据库，对可能的客户进行了前期筛选，其客户对象主要集中在优质网商，具备良好的经营情况和信誉，还款能力较强。

（2）贷前审查更为便捷、准确。传统小额贷款模式中，金融机构对申请方并不了解，需要对申请贷款方进行资信审查，包括对方经济情况、信用情况等，因此审查周期较长。审查结果依赖于审查人员的能力，具有不确定性。网商贷依据数据分析模型建立起的信用评估体系，前期审核更加快速便捷、精准高效。每个潜在申请贷款方是否具有申请贷款资格、可申请贷款最高上限等均是根据其历史信息，按照大数据模型计算出来的，因此审查效率和准确性大大提升，网商贷的审核时间最快数分钟，一般也会在 1~2 个工作日内完成审查。

（3）风险管控能力更强。在传统模式中，金融机构需要对中小企业的贷款进行贷后监控，制订相应的风险防范措施。而网商贷的贷款对象是阿里巴巴平台的用户，信贷资金的流向以及贷款方对外交易信息可在平台上全程监控，通过大数据技术应用，使得交易信用信息实时、全面收集成为可能，贷款客户的信用可以及时更新，由此可以降低出现坏账可能性。同时，在贷款客户发生违约后，会收取惩罚利息，并记录到信用评估系统，影响下次的贷款。此外阿里巴巴的信用记录也会对接到央行征信体系，一旦在国家的征信体系中出现不良信息，会对个人或企业造成很大负面影响，这就又大大提高了贷款客户违约成本，降低了违约可能性。

2. 定制化的车险产品“保骉车险”

保骉车险是由众安保险、平安保险联合推出的国内首个互联网车险品牌。保骉车险利用车载传感器记录车主行为，并根据车主的驾驶行为进行差异化定价。投保的用户需要授权保险人通过安装在汽车上的系统获取并记录用户的驾驶相关数据。保险人通过分析这些数据，分析用户驾驶习惯，并结合用户用车程度、频率，根据风险识别模型，来定制个性化的车险产品，并推送各类个性化的服务。

商业车险以往都采用保额定价模式，虽然也引入了不同的定价因子，如车子的使用类别、驾驶者的年龄、性别等，但没有将最重要的风险因素，如驾驶习惯考虑进去，使得定价风险差异化程度不高，而保骉车险打破传统的保险定价模式，驾驶习惯成为定价重点因素，所以其定价模式也更科学合理。此外，通过大数据分析，筛选出驾驶习惯良好的车主，通过赠送加油券、洗车服务等来鼓励车主培养良好的驾驶习惯，进而进一步控制赔付率，实现双赢。

3. 广发证券投顾“贝塔牛”*

广发证券贝塔牛利用最新的金融科技，各“金融+人工智能”的先进技术，为客户提供智能化、个性化的7×24小时的投资理财与智能投顾服务，通过咨询、填单等方式收集、整理、汇总客户的基本信息、交易信息、投资意向、风险偏好等信息，根据客户的不同投资目标及风险承受能力给出不同的投资理财建议，让普通消费者拥有专属投资顾问。“贝塔牛”的突出特点包括：（1）策略多样化，涵盖股票和配置，包含短线智能、综合轮动、价值精选、灵活反转等策略；（2）操作指令清晰，操作指令包括买卖品种、价格、数量建议，方便投资“小白”上手；（3）可一键跟单，让用户体验更连贯、操作更便捷。

“选股模型”是“贝塔牛”投资策略的核心组件之一，其生成与大数据技术运用密不可分。“贝塔牛”所使用的因子模型对大量的个股风格数据进行跟踪测试，筛选出盈利、股价反转、换手率、市值以及估值等若干指标，并运用量化模型对指标进行有效整合，定期挑选综合得分最高的股票组合，作为智能选股的备选股票池。

4. 国内第一家市场化的个人征信机构——百行征信**

百行征信回归“独立第三方共享债权人掌握的个人债务信息，以防

---

* 广发证券机器人投顾（贝塔牛）投资咨询服务公示公告［EB/OL］.［2019-03-27］. http://new.gf.com.cn/article/detail/5768a15dc560010c2300871a.

** 百行征信相关介绍（百行征信首页）［EB/OL］.［2019-03-27］. https://www.baihangcredit.com/baihang.html.

范信用违约风险”的个人征信本源，厘清个人征信与数据服务、风控服务的界限，从根本上解决个人征信的发展方向和市场规划问题。

在覆盖机构上，百行征信主要覆盖金融信用信息基础数据库尚未覆盖或覆盖不全面的领域，这部分领域的信息尚未实现互联互通，信息的价值没有得到充分实现。因此，其通过市场化运作的“共商、共建、共享、共赢”模式，有效促进机构之间信息共享，打通机构间“信息孤岛”，实现信用信息的有效整合和充分利用，提高行业整体服务水平。

在覆盖对象上，百行征信的覆盖群体，是以往传统征信较难涉及的经济主体，是所谓的“长尾客户”。这部分人群由于缺乏信用记录，难以获得传统金融服务。百行征信将致力于解决这部分群体的征信服务需求，逐步提升征信服务的覆盖率和可得性，为消除贫困、改善民生和创业就业提供支持。同时，百行征信建立的征信制度对个人的诚信约束和对市场主体经营管理的约束和激励，有利于提升现代企业治理水平和经济发展质量。

在覆盖产品上，百行征信除传统的信用报告外，还致力于推动反欺诈、信用评分等增值类征信产品，根据市场的需求，满足市场多样化的需要，提高征信产品的公信力、竞争力及其服务质量和效率。

四、金融领域关于大数据的特殊规定

1. 针对金融领域整体发展层面

（1）2015 年 7 月，由中国人民银行、工业和信息化部、公安部、财政部、国家工商总局、国务院法制办、中国银行业监督管理委员会、中国证券监督管理委员会、中国保险监督管理委员会、国家互联网信息办公室等十部委联合出台的《关于促进互联网金融健康发展指导意见》，是我国关于互联网金融的首个纲领性指导意见。该意见鼓励从业机构依法建立信用信息共享平台。推动符合条件的相关从业机构接入金融信用信息基础数据库。细化完善互联网金融个人信息保护的原则、标准和操作流程。在网络与信息安全方面，要求从业机构应当切实提升技术安全水平，妥善保管客户资料和交易信息，不得非法买卖、泄露客户个人信息。人民银行、银监会、证监会、保监会、工业和信息化部、公安部、国家互联网信息办公室分别负责对相关从业机构的网络与信息安全保障进行监管，并制定相关监管细则和技术安全标准。要求建立和完善互联网金融数据统计监测体系，相关部门按照监管职责分工负责相关互联网金融数据统计和监测工作，并实现统计数据和信息共享。

（2）《中华人民共和国网络安全法》第25条规定："国家对提供公共通信、广播电视传输等服务的基础信息网络，能源、交通、水利、金融等重要行业和供电、供水、供气、医疗卫生、社会保障等公共服务领域的重要信息系统，军事网络，设区的市级以上国家机关等政务网络，用户数量众多的网络服务提供者所有或者管理的网络和系统（以下称关键信息基础设施），实行重点保护。"该条明确指出金融领域重要信息设施一旦遭到破坏、丧失功能或者数据泄露，可能严重危害国家安全、国计民生、公共利益。对这些关键信息基础设施，在网络安全等级保护制度的基础上，实行重点保护。

（3）《关键信息基础设施安全保护条例（征求意见稿）》第18条规定："下列单位运行、管理的网络设施和信息系统，一旦遭到破坏、丧失功能或者数据泄露，可能严重危害国家安全、国计民生、公共利益的，应当纳入关键信息基础设施保护范围：（一）政府机关和能源、金融、交通、水利、卫生医疗、教育、社保、环境保护、公用事业等行业领域的单位"，明确要求将金融领域纳入关键信息基础设施保护范围，并提出对数据保护的诸多要求。

（4）《信息安全技术 数据出境安全评估指南（征求意见稿）》规定了金融领域的重要数据类型，包括但不限于金融机构安全信息，自然人、法人和其他组织的金融信息，中央银行、金融监管部门、外汇管理部门工作中产生的不涉及国家秘密的工作秘密。

（5）2011年5月1日起实施的《中国人民银行关于银行业金融机构做好个人金融信息保护工作的通知》，明确了"个人金融信息"的范围，明确了金融机构在收集、保存、使用、对外提供个人金融信息的要求。

（6）2013年12月25日颁布的《国务院办公厅关于进一步加强资本市场中小投资者合法权益保护工作的意见》（国办发〔2013〕110号〕）要求健全投资者适当性管理制度，明确提示投资者如实提供资料信息，对收集的个人信息要严格保密、确保安全，不得出售或者非法提供给他人。

（7）2016年12月14日起实施的《中国人民银行关于金融消费者权益保护实施办法》，对于在金融机构内部建立个人金融信息管理制度提出明确要求，主要包括：①金融机构应当建立个人金融信息数据库分级授权管理机制，根据个人金融信息的重要性、敏感度及业务开展需要，在不影响其履行反洗钱等法定义务的前提下，合理确定本机构员工调取信息的范围、权限及程序。②金融机构应当建立个人金融信息使用管理制度。因监管、审计、数据分析等原因需要使用个人金融信息数据的，应当严格内部授权审批程序，采取有效技术措施，确保信息在内部使用及对外提供等流转环节的安全，防范信息泄露风险。

（8）2017年6月1日起实施的《网络产品和服务安全审查办法（实行）》第9~10条规定，金融、电信、能源、交通等重点行业和领域主管部门，根据国家网络安全审查工作要求，组织开展本行业、本领域网络产品和服务安全审查工作。公共通信和信息服务、能源、交通、水利、金融、公共服务、电子政务等重要行业和领域，以及其他关键信息基础设施的运营者采购网络产品和服务，可能影响国家安全的，应当通过网络安全审查。这表明金融行业应当纳入网络产品和服务安全审查工作。

2. 针对金融领域特定行业要求层面

（1）2006年3月1日起实施的《电子银行业务管理办法》，对于中资金融机构的电子银行业务运营系统和业务处理服务器设置，提出必须设置在境内，而外资金融机构的服务器若设置在境外时，应在中华人民共和国境内设置可以记录和保存业务交易数据的设施设备，能够满足金融监管部门现场检查的要求。除此之外，要求金融机构向非银行业金融机构交换或转移部分电子银行业务数据时，应签订数据交换（转移）用途与范围明确、管理职责清晰的书面协议，并明确各方的数据保密责任。

（2）2010年6月4日发布的《银行业金融机构外包风险管理指引》规定，银行业金融机构在开展跨境外包活动时，应当遵守以下原则：①审慎评估法律和管制风险；②确保客户信息的安全；③选择境外服务提供商时，应当明确其所在国家或地区监管当局已与我国银行业监督管理机构签订谅解备忘录或双方认可的其他约定。这对于银行业金融机构进行境外外包活动时应尽的数据保护义务提出更加明确的要求。

（3）2013年12月1日发布的《中国人民银行办公厅关于优化人民币跨境收付信息管理系统信息报送流程的通知》要求，境内外银行自身及代客在银行间债券市场、银行间外汇市场及同业拆借市场进行交易的，可在接入“人民币跨境交易统计检测系统”后，通过该系统向人民币跨境收付信息管理系统传送银行间的人民币跨境收入/支出信息、人民币跨境购售信息、人民币跨境同业融资信息。

（4）2014年，中国证监会针对具体交易数据交换业务相继颁布《证券交易数据交换协议》《期货交易数据交换协议》等部分行业标准文本，旨在对于会话机制、消息/报文格式、安全要求等数据交换细则进行技术标准指导。

（5）2014年12月起实施的《全国银行间同业拆借中心关于发布〈全国银行间同业拆借中心本币市场数据接口服务管理办法〉的通知》，规范了全国银行间同业拆借中心本币市场数据接口服务流程。

（6）2015年11月起实施的《国家外汇管理局关于发布〈金融机构外汇业务数据采集操作规程〉的通知》，规范了金融机构网络接入和数据报送流程。

（7）2015年12月起实施的《中国保监会关于印发车险反欺诈数据规范的通知》，对规范车险反欺诈数据采集工作提出要求。

（8）2016年6月6日发布的《银行卡清算机构管理办法》，对于银行卡清算机构及境外机构在跨境交易过程中对个人金融信息的保密义务提出明确要求，即银行卡清算机构和境外机构为处理银行卡跨境交易且经当事人授权，向境外发卡机构或收单机构传输境内收集的相关个人金融信息的，应当通过业务规则及协议等有效措施，要求境外发卡机构或收单机构为所获得的个人金融信息保密。

（9）2018年5月21日由中国银行保险监督管理委员会印发的《银行业金融机构数据治理指引》（银保监发〔2018〕22号），总共分为7章55条，紧紧围绕数据治理展开，对数据治理的各个方面均提出硬性要求。在数据治理遵循的基本原则方面，指引中明确指出金融机构数据治理应当遵循全覆盖、匹配性、持续性、有效性的基本原则。其所要求治理的数据范围需要包括金融机构业务涉及的全部数据（包括外部数据），而且需要管理到全部分支和附属机构。在数据治理范畴方面，该指引第4条明确指出，银行业金融机构应当将数据治理纳入公司治理范畴，建立自上而下、协调一致的数据治理体系。而在数据治理监管措施方面，该指引第52条明确规定，数据治理成果要与公司治理评价结果或监管评级挂钩，对不能满足要求的银行业金融机构，还要求制定整改方案，责令限期改正。由此可见，银保监会对金融机构在数据治理建设方面的高标准、严要求。

（10）2018年9月，中国证监会发布《证券期货业数据分类分级指引》《证券期货业机构内部企业服务总线实施规范》《期货市场客户开户数据接口》《证券发行人行为信息内容格式》等四项金融行业标准。

其中，《证券期货业数据分类分级指引》中金融行业标准的实施，有利于行业机构有效甄别合理化的数据使用需求、有效识别数据风险隐患、持续加强数据安全管理、建立健全数据管理制度、采取必要的数据安全防护措施、维护市场安全运行、保护投资者合法权益。

《证券期货业机构内部企业服务总线实施规范》中的金融行业标准为行业各机构实施企业服务总线，实现面向服务架构提供了指导性规范。

《期货市场客户开户数据接口》中金融行业标准的实施，可实现客户信息数据在各交易所系统、各期货公司系统之间实现无缝衔接，保证数据传输具备较好的高可用性和安全性。

《证券发行人行为信息内容格式》中的金融行业标准，对证券发行人行为信息进行规范，包括证券发行人披露的关于股票、基金、债券、权证等上市（挂牌）证券持有人权益相关的信息。证券发行人行为信息标准化有助于降低数据检查、校对等人力成本，减少因理解错误、操作失误及疏忽遗漏等带来的人工出错风险，一方面可以降低证券信息服务行业的业务风险和运营成本，另一方面有助于银行托管机构实现资产管理的自动化，提高业务处理效率。

第二节　交通

一、交通大数据发展概述

交通业的现代化离不开交通业的信息化，在交通运输部发布的《交通运输信息化“十三五”发展规划》中指出：“交通运输全面深化改革，当好国民经济和社会发展的先行官，完善现代综合交通运输体系，离不开信息化的引领和支撑。没有信息化，就没有交通运输现代化。信息化是实现智慧交通的重要载体和手段，智慧交通是交通运输信息化发展的方向和目标。”交通业是信息化建设发展较好的行业之一，经数年发展，交通业已经积累了体量巨大、类型繁多、来源多样的数据资源，随着大数据技术的日趋成熟，交通业的大数据应用需求日益活跃，大数据产业蓬勃发展。

在公路领域，基于统一的数据技术、管理标准，利用公路动态监测数据、收费数据等，开展公路基础设施使用性能评价、公路网运行监测预警、公路养护决策支持等；在水路领域，利用船舶位置数据和港口码头运行数据，开展水路运输监测预警、港口布局优化、水上搜救应急指挥等；在城市交通领域，利用 IC 卡数据、通信网络信令数据、[1] 车辆 GPS 数据和移动互联网众包数据等，开展交通流仿真及预测、城市群交通出行特征分析、公交能耗排放动态监测、公交线网评价及优化等；在铁路领域，利用铁路客票数据和动态检测数据，开展铁路旅客用户出行特征分析、铁路设施设备动态监测等；在民航领域，利用海量的旅客数据，开展民航旅客精准“画像”和服务体验提升分析等；在邮政领域，利用单证数据、车辆位置数据等，开展邮政车辆动态调度、运输网络仿真及优化、物流成本与绩效评价等。在出行服务领域，依托政企合作模式，聚焦出行导航、订票、约租车、物流、汽车后市场、航运和船舶信息服务等领域，推动商业化的交通大数据产品呈现爆发式增长，在创新出行信息服务模式，改善用户服务体验的同时，又汇集形成新的交通运输大数据资源。[2]

交通大数据应用范围非常广，其中一个重要应用展现就是智慧交通。近年来，各地在探索智慧交通方面都取得了不错的成绩。浙江省是国内最早探索智慧高速的省份之一，首先在省级层面上提出建设智慧高速。从信息采集、传输、处理、服务、标准建设、机构机制等方面进行了总体规划，先后建立智慧高速运行监控指挥管理系统、智慧服务区平台、

---

[1] 信令是这样一个系统，它允许程控交换、网络数据库、网络中其他“智能”节点交换下列有关信息：呼叫建立、监控（Supervision）、拆除（Teardown）、分布式应用进程所需的信息（进程之间的询问/响应或用户到用户的数据）、网络管理信息。信令是在无线通信系统中，除了传输用户信息之外，为使全网有秩序地工作，用来保证正常通信所需要的控制信号。信令不同于用户信息，用户信息是直接通过通信网络由发信者传输到收信者，而信令通常需要在通信网络的不同环节（基站、移动台和移动控制交换中心等）之间传输，各环节进行分析处理并通过交互作用而形成一系列的操作和控制，其作用是保证用户信息的有效且可靠的传输，因此，信令可看作整个通信网络的控制系统，其性能在很大程度上决定了一个通信网络为用户提供服务的能力和质量。手机信令数据或移动通信信令数据，一般指移动通信上的信令所对应的数据。移动通信信令数据长期以来是由网管采集并保存的。

[2] 中国电子技术标准化研究院，全国信息技术标准化技术委员会大数据标准工作组. 大数据标准化白皮书（2018）［R］.

车流量拥堵指数分析平台、高速公路移动可视化调度系统、智能客服系统和智慧高速APP等系统平台，为国内智慧高速的进一步建设提供了有益经验。贵州省已将大数据提升为贵州省三大战略行动之一，在交通大数据应用方面，开发了联网售票、黔通途、智行公交、通村村农村出行、黔出行出租车预约等一系列智慧应用。其中，通村村农村出行应用推广至黔南、黔东南20个县，初步形成覆盖公路出行的全方位服务体系，支撑公众便捷出行。贵州在交通大数据数据共享、数据开放、交通一卡通建设和数据铁笼建设等方面走在全国前列。云南作为一个旅游大省也较早提出智慧高速建设理念，通过建设智慧高速，带动旅游业发展。

各大互联网企业也不断向交通行业进行渗透，像百度、阿里巴巴、腾讯等互联网巨头均已提出基于“互联网+”未来的发展重点。百度以自动驾驶为未来的重点，已在北京进行实际路测；在交通大数据方面，百度也提出交通大数据战略，基于百度地图的交通云平台，推出“百度迁徙图”。

阿里巴巴推出阿里云布局战略，并在交通方面不断渗透，建设基于高德地图的阿里云大数据平台，定期发布城市的如拥堵指数、上下班平均时间等大数据报告，这些都是大数据获取的结果，更为精确，如图3-1所示。

滴滴基于其出行平台，对全国重点城市交通运行情况进行报告。这些报告从宏观区域到微观道路，客观细致精准地反映城市交通运行状况，分析日常出行的演化趋势，为政府决策、学术研究和市民出行提供大数据支持和参考。

随着大数据技术不断发展，信息化程度不断提高，如能充分利用交通运输行业各领域汇集的海量数据资源，深度挖掘数据资源价值，大数据在交通行业中的应用必将越来越广泛。智能交通已成为一个国家交通运输现代化的象征，大数据辅助下的智能交通不仅可以为交通各领域的发展提供更多机遇，也可为社会公众提供更加便捷、安全、高效、绿色的出行环境，从而推动整个交通业的发展。

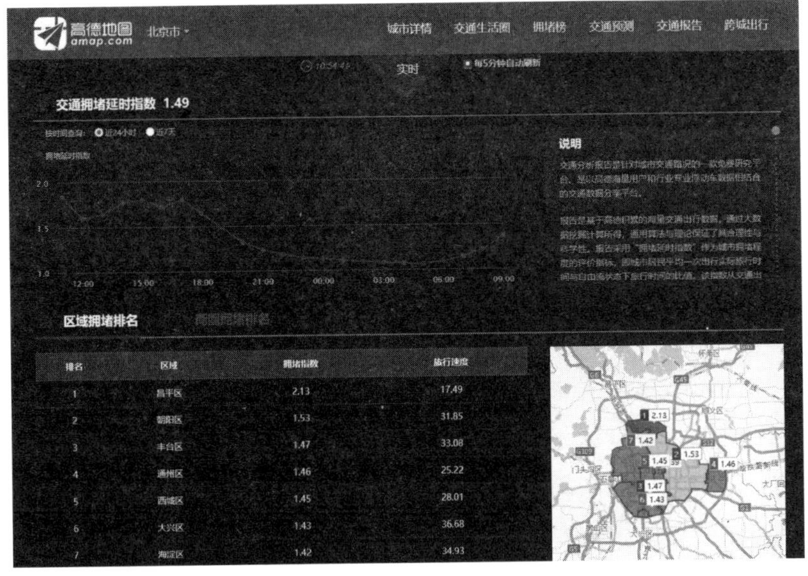

图 3-1　阿里云大数据平台

相比传统交通数据，“互联网+交通”背景下交通大数据具备以下特征。

（1）交通数据来源多，数据规模大。交通大数据来源广泛、类型丰富，从传统路网基础信息，例如人员、车辆基本信息到行业生产监管数据，再到基于物联网、车联网的终端设备传感器采集的数据，各种类型数据无所不包，每天都会产生巨量信息，所以交通大数据在数量规模上远远大于传统交通数据。

（2）交通大数据对时限的要求较高。交通流具有实时性，交通管理与服务具有时效性，这必然要求交通大数据的处理与流转具备较快速度。以出行服务为例，各条交通道路的交通数据必须实时采集并且快速处理，这样才能把道路交通的真实情况实时反馈给出行者。

（3）交通大数据蕴含众多有价值信息。交通大数据既有静态的数据，也有表现动态的数据，既有结构化的电子数据，也有非结构化的图像数据，这使得交通大数据具有时间、空间、历史等多维特征，可进行多元数据挖掘和分析，具备很高的价值。

二、交通大数据所面临的问题

整体来看，交通大数据的应用在国内仍处于起步与摸索阶段，尽管在一些地区或业务领域，一些项目已经取得一定的成果，但总体上仍以传统的资源整合和平台开发利用为主，在科学管理、数据采集和整合、新一代信息技术应用等方面，仍存在一些明显不足，具体表现在以下几点。

1. 发展不平衡、标准不统一

由于信息化建设缺乏统一规划，目前国内交通运输行业信息化发展不均衡，相对而言，东部沿海经济发达地区的交通运输行业信息化水平较高，而广大西部地区信息化基础相对薄弱，导致数据采集困难，可利用的数据资源相对较少。

在交通大数据建设和共享方面，没有统一的国家标准或地方标准。目前交通运输行业的政府管理体制为“条块结合”，不同地区智能交通项目分头开展，经过大规模信息化建设，与交通运输相关的绝大多数部门均已建成自有信息化系统，并积累了大量数据，但是许多已经建成的系统相互独立，这些海量数据信息分别存在于不同地区或部门的独立系统中，相互衔接和配合度不强。另外，在交通大数据应用中，采集数据的设备不同，即使类型相似的设备，由于来自不同的生产企业，这些数据采集设备的接口标准并不统一，相互之间也没有共享机制，缺乏开放互通。综上所述，由于缺乏统一标准，造成数据资源条块化分割和信息碎片化，不同来源的数据不能进行有效的整合应用，无法融合，从而妨碍交通大数据的分析与预测。交通运输部在2016年印发的《关于推进交通运输行业数据资源开放共享的实施意见》中要求：“统一数据资源开放共享标准，完善相关业务规则，规范数据资源全生命周期管理，提升行业数据质量。妥善处理创新发展与保障安全的关系，强化大数据技术背景下的安全防护。”

2. 数据采集质量无法保障

智能交通系统运行需要高质量的数据源，这会受到硬件设备性能的影响。交通运输行业信息化经过多年发展，已经具有一定基础，但部分系统建设较早，数据采集能力不能满足目前智能交通对大数据的要求，由于部分数据质量不高，而系统又难以自行判断、筛选数据质量，从而使采集的海量数据的完整性和准确性无法得到有效保障，影响智能交通系统的预期效用。

3. 数据存储、处理能力有待提高

交通大数据数量巨大，在数据存储方面，数据量越来越大，但是数据存储技术的发展速度远跟不上交通大数据的更新速度，传统的数据存储基础设施和数据库工具，已无法应对日益庞大和复杂的海量数据。

交通大数据种类繁多、来源不一，既有结构化的数据，也有大量视频、图片等非结构化数据，在交通大数据的分析处理方面，大多仍沿用传统的统计分析方法，对于非结构化的数据无能为力，无法完全挖掘数据潜力。

视频监控高清化趋势在带来更加清晰、逼真的视觉效果的同时，高清视频所产生的海量数据的传输也对网络传输能力提出了更大的挑战，解决高清视频传输问题目前有一种思路是边缘计算，但是尚未形成标准。

4. 基础设施的稳定性与可靠性不足

随着智能交通系统规模扩大，系统涉及的各类设备数量越来越多，各种设备由不同厂家生产，产品质量良莠不齐，后期故障维护难度也越来越大，设备故障点也呈几何级数增长，设备质量问题会造成系统应用低效，甚至无法处理数据造成系统失效，直接影响交通大数据项目的稳定性和可靠性。以视频监控系统为例，整个项目可能涉及上千台摄像头及其配套设备，如不能及时响应维护需求，势必会产生监控盲点，这就对项目整体效果产生不利影响。

5. 信息安全存在较大风险

交通大数据涉及的内容非常广泛，蕴含众多的信息，不仅包括道路、车辆、驾驶员、交通量等基础数据，而且可能包括涉及国家安全和个人隐私的数据。这些巨量数据集中的存储增加了泄露的风险，安全防护手段如果跟不上数据增长的速度，就可能会引起大数据安全防护漏洞。这些数据一旦遭到泄露或非法使用，将引起重大后果。

目前对敏感数据的所有权和使用权并没有界定的明确标准，有些信息的使用或展示并没经过相关当事人的同意。例如某打车软件乘客遇害事件，有媒体指出该软件提供了司机给用户评价的功能，这个功能包括标签以及用户评论两部分内容，且允许司机输入评价内容，这些都会被其他接到这个乘客的司机看到，但乘客本身无法删除这样的评价功能，有些标签评价中带有如“长相甜美”“肤白貌美”等信息，这些信息无关乎乘客出行，却很容易在某些方面给图谋不轨的司机制造出潜在的性犯罪的机会，某些目的不纯的顺风车主专门利用这种标签寻找目标，因为这样的评价存在，女性往往比男性更容易受到伤害。

三、大数据在交通行业应用的典型案例

我国手机使用率目前已经达到很高比例，据统计，2018 年我国 18~24 岁人群的手机使用率能达 91.0%，25~34 岁人群的手机使用率能达 88.8%，35~44 岁人群的手机使用率能达 77.1%，而在高速公路行驶的车辆，手机拥有率几乎接近 100%。同时，基于手机信令的定位技术也已相对比较成熟，这就为基于移动通信基站机数据实时动态采集高速公路的交通状态信息提供了基础，通过采集移动通信基站信令数据，在滤除个人信息后，通过大数据技术分析计算，可以实时动态采集高速公路的交通状态信息，从而有效支撑高速公路交通运营与管理，目前这一技术已经开始在一些地区开展具体的实践应用。

（一）浙江衢州基于移动大数据的高速治堵平台项目

高速公路的周围按群体用户的趋势状态，划分为高速区域内和高速区域外，并跟踪进入高速区域内的群体用户，以判断用户在高速及周边的位置变化趋势，通过实时手机信令来测量用户在高速及周边的位置、

行进方向及速度。当然，需要对原始信令数据进行筛选过滤，对个人信息进行脱敏处理，并且需要剔除运动特征异常的信令样本等，对其进行降噪，从而选择出符合监测要求的信令数据。

通过衢州高速治堵大数据平台（见图 3-2），辅助高速交警支队调控辖区整体流量，实现辖区流量的“预知、预判、预导”，确保实现大流量期间辖区流量平稳畅通的目标。目前平台可提供衢州及相邻的杭州、金华、丽水境内共计 600 余千米高速路段的实时路况监控功能。

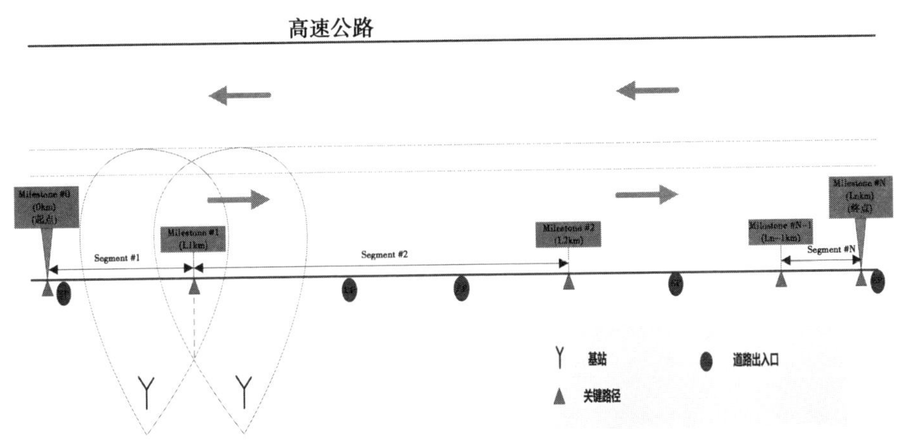

图 3-2　衢州高速治堵大数据平台

该项目具体应用包括以下几种。

（1）交通信息引导：①对尚未进入关键枢纽，还有可能绕行其他高速的车辆推送高速绕行信息；②对已经进入关键枢纽，还有可能通过地面道路绕过拥堵节点的车辆推送地面道路绕行信息；③对已经进入辖区拥堵路段的车辆，发送路况提醒，推送简易财损事故快速处理注意事项等信息。

（2）路况实时告知：针对路段突发情况，如恶劣天气、重要施工、事故影响、临时交通管控等特殊情况，在来车后方的远端设置电子围栏，对经过围栏的车辆实时推送路况提醒和分流及绕行信息，使驾驶员能够对前方发生的情况提前预知，早做准备，避免事故。

（3）路况预警：对通过大数据筛选出特定车辆，先行推送辖区路况、绕行线路等信息。对通过大数据筛选出经常出入辖区高速的特定号码，特别是“两客一危”车辆司乘人员号码，定期对这部分号码推送辖区路况、重要施工、恶劣天气管控措施等信息。

该项目通过移动大数据和交通大数据融合，革新传统的“基于视频监控+微波卡口测速”的交通治理模式，有效地解决社会难题。基于移动大数据的治堵平台具有成本低、数据采集方便、覆盖范围广、普及率高、定位精准等特点，可应用于与交通、生活等密切相关的领域，是交通生产信息化领域的一次技术革新，为大数据在城市治堵、景区治堵、展会保障等业务领域的应用和发展拓宽思路。

（二）北京公交线网优化项目

城市人口和私家车数量的增长，给城市地面交通状况带来的拥堵问题日益严重，大数据的出现为解决城市交通问题提供了一种新的解决方案。就城市公交系统而言，依据传统方法规划的公交系统存在线网布局不合理、服务水平较低等问题，已很难满足市民出行需求，地铁轨道交通、网约车、共享自行车等出行方式的发展对公交系统的竞争力形成挑战，公交线网优化工作迫在眉睫。公交线网优化需要依托大数据技术作为决策支持，通过大数据对各重点区域进行人群 OD 迁徙分析、职住分析及交通出行指数分析，支撑公交线路规划和班次优化，使公交系统尽可能覆盖城市人口密集区域、活动频繁区域，连接人群联系更频繁区域，方便职住距离更远区域的广大人群。

2018 年 4 月，北京市交通委成立北京市公交线网优化小组，北京移动作为数据分析组成员，配合优化小组完成了北京市部分区域交通出行规律研究。北京移动项目组主要通过以下几个方面大数据分析开展交通出行规律的研究。

1. 聚焦市内重点区域的分析

（1）区域人口数量分析：通过对日内 24 小时区域人口数量的变化情况以及日间变化情况，识别重点区域职住属性。例如，CBD 区域在上午 9

点到下午 7 点工作时段内人口数量显著上升，显示出明显的工作地属性；通州区域在同时段人口数量下降，显示出明显的居住地属性。

（2）区域人口属性分析：通过对区域内人口性别年龄分析以及该区域人口昼夜变化分析，识别重点区域各类人员不同时点的人口构成特征。通过对比显著发现 CBD 区域白天工作时段人口数量增长主要为 24~50 岁工作适龄人口，其中以 28~36 岁人群最为集中。

（3）职住通勤分析：通过职住间的通勤分析，识别职住区域热点，快速发现问题，辅助城市交通规划。例如，通过分析发现，在工作时段，某区域人口集中于商业楼宇中。

（4）不同人群交通特征分析：将出行人群分为工作、拜访、居住、换乘四类人群，通过对典型休息日与工作日相关交通数据的持续深入分析，识别不同人群的交通出行特征。例如，在典型工作日下午，在 CBD 区域，四类人群中工作人口所占比重最大（达 48%，23 万人），拜访人口其次（占 28%，13.7 万人），显示出 CBD 具有典型的工作区域属性。

2. 对北京周边地区的分析

（1）对周边区域到北京的人数变化情况分析：通过对北京周边区域到北京的人数变化情况的持续性分析，了解北京周边区域进出京的人口常态化情况，辅助区域间交通规划合理布局。

（2）对周边区域在北京上班的人口性别年龄分布分析：了解北京周边区域人口分布情况，辅助京津冀经济一体化合理布局。

（3）分析周边区域到北京各区县上班人数分布：了解北京周边区域与各区县的职住情况，辅助人口疏解。

3. 分析区域间关联性

（1）分析周边区域到北京人数变化情况：通过对北京周边区域到北京的具体地区人数变化情况的持续性分析，明确具体区域的职住属性和功能差异。例如，某年 3 月上旬，工作日从“北三县”到北京 CBD 的日均总人数大于 8000 人；休息日从“北三县”到北京时的日均总人数约 4000 人；可见，工作日流入北京人数约为休息日 2 倍。

（2）区域地铁通勤分析：通过对区域地铁通勤分析，清晰该地铁运营线路，了解区域间各时段客流承载压力和沿地铁区域人口分布情况。

（3）职住通勤分析：了解区域间各时段通勤人口常态化情况和区域间人口分布情况。例如，通过分析发现某段期间平均日通勤人数，受工作日/节假日的显著影响，工作日通勤人数超过节假日 3 倍以上。

（4）OD 分析：识别具体区域的出发地和目的地，快速锁定区域间的职住热点区域。例如，通过分析发现，以通州为出发地的通勤人口在通州网格内的分布呈现出显著的不均衡特征；热门通勤居住地，包括红庙北里、八里庄街道和高碑店地区等地。

4. 公交线路综合分析

运用公交线网数据，结合人群属性特征，对主要公交线路深入分析，识别公交车乘坐人群的相关属性特征。通过用户出行时间分析，识别各主要公交线路的运营高峰时段，辅助公交线路合理规划以及临时线路安排调整。融合人口密度数据、出行 OD 数据与公交线网数据，获取各区域通勤压力状况，辅助职住平衡的深入分析。

利用大数据分析技术全面、客观地分析公交出行规律，可以极大地提升公交路网设置的合理性，提升车辆、站点等资源利用率，从而更好地满足市民对公交的实际需求，促进城市智能交通的整体水平。

附：交通领域关于大数据的特殊规定

（1）《中华人民共和国网络安全法》第 25 条规定："国家对提供公共通信、广播电视传输等服务的基础信息网络，能源、交通、水利、金融等重要行业和供电、供水、供气、医疗卫生、社会保障等公共服务领域的重要信息系统，军事网络，设区的市级以上国家机关等政务网络，用户数量众多的网络服务提供者所有或者管理的网络和系统（以下称关键信息基础设施），实行重点保护。"其明确指出交通领域重要信息设施一旦遭到破坏、丧失功能或者数据泄露，可能严重危害国家安全、国计民生、公共利益。对这些关键信息基础设施，在网络安全等级保护制度的基础上，实行重点保护。

(2)《关键信息基础设施安全保护条例（征求意见稿）》第18条规定："下列单位运行、管理的网络设施和信息系统，一旦遭到破坏、丧失功能或者数据泄露，可能严重危害国家安全、国计民生、公共利益的，应当纳入关键信息基础设施保护范围：(一)政府机关和能源、金融、交通、水利、卫生医疗、教育、社保、环境保护、公用事业等行业领域的单位。"其明确要求将交通领域纳入关键信息基础设施保护范围，并提出对数据保护的诸多要求。

(3) 2013年9月，交通运输部办公厅发布《关于推进交通运输信息化智能化发展的指导意见》，提出推进交通运输信息化智能化发展的建设目标和主要任务，包括加强信息数据的采集、管理与应用、加强信息化智能化标准体系建设、加强网络与信息安全保障体系建设等与交通大数据发展的任务。

(4) 2016年4月，交通运输部发布《交通运输信息化"十三五"发展规划》白皮书，提出促进大数据发展和应用，要推进智慧公路的示范应用，开展高速无线通信、车路协同、区域路网协同管理、出行信息化服务等智能应用。

(5) 2016年7月，国家发展改革委、交通运输部联合印发《推进"互联网+"便捷交通 促进智能交通发展的实施方案》，将交通运输行业大数据中心工程纳入"互联网+"便捷交通重点示范项目，提出建设综合交通运输大数据中心和信息共享平台，促进铁路、公路、水路、民航、城市交通等领域信息资源共享和综合开发利用；开发公路、水运工程质量安全状态感知监测系统，深化大数据应用。

(6) 2016年7月27日，工业和信息化部、公安部、商务部、工商总局、质检总局、国家网信办等部门共同发布《网络预约出租汽车经营服务管理暂行办法》，该办法对网约车个人信息的保护进行全面规定。在个人信息的收集和使用上，第26条规定，网约车平台公司应当通过其服务平台以显著方式将驾驶员、约车人和乘客等个人信息的采集和使用的目的、方式和范围进行告知。未经信息主体明示同意，网约车平台公司不得使用前述个人信息用于开展其他业务。网约车平台公司采集驾驶员、约车人和乘客的个人信息，不得超越提供网约车业务所必需的范围。

除配合国家机关依法行使监督检查权或者刑事侦查权外，网约车平台公司不得向任何第三方提供驾驶员、约车人和乘客的姓名、联系方式、家庭住址、银行账户或者支付账户、地理位置、出行线路等个人信息，不得泄露地理坐标、地理标志物等涉及国家安全的敏感信息。发生信息泄露后，网约车平台公司应当及时向相关主管部门报告，并采取及时有效的补救措施。

在个人信息的存储上，第 27 条规定，网约车平台公司应当遵守国家网络和信息安全有关规定，所采集的个人信息和生成的业务数据，应当在中国内地存储和使用，保存期限不少于 2 年，除法律法规另有规定外，上述信息和数据不得外流。

（7）2016 年 12 月，交通运输部和国家旅游局联合印发《促进交通旅游服务大数据应用实施方案》，要求实现省级综合交通运行协调与应急指挥中心、旅游应急指挥平台等部门应用系统的有效对接，积极应用互联网及社会数据资源，提升区域交通和旅游运行监测、协同管理、风险预警、应急联动等能力。

（8）2016 年 8 月，交通运输部办公厅发布《关于推进交通运输行业数据资源开放共享的实施意见》，提出健全行业数据资源开放共享管理体系、完善行业数据资源开放共享技术体系、开展行业数据资源开放共享示范应用、保障行业数据资源开放共享规范有序等方面的要求。

（9）2017 年 1 月，交通运输部印发《推进智慧交通发展行动计划（2017~2020 年）》，明确近期智慧交通发展的工作思路、四项主要目标和十二项重点任务，以有效提升交通运输数字化、网络化、智能化水平。

（10）2017 年 2 月，交通运输部、国家旅游局、国家铁路局、中国民航局、中国铁路总公司、国家开发银行六部门联合印发《关于促进交通运输与旅游融合发展的若干意见》的通知，提出推进交通运输与旅游融合发展，统筹考虑安全、信息服务等功能。

(11) 2017 年 4 月，交通运输部印发《交通运输政务信息资源共享管理办法（试行）》，建立信息资源共享评价体系。

(12) 2018 年 2 月 26 日，交通运输部办公厅下发《网络预约出租汽车监管信息交互平台运行管理办法》，该办法对网约车的数据传输进行了全面规定。①办法规定了网约车平台数据传输和保存的义务。第 6 条规定，网约车平台公司在取得相应《网络预约出租汽车经营许可证》后，应自次日 0 时起向部级平台传输相关基础静态信息以及订单信息、经营信息、定位信息、服务质量信息等运营数据。第 9 条规定，网约车监管信息交互平台所接收的运营信息数据，在线保存期限不少于 6 个月。②该办法也对传输数据的质量提出要求，根据第 15 条，传输数据质量需要满足数据完整性、数据规范性、数据及时性、数据真实性的要求。③该办法规定了数据传输质量的测评制度，第 16 条规定，部级平台对网约车平台公司数据传输质量情况定期开展测评，测评内容包括但不限于数据完整性、规范性、及时性、真实性等方面。④办法规定了各级交通运输主管部门、各级平台运行维护的职责。第 19 条规定，各地交通运输主管部门应明确网约车监管信息交互平台使用的责任人及联系人，并告知部级平台运行维护单位，要加强网约车监管信息交互平台登录账号的申请开通管理，并督促使用人员妥善保管账号信息，定期更换密码。第 20 条规定，各地交通运输主管部门应当加强系统网络安全管理，根据有关法律法规及标准实施网络安全等级保护，定期开展安全排查，对于发现的安全风险和漏洞，要及时整改，防止信息数据发生泄露、毁损或者丢失。第 21 条规定，部级、省级、城市等各级平台应当建立平台系统运行管理和故障应急处理机制，对本系统的运行情况进行 7＊24 小时实时监测，发现系统故障及时处理。第 22 条规定，各地交通运输主管部门可根据网约车行业联合监管的需要，与其他管理部门相关信息系统进行技术对接，实现信息共享。

第三节 通信

一、通信行业大数据发展概述

通信行业大数据是指随着互联网的快速发展和新一代信息技术的日益成熟，通信业务从最初单一的通话、短信等形式逐渐延伸到音频、视频、阅读等数据业务中，每天有数以亿计的数据通过移动通信网络和移动通信设备进行网络传输，而基于这些移动通信网络和移动通信设备产生大量的、多样的信息数据被人们采集、分析并不断挖掘其经济价值。

通过互联网和智能手机，人们可以更方便地分享照片和视频，电子支付愈发成熟，人与人、人与物的交互愈发频繁。在用户使用通信服务的过程中，曾经看不见、摸不着的海量数据可以被快速发现、采集、分析并从中发现、转化、提取数据价值，而通信网络也从固网和模拟无线网络，逐步发展到现在的4G、5G。2019年6月6日，中国工信部向中国电信、中国移动、中国联通、中国广电正式发放5G商用牌照，中国正式进入5G商用元年，通信行业大数据的经济价值和战略地位将得到进一步提高。

在大数据时代，电信运营商作为电信数据的管理者，积极投身到大数据应用的浪潮中。他们拥有多年的数据使用经验，深入和全面地了解通信数据，这些优势为其在大数据应用方面的探索奠定了良好的基础。具体而言，这部分优势主要体现在：掌握丰富的数据资源（数据涉及范围广，维度丰富，信息量巨大）、掌握全业务的完整数据（数据涵盖全业务、全客户和全渠道，数据信息完整）和持续获得最新数据的能力（数据记录周期长、留存时间长，数据延续性好）。

同时，作为通信行业数据的掌控者，通信运营商也在密切关注通信行业相关的法规制定以及政策发展动向。2005年11月17日，在突尼斯举行的信息社会世界峰会（WSIS）上，国际电信联盟（ITU）发布《ITU

互联网报告 2005：物联网》，引用了“物联网”的概念。2009 年 8 月，温家宝“感知中国”的讲话把我国物联网领域的研究和应用开发推向高潮，无锡市率先建立“感知中国”研究中心，中国科学院、运营商、多所大学在无锡建立物联网研究院，江南大学还建立了全国首家实体物联网工厂学院。自温家宝同志提出“感知中国”以来，物联网被正式列为国家五大新兴战略性产业之一，写入政府工作报告。2013 年 2 月 25 日，国务院发布《国务院关于推进物联网有序健康发展的指导意见》，确立我国已将物联网作为战略性新兴产业的一项重要组成内容，“万物物联”的概念悄然兴起，而广泛覆盖的通信网络以及不断提高的传输速度为万物物联提供了技术支撑，同时，该意见指出：目前物联网行业存在关键核心技术有待突破、产业基础薄弱、网络信息安全存在潜在隐患、一些地方出现盲目建设现象等问题，急需加强引导加快解决。

由此可见，通信行业作为信息化建设的前哨站，妥善解决通信行业的典型问题，加强个人信息保护、网络安全建设，不断挖掘通信行业的大数据资源及价值，对于推进国家信息化战略具有长足意义。而我国针对通信行业整体秩序发展的制度建设，包括对通信数据保护的相关立法、政策制定工作，正在有条不紊地进行。立法关注的加强和法律环境的逐步赶上，为新时期电信行业和相应数据产业的发展提供了强有力的推动力。

此外，随着互联网的快速发展，大量的交通、旅游、购物、借贷等互联网企业迅速发展，各类手机应用软件如雨后春笋般出现，其终端收集、存储了大量用户信息，互联网企业多利用智能终端采集的信息对用户进行精准营销。实践中，互联网企业常未经同意或者超出信息被收集者同意范围收集信息，违反“最小化收集”原则收集不相关信息，用户信息泄露事件也时有发生。互联网企业对用户收集、使用和数据安全保护的现状并不乐观。在电信运营商数据收集、使用、安全保护全面合规的背景下，互联网企业信息收集、使用和安全保护全面合规是必然趋势。

二、通信行业大数据面临的问题和风险

（一）用户数据使用不当

1. 收集、获取用户个人信息的方式不当

通信运营商和互联网信息服务提供者在日常业务经营过程中，不可避免地掌握了大量公民个人信息，根据《最高人民法院、最高人民检察院关于办理侵犯公民个人信息刑事案件适用法律若干问题的解释》第 1 条之规定，“公民个人信息”，是指以电子或者其他方式记录的能够单独或者与其他信息结合识别特定自然人身份或者反映特定自然人活动情况的各种信息，包括姓名、身份证件号码、通信联系方式、住址、账号密码、财产状况、行踪轨迹等，因此，依法保护电信用户的通信秘密以及个人信息不仅是通信运营商和互联网信息服务提供者应当具备的基本商业道德，更是一项法定义务。

目前，我国已先后在《宪法》《电信条例》《网络安全法》等多部法律法规中明确，网络运营者收集、使用个人信息，应当遵循合法、正当、必要的原则，公开收集、使用规则，明示收集、使用信息的目的、方式和范围，并经被收集者同意，且网络运营者不得收集与其提供的服务无关的个人信息，不得违反法律、行政法规的规定和双方的约定收集、使用个人信息。

而就通信行业而言，通常是以固定条款的方式获得用户同意收集、使用数据的授权，但对于多种类、多途径可以使用的数据，事实上是无法针对特定对象和行为进行事前概括性授权的，此时则会形成数据发展与用户知情权之间的冲突，如何平衡消费者的知情权与数据使用权，将有待于法律的进一步完善和实践的进一步探索。

同时，需要注意的是，针对媒体公开报道和用户投诉较为集中的“部分应用随意调取手机摄像头权限、用户订单信息泄露引发诈骗案件、用户信息过度收集和滥用”等网络数据和用户个人信息安全突出情况，国家工信部会同地方通信管理局于 2018 年年中积极开展调查，先后组织

对上海携程商务有限公司、深圳市腾讯计算机系统有限公司、北京弹幕网络科技有限公司、北京爱奇艺科技有限公司等企业进行情况问询，要求上述企业按照《网络安全法》《电信和互联网用户个人信息保护规定》有关网络数据和用户个人信息保护要求，进一步完善内部管理制度和技术保障措施，强化网络数据和用户个人信息安全保护，落实重大安全事件及时报告要求。据了解，接下来网络安全管理局将持续加大对网络数据和用户个人信息安全事件的监测巡查力度，指导督促企业切实履行相关法律责任，依法依规严肃处理涉事企业，切实做好网络数据和用户个人信息安全保护工作。对此，企业需增强风险意识，加强对自身网络安全管理和个人信息收集、处理、管理制度的建设，积极关注工信部及主管部门的监管动向，做好合规工作。

2. 未向用户明示取得客户数据的范围及使用

鉴于大数据传输效率强、传播范围广、资源信息丰富的特征，除了明确告知用户对其个人信息的收集、获取之外，同时还应向客户明示，对其授权收集、使用的个人信息将在何种程度、何种范围内被使用，这是进一步保障用户个人的知情权与隐私权的重要举措。

需要说明的是，保障用户个人信息权利与大数据发展应当是相辅相成的，在大数据产业发展过程中，一方面，大数据的发展必须依赖于海量数据，另一方面，保障用户个人信息知情同意是不可突破的底线原则，严格保护用户对个人信息的知情同意权和隐私能够促进数据价值的进一步挖掘和拓展。

共享与流动是数据的生命，只有当海量数据被以合法方式、合法地使用于正当途径，且数据主体对于个人数据的使用具有安全感，愿意主动分享、交换更多的数据时，大数据才具有继续发展的驱动力。

（二）用户数据管理不当

1. 用户数据的对外使用方式不当

按照现有大数据的发展趋势，未来大数据将逐步实现资产化，通信行业作为掌握丰富数据资源的优势行业，未来将进一步挖掘大数据的商用价值，实现数据变现，因此大数据对外合作、商用的模式则成为业内最关注的问题。

由于目前对于大数据商用的法律规定欠缺，目前各企业仍处于不断尝试和缓慢拓展的阶段，在未来法律法规尚不明确的前提下，各企业仍然要坚持数据使用合法、正当、必要的原则，以最小化使用为指导，结合大数据对外使用可能存在的社会公益性和便利性问题，紧密依托于已方向用户提供的电信服务开展大数据业务的进一步挖掘和探索。

2. 用户数据内部流转的权限管理不当

在通信行业，人们普遍关注大数据对外使用产生的风险，往往容易忽略行业及企业内部数据流转过程中可能发生的数据泄露、数据被盗取、篡改的风险，而一旦由于内部流转，包括与供应商、支撑方共享数据时产生数据泄露、被盗取、篡改等情形，企业很难在短时间内对产生的问题快速识别、处理，则可能导致企业遭受的损失不断扩大，因此，建立企业内部完整、规范的权限管理制度对于未来通信行业大数据发展具有重要的保障作用。

3. 未将用户数据分类、分级别保护

在移动互联网时代，用户数据纷繁多样，因此需要根据不同种类以及数据敏感程度或者隐私程度的标准对数据进行分类、分级别保护，以确保能够严格控制大数据产业的重大风险，降低高风险数据可能导致的严重后果，如Acfun数据库泄露一事，一旦未对高风险数据进行防控而发生数据泄露、被攻击等情形，用户的个人数据遭到严重泄露，用户个人隐私权遭受严重侵权，甚至可能危及国家及公共安全。

（三）用户数据的安全保护措施不足

1. 用户个人信息匿名化不足

根据数据显示，截至2016年12月，我国网民规模已达7.31亿，伴随着社会的深刻变革，个人信息已具有较高的社会属性和市场价值。

另据《2016年中国网民权益保护与调查报告》显示，仅从2015年下半年到2016年上半年，我国网民因个人信息泄露、垃圾信息、诈骗信息等遭受的经济损失就高达 915 亿元，且 54% 的网民认为个人信息泄露严重，84% 的网民亲身感受到由于个人信息泄露带来的诸多不良影响。而个人信息泄漏正是诈骗等多发恶性网络犯罪的重要源头，非法售卖公民个人信息的多层级黑色产业链条已对我国广大民众的合法权益造成严重威胁，因此，严格执行用户个人信息匿名化原则是做好大数据个人信息保护的第一道屏障。

2015 年 12 月 27 日，全国人大常委会审议通过《中华人民共和国反恐怖主义法》（以下简称《反恐怖主义法》），并于 2018 年进行修正，其中第 21 条规定：电信等业务经营者应当对客户身份进行查验；对身份不明或者拒绝身份查验的，不得提供服务。2016 年 9 月，最高人民法院、最高人民检察院、公安部、工信部、央行等六部门联合发布《关于防范和打击电信网络诈骗犯罪的通告》，规定电信企业要严格落实电话用户真实身份信息登记制度。电信用户实名制既提高了用户数据质量，同时又对保护用户信息安全和用户隐私提出了更高的要求。

只有通过对数据去标签化、匿名化，最大限度地保障公民的个人隐私，广大民众才愿意在享受大数据红利的基础上，与通信行业经营者实现双赢，从而促进大数据产业的进一步发展。

2. 未按要求对用户数据进行脱敏和加密

由于大数据产业的快速发展，导致用户的个人信息被暴露的环境和应用场景大幅增加。作为通信行业经营者，在掌握用户的多种类个人信息的同时，也将承担更为严苛的信息安全保障义务，而对数据进行加密存储和清洗成为通信行业经营者履行信息安全保障义务的重要手段。

通信行业经营者一旦无法确保数据被加密存储，则意味着将数以亿计的用户信息直接暴露在人们的视野中，且可以被随意获取，其导致数以亿计的用户个人隐私遭受侵权，非法利用数据进行违法犯罪活动的可能性大大增加，因此传统的数据加密手段远远无法满足当前大数据面临的安全风险环境的要求，大数据的加密存储与清洗是保障数据安全的重要手段。

3. 未按要求建立用户数据安全保护、监控制度

除了大数据的加密存储外，企业应当制定、完善企业乃至行业大数据的安全保护、实时监控制度，以制度树立、强化企业内部人员的信息安全意识，探索多角度、多层级的通信行业数据保护手段，将数据安全要求提升到企业发展战略的高度。

4. 未制定用户数据紧急安全事件处理与应对措施

作为掌握海量数据的通信行业企业，建立数据安全事故的应急处理制度是保护用户信息安全的最后防线。2016 年，美国国家标准和技术学会（NIST）发布 SP. 800-184《网络安全事件应急指南》，旨在帮助各职能机构制定并实施恢复计划，从而应对各类可能出现的网络攻击活动。正如指南的作者所言，“大家需要考虑的已经不再是自己是否会遭遇网络安全事故，而是何时遭遇网络安全事故”，仅仅专注于防范已经发生的数据安全事故不足以解决问题，想要成功应对、及时止损，避免企业遭受的损失进一步扩大，则有赖于事前企业内部制定的紧急事件的规划与解决措施，提高企业的应急处理能力。

5. 未严格落实关键信息基础设施保护制度

随着通信行业的快速发展，信息网络环境也日趋复杂，信息安全风险随之增加，而通信行业作为落实国家网络强国战略的重要一环，承担着较重的信息网络安全责任与义务。

根据《中华人民共和国网络安全法》第 31~39 条之规定，国家要求，对公共通信和信息服务、能源、交通、水利、金融、公共服务、电子政务等重要行业和领域，以及其他一旦遭到破坏、丧失功能或者数据泄露，可能严重危害国家安全、国计民生、公共利益的关键信息基础设施，在网络安全等级保护制度的基础上，实行重点保护。同时要求关键信息基础设施的运营者应当履行相应的安全保护义务，包括等级保护、安全“三同步”、机构人员、数据出境管理、安全评估、采购产品和服务等相关信息安全要求。

2016 年 4 月 19 日，习近平总书记在网络安全和信息化工作座谈会上指出："金融、能源、电力、通信、交通等领域的关键信息基础设施是经济社会运行的神经中枢，是网络安全的重中之重，也是可能遭到重点攻击的目标"，一旦关键信息基础设施保护措施不当或者保护措施落实不到位，会导致人为加大了通信行业面临的信息安全风险，严重的可能危及国家信息安全。

因此，尽快制定、落实关键信息基础设施保护制度，严格履行关键信息基础设施保护措施是维护信息安全的关键之处。

（四）可能涉及欧盟业务的《通用数据保护条例》个人数据和隐私保护合规问题

1.《通用数据保护条例》的数据保护主体

2018 年 5 月《通用数据保护条例》（General Data Protection Regulation，GDPR）出台，根据其管辖范围，无论企业是否位于欧盟，只要企业处理的个人数据涉及欧盟国家公民，就要受《通用数据保护条例》管辖。其中，在《通用数据保护条例》中主要规定了数据保护的两种义务主体，也是通信行业经营者在经营业务过程中可能涉及的数据保护主体，即数据的控制者和数据的处理者。

（1）数据控制者：能单独或联合决定个人数据的处理目的和方式的自然人、法人、公共机构、代理机构或其他组织。

（2）数据处理者：为控制者处理个人数据的自然人、法人、公共机构、代理机构或者其他组织。

2.《通用数据保护条例》引发的主要合规风险

《通用数据保护条例》第 2 条即声明，该条例适用于全部或部分通过自动化方式进行的个人数据处理，以及除自动化方式之外构成或拟构成归档系统一部分的个人数据处理。而通信业务中必不可少的涉及大量用户个人数据，通信行业经营者，尤其是具有海外业务的经营者，应当着重关注《通用数据保护条例》中的相关数据保护规定及主要合规风险。

那么，如何定义个人数据的范围？根据《通用数据保护条例》之规定，[1] 个人数据，是指与一个确定的或可识别的自然人相关的任何信息。可被识别的自然人，是指借助标识符，例如姓名、身份标识、位置数据、网上标识符，或借助与该个人生理、心理、基因、精神、经济、文化或社会身份特定相关的一个或多个因素，可被直接或间接识别出的个人。

同时，《通用数据保护条例》规定，特殊类别（敏感）个人数据，是指揭示种族或民族出身，政治观点、宗教或哲学信仰以及工会成员的个人数据，以及唯一识别自然人为目的的基因数据、生物特征数据、自然人的健康、性生活或性取向数据，还包括刑事定罪和犯罪相关的个人资料等，组织应识别其处理个人数据或特殊类别（敏感）个人数据的具体类型。

由此可见，目前《通用数据保护条例》规定的个人数据范围要广于我国《网络安全法》《消费者权益保护法》等范围。

目前，我国的数据产业呈现白热化状态，而国外监管政策日趋严格。但由于我国国内立法及监管政策的不完善，盗取、泄露个人数据的违法行为日益增加，导致数据泄露风险不断加大，数据主体的数据安全保护义务不断加重。尤其对于通信企业而言，作为典型的国有企业，具有较高的数据安全保护能力不仅是对其商业发展的要求，更是国家信息化战略的重要组成部分。英国信息监管局 2019 年 7 月 8 日发表声明说，英国航空公司因为违反《一般数据保护条例》被罚 1.8339 亿英镑（约合 15.8 亿元人民币），原因是 2018 年 6 月英航 50 万名客户数据因英航网站遭攻击而被窃取。《通用数据保护条例》的出台对通信行业数据保护提出了更高的要求和挑战，必须加强数据安全合规管理，否则，一旦出现信息安全问题，属于《通用数据保护条例》调整范围的，将面临沉重的处罚。

---

[1] 全国信息安全标准化技术委员会秘书处，网络安全实践指南—欧盟 GDPR 关注点，关注点二。

三、通信行业大数据的典型应用

在大数据发展浪潮中，面对外部压力和内部发展的诉求，电信运营商纷纷把大数据平台作为企业数据化转型的引擎。2013～2014 年，国内运营商先后明确将大数据业务定位于公司转型与创新发展的重要战略方向，并通过构建大数据能力平台、设立大数据业务专业化运营团队等措施，逐步形成大数据应用发展基础能力。其中，中国移动在 2007 年启动“大云”大数据平台建设，2010 年正式试点和商用，为大数据管理应用储备了深厚的技术能力。目前，在党政军、金融、交通、旅游、医疗、知识库、AI 机器人等国家重点领域或行业，均能输出大数据应用的标准化解决方案。到 2017 年，全集团有大数据应用服务收入的单位 28 家，呈现百花齐放的局面。中国联通自 2013 年开始全面启动大数据平台系统建设，2017 年成立专门的大数据公司，作为大数据对外集中运营主体和大数据产业拓展的合资合作平台，目前已经构建一套“1+2+3+N”产品体系，已经为全国 13 个行业 700 多家客户提供大数据解决方案。中国电信自 2015 年开始建设“天翼”大数据平台，目前基本完成全国范围的数据汇聚，日均数据接入量超过 200TB，大数据分布式节点超过 3000 个，并形成“4+1”产品体系，服务于包括金融、旅游、交通、政务、地产、农业等行业的 300 余个客户，全年调用量达 3000 亿级。

在典型案例方面有如下几个。

（一）中国移动“有数”及大数据应用*

“有数”简称 data. u，是一种可以灵活内置于手机应用运行过程的简单、透明的分析手段。data. u 实现了高效采集分析数据，并初步整理减少冗余数据，压缩封装数据，利用智能策略传输数据，不挤占用户的网速。开发者可基于此开发包分析应用程序的运行情况，包括页面停留

---

* 对中国移动“有数”平台及相应功能的介绍，参见 http：//dev.10086.cn/datau/portal/main/data_ product.jsp。

时长、页面跳转率、按时间或地理位置分析用户量、用户的发展情况等信息，同时为用户提供在线配置参数获取等实用功能。

中国移动通过“有数”作为分析工具，结合运营商大数据服务能力，针对各行业业务特性，为用户提供精准营销、反欺诈等一系列个性化解决方案“和玛”系列，涉及终端、金融、互联网、广告等不同行业领域。

（1）“和玛”精准营销：通过“大数据+触点”的增值服务能力，帮助企业解决拉新、促活、客户筛选等领域面临的问题。服务包括广告推送、精准营销、外呼调研等。

（2）“和玛”反欺诈：利用用户在电信行业的行为特征，通过多维度的数据交互，综合反映用户状态，有效防控金融风险。现有产品包括身份验证、信息查询、异常侦测。

（3）“和玛”指数：根据用户的身份特征、终端信息、消费信息、信用历史、行为偏好、社交关系等信息综合给出相应的评分，如信用分、App 指数、终端指数等。

（4）“和玛”洞察：提供可视化分析报表、定制化分析报告、专项服务等，为企业洞察行业竞争、定位问题、改善经营策略提供帮助，如报表分析、数据报告、专项服务等能力。

（二）电信鲲鹏·终端智慧运营服务平台

该产品主要融合中国电信全国 9 大类基础数据，根据终端行业的实际业务场景，搭建用户换机模型、终端全生命周期监测模型、终端市场预估模型等，可以实现对终端市场、终端用户和终端产品的深度洞察，更客观地反映产业发展态，进而辅助客户（终端销售商）清晰、快速地了解终端市场变化。

（三）联通数赢洞察

该产品以中国联通全量数据为基础，可提供群体用户的 App 使用、网址访问、关键字搜索、活跃时段等网络行为，以及终端品牌、型号、历史、换机时间，用户驻留位置、迁移情况、驻留时段、驻留时长等维度统计级的分析数据，打造面向公众和政企合作伙伴的综合评价产品，为城市规划、公共服务、交通出行、商业选址、广告投放、信用控制、产品设计等提供决策依据。

四、通信行业大数据应用发展的法律合规性建议

1. 规范数据的采集行为

欧盟于 2016 年 4 月通过《通用数据保护条例》，规定了个人数据处理的透明性以及最少数据收集原则，并赋予数据主体随时撤销同意权、被遗忘权、可携带权等。我国现行法律法规尚无明确的规定和原则。2017 年 6 月 1 日起施行的《网络安全法》第 41 条规定：“网络运营者收集、使用个人信息，应当遵循合法、正当、必要的原则，公开收集、使用规则，明示收集、使用信息的目的、方式和范围，并经被收集者同意。网络运营者不得收集与其提供的服务无关的个人信息，不得违反法律、行政法规的规定和双方的约定收集、使用个人信息，并应当依照法律、行政法规的规定和与用户的约定，处理其保存的个人信息”；第 42 条规定：“网络运营者不得泄露、篡改、毁损其收集的个人信息；未经被收集者同意，不得向他人提供个人信息。但是，经过处理无法识别特定个人且不能复原的除外。”通信行业大数据应用发展阶段可借鉴欧盟的《通用数据保护条例》及我国的《网络安全法》之规定，规范、完善通信行业的数据采集行为。收集用户通信数据，应当遵循合法、正当、必要的原则，公开收集、使用规则，明示收集、使用信息的目的、方式和范围，并经被收集者同意。对通信数据进行共享、使用时，应当进行分类、分级、脱敏，经过处理无法识别到特定个人且不能复原的数据才能对外共享和使用。

2. 规范数据流通与共享行为

对内使用时，建立企业内部数据流通的权限管理规则，树立员工及供应商、支撑方的安全保护意识，与供应商、支撑方签订相应的保密协议，明确约定违反保密义务应承担的法律责任。

对外共享时，明确对外共享的数据边界与共享流程，确保共享行为在法律允许的范围内，不触碰法律红线。

3. 落实数据安全保障的相关制度

根据《网络安全法》等相关法律法规、行业标准等规定，建立健全用户信息保护制度，践行国家网络安全等级保护制度，对个人信息、个人敏感信息进行区别保护，确保企业自己对数据的使用不侵犯他人的权利，保证企业对数据的处理行为、使用行为不违反国家强制性法律规定，同时，提高数据安全事故的应急处理与预防能力。

参照国际安全企业架构标准模型，梳理企业的安全治理机构和部门职责，设立统一的网络安全管理部门，牵头企业的各项网络安全治理工作，将用户信息保护、网络信息安全和网络安全进行集中管理，并成立网络安全领导小组（或网络安全管理委员会）对公司的网络安全重要工作进行决策、部署和指导。若从更全面的网络安全角度考虑，可进一步将企业物理安全、安全生产的管理职责也纳入网络安全管理部门，实现企业安全的全面统一治理，并设立首席企业网络安全官。

4. 建设网络数据安全监测预警体系

安全预警和监控能力是网络安全的重要保障，建设网络数据安全监测预警体系主要从技术层面对通信运营商提出了建议。例如，在网络关键设备部署安全探针和蜜罐，并收集关键设备的安全日志数据，利用大数据和人工智能（AI）技术对海量监测数据进行分析，实现 APT 的及时发现和追踪，以及安全态势的感知和集中展现，从而尽可能实现安全事件的提前预警。

5. 完善网络安全事件预案，定期进行演练

电信企业除应满足《国家网络安全事件应急预案》的相关要求，还需根据《网络安全法》等的规定，履行其作为关键信息基础设施的运营者应制定网络安全事件应急预案并定期进行演练的义务。电信企业可以从数据可能泄露的类型和范围入手，针对不同类型及程度的网络安全事件分别作出影响评估判断，提出不同的应对措施，以求在网络安全事件确有发生时可以迅速准确采取相应措施，并及时履行网络安全突发事件通知义务。

6. 坚持用户数据匿名化原则

如在通信行业大数据应用中，涉及对用户个人数据分析，除坚持合法采集原则以外，还必须坚持匿名化处理原则，保证用户的个人信息安全，将数据匿名化构建为数据使用及数据安全保护的安全阀。

附：通信行业关于大数据的特殊规定

（1）2011 年 1 月 8 日，为了规范互联网信息服务活动，促进互联网信息服务健康有序发展，制定的《互联网信息服务管理办法》将互联网信息服务分为经营性和非经营性两类，并规定了从事互联网信息服务的具体条件。

（2）2012 年 12 月 28 日，为了保护网络信息安全，保障公民、法人和其他组织的合法权益，维护国家安全和社会公共利益，《全国人民代表大会常务委员会关于加强网络信息保护的决定》中明确指出：任何组织和个人不得窃取或者以其他非法方式获取公民个人电子信息，不得出售或者非法向他人提供公民个人电子信息，网络服务提供者和其他企业事业单位在业务活动中收集、使用公民个人电子信息，应当遵循合法、正当、必要的原则，明示收集、使用信息的目的、方式和范围，并经被收集者同意，不得违反法律、法规的规定和双方的约定收集、使用信息以及其他具体的信息保护措施。

（3）2013 年 7 月 16 日，为了保护电信和互联网用户的合法权益，维护网络信息安全，根据《全国人民代表大会常务委员会关于加强网络信息保护的决定》《中华人民共和国电信条例》和《互联网信息服务管理办法》等法律、行政法规，制定《电信和互联网用户个人信息保护规定》，明确规定用户个人信息，是指电信业务经营者和互联网信息服务提供者在提供服务的过程中收集的用户姓名、出生日期、身份证件号码、住址、电话号码、账号和密码等能够单独或者与其他信息结合识别用户的信息以及用户使用服务的时间、地点等信息。同时，它从信息收集、使用规范、安全保障、监督检查和法律责任等方面，对电信业务经营者、互联网信息服务提供者收集、使用的用户个人信息的行为作出了较详细的规定。

（4）2013 年 10 月 25 日新修订的《消费者权益保护法》开始适用，其中第 29 条对经营者收集、处理消费者个人信息的行为作出明确规定：经营者收集、使用消费者个人信息，应当遵循合法、正当、必要的原则，明示收集、使用信息的目的、方式和范围，并经消费者同意。经营者收集、使用消费者个人信息，应当公开其收集、使用规则，不得违反法律、法规的规定和双方的约定收集、使用信息。经营者及其工作人员对收集的消费者个人信息必须严格保密，不得泄露、出售或者非法向他人提供。经营者应当采取技术措施或其他必要措施，确保信息安全，防止消费者个人信息泄露、丢失。在发生或者可能发生信息泄露、丢失的情况时，应当立即采取补救措施。经营者未经消费者同意或者请求，或者消费者明确表示拒绝的，不得向其发送商业性信息。

（5）2014 年 3 月 15 日，为了贯彻《全国人民代表大会常务委员会关于加强网络信息保护的决定》《消费者权益保护法》《电信和互联网用户个人信息保护规定》《网络交易管理办法》等与个人信息保护相关的规范性法律文件，维护用户合法权益并规范互联网企业的个人信息处理行为，以实现产业良性发展中个人信息保护与利用的平衡，制定《互联网企业个人信息保护测评标准》，致力于在现有规范性法律文件的基础上，建立有效的用户个人信息保护实践机制，一方面推动互联网企业构建合规的个人信息保护机制，另一方面实现用户在个人信息方面合法权益的保障。

（6）2016 年 2 月 6 日，为了规范电信市场秩序，维护电信用户和电信业务经营者的合法权益，保障电信网络和信息的安全，促进电信业的健康发展，制定《中华人民共和国电信条例》，其中对电信安全作出重要规定，列举了不得利用电信网络制作、复制、发布、传播的具体内容，不得实施危害电信网络安全和信息安全、扰乱电信市场秩序的具体行为，并明确电信业务经营者应当按照国家有关电信安全的规定，建立健全内部安全保障制度，实行安全保障责任制。

（7）2016年7月27日，国务院办公厅、中共中央发布《国家信息化发展战略纲要》，明确指出适应和引领经济发展新常态，增强发展新动力，将信息化贯穿我国现代化进程始终，加快释放信息化发展的巨大潜能，且该纲要是规范和指导未来10年国家信息化发展的纲领性文件，是国家战略体系的重要组成部分，是信息化领域规划、政策制定的重要依据。

（8）2016年11月7日，为了保障网络安全，维护网络空间主权和国家安全、社会公共利益，保护公民、法人和其他组织的合法权益，促进经济社会信息化健康发展，制定《中华人民共和国网络安全法》，该法首次提出建立网络安全等级保护制度，要求网络运营者按照网络安全等级制度履行一系列安全保护义务，并针对个人信息保护，整合了多部法律，向网络运营者施加了更重的管理义务，同时，针对目前网络环境下诈骗行为，规定了任何个人和组织应当对其使用网络的行为负责，不得设立用于实施诈骗等违法行为的网站、通信群组，不得利用网络发布相关违法犯罪活动信息，弥补了此前立法中规范网络诈骗行为的空白。

（9）2017年1月15日，中共中央办公厅、国务院办公厅发布《关于促进移动互联网健康有序发展的意见》，明确指出坚持发展为民，充分发挥移动互联网优势，缩小数字鸿沟，激发经济活力，为人民群众提供用得上、用得起、用得好的移动互联网信息服务。

（10）2017年5月8日发布的《最高人民法院、最高人民检察院关于办理侵犯公民个人信息刑事案件适用法律若干问题的解释》明确“公民个人信息”，是指以电子或者其他方式记录的能够单独或者与其他信息结合识别特定自然人身份或者反映特定自然人活动情况的各种信息，包括姓名、身份证件号码、通信联系方式、住址、账号密码、财产状况、行踪轨迹等，以及非法获取、出售或者提供公民个人信息构成刑事犯罪的情形。

（11）2017年8月15日，为了保护个人信息安全，同时促进数据的共享使用，制定《个人信息去标识化指南标准》，在大数据、云计算、万物互联的时代，基于数据的应用日益广泛，同时带来了巨大的个人信息安全问题。为了保护个人信息安全，同时促进数据的共享使用，特制定个人信息去标识化指南标准，旨在借鉴国内外个人信息去标识化的最新研究理论，提炼业内当前通行的最佳实践，研究个人信息去标识化的目标、原则、技术、模型、过程和组织措施，提出能科学有效地抵御安全风险、符合信息化发展需要的个人信息去标识化指南，一方面可以为个人信息处理相关方提供去标识化的指导，另一方面可为第三方机构测评提供参考依据。

第四节　医疗

一、健康医疗大数据发展概述

健康医疗大数据是指基于医院在服务和管理过程中产生的医疗卫生服务数据，目前主要包括个人健康大数据、医疗诊断大数据、药物记录大数据和医院运营大数据，以各种门急诊记录、住院记录、影像记录、实验室记录、用药记录、手术记录、随访记录和医保数据等作为记录载体。这些数据中的大多数都是用医学专业方式记录下来的，以临床实践自然随机形式存在，是最原始的临床记录。❶

当前，“互联网+”医疗逐渐融入人们的生活，网上问诊、网上医院、网上药房如雨后春笋般不断增加，自动化分析检测仪、可穿戴设备等医疗设备也层出不穷，健康医疗大数据的范畴也在不断扩大，健康医疗数据的持有人也从传统的医院扩大到互联网平台、医疗设备制造商以及个人。

❶ 俞国培，包小源，黄新霆，等. 医疗健康大数据的种类、性质及有关问题［J］. 医学信息学杂志，2014（6）.

随着健康医疗大数据的蓬勃发展，健康医疗大数据正成为国家重要的基础性战略资源。单条健康医疗数据价值有限，但通过对海量健康医疗数据的分类、挖掘、建模等操作，可以从中发现创造新价值、提升新能力，其应用发展将对医疗资源、医疗成本、医疗服务，乃至社会、经济、科学等领域产生重大影响。健康医疗大数据作为新兴事物，在为大众提供便捷、新颖服务的同时，也有一些新情况、新问题，尤其是医疗大数据的收集、整合与分析可能对患者隐私带来的影响问题，需要予以重点关注及引导规范。

需要强调的是，健康医疗大数据虽是众多大数据中的一种，但其区别于其他行业大数据的特征主要表现在以下几个方面。

（1）属于国家重要基础性战略资源。健康医疗数据囊括从出生、疫苗注射、体检、就诊、饮食、运动、睡眠、死亡等各个生命阶段所产生的数据，同时数据种类还包括血液、基因等人类遗传资源，这些数据具有特殊的地位，对家庭、种族、国家可能产生重大影响。因此，2016 年 10 月 25 日，中共中央、国务院印发《“健康中国 2030”规划纲要》，提出要把健康摆在优先发展的战略地位。2018 年 9 月 13 日，国家卫生健康委员会正式发布《关于印发国家健康医疗大数据标准、安全和服务管理办法（试行）》，明确要充分发挥健康医疗大数据作为国家重要基础性战略资源的作用，进一步强化了对健康医疗大数据发展、应用的政策指引。

（2）数据规模大、种类复杂。就目前国内的健康医疗情况，传统的医院，每天会产生抽血、CT 等检查记录、病历记录、住院记录、缴费记录等多种数据；对于网上问诊、网上医院、网上药房等新的诊疗机构，每天会产生患者上传的检查记录、问诊数据、缴费数据等；而对可穿戴设备等医疗设备则会产生用户的测量、分析等数据。再加之大量的患者、用户，涉及不同的疾病种类、不同就诊渠道，使得健康医疗大数据规模庞大、种类复杂，结构化数据获取难度大。

（3）数据涉及主体多。健康医疗大数据的来源广泛，包括个人与医疗机构通过诊疗产生的数据，个人通过互联网平台搜索、问诊产生的数据，个人通过互联网药房购买药品的数据，医疗机构自身产生的数据，医疗器械、设备制造、销售机构产生的数据等多种渠道，不同渠道形成的数据涉及的主体不同，同一数据甚至可能存在多个主体。

（4）数据敏感性较高。健康医疗数据往往涉及患者的个人信息，比如原始病历中，有关个人的姓名、住所、年龄、婚姻、疾病、既往病史信息等一览无余。这些信息往往是个人最隐私的信息，即使通过数据清洗，隐藏了个人的姓名、年龄、住所等隐私信息，形成新的健康大数据包，但通过其他数据的重叠、组合、深度加工，极有可能将一份隐藏的个人信息还原出来。如果这些数据不能得到很好的保护，而造成信息泄露或者违规使用，将极可能对患者造成严重的精神伤害和经济损失。

（5）数据价值高。目前健康医疗大数据的主要业务应用场景包括智能辅助诊疗、影像数据分析与影像智能诊断、合理用药、远程监控、精准医疗、成本与疗效分析、绩效管理、医院控费、医疗质量分析等。可以说，健康医疗大数据不仅与个人的生活息息相关，健康医疗大数据的应用发展对攻克疾病、疾病防控、药品研发、传染病防治等均具有重要意义。

二、健康医疗大数据面临的问题和风险

（一）健康医疗大数据的权属问题

医疗大数据所产生的权利属于信息权，在民法权利分类上属于物权之一种。既然属于物权，自得具备物权的四项权能：占有权，使用权，收益权，处分权。具体来说，医疗大数据的所有者享有对大数据信息的排他的占有权；享有自行使用或许可他人使用的使用权；享有因自行使用或许可他人而产生的收益权；享有将数据转让给他人或抛弃的处分权。❶

基于不同渠道形成的数据，涉及的主体不同，同一数据也可能存在

❶ 刘晔. 医疗大数据归谁所有［N］. 健康报，2016-08-11（6）.

多个主体。现根据不同渠道形成数据的权利主体做如下分析。

1. 传统医疗机构产生的医疗数据权利主体

传统医疗机构诊疗过程中可能产生的健康医疗数据有：患者的个人信息，包括姓名、性别、住所、年龄、婚姻、职业、疾病、既往病史等数据；医院检查产生的各类信息，包括身高、体重、血压、血检、CT、X光等检查数据；医生出具的诊断信息，包括疾病、用药、手术、随访等数据；其他交互产生的信息，包括门急诊记录、住院记录、缴费、医保等数据。

我国现行法律法规并未对上述数据的权利主体作出明确规定，根据《侵权责任法》《医疗事故处理条例》《医疗机构病历管理规定》《病历书写基本规范》等法律法规的规定，可以得出如下结论：（1）病历档案的制作、保管主体为医疗机构；（2）患者有权复印或者复制其门诊病历、住院志、体温单、医嘱单、化验单（检验报告）、医学影像检查资料、特殊检查同意书、手术同意书、手术及麻醉记录单、病理资料、护理记录以及其他病历资料；（3）三是医疗机构及其医务人员应当对患者的隐私保密。泄露患者隐私或者未经患者同意公开其病历资料，造成患者损害的，应当承担侵权责任。

因此，基于医疗机构诊疗产生的健康医疗数据，医疗机构与患者应为共同所有人。医疗机构及其医务人员对前述数据进行占有、使用、收益、处分，应当经过患者的配合或同意。

2. 互联网健康医疗数据的权利主体

随着互联网的发展，患者通过互联网挂号、买药、线上问诊、网络搜寻等产生的医疗数据也越来越多。数据的权利主体除涉及传统医疗机构诊疗过程中的医疗机构、患者两个主体外，还涉及互联网平台。

我国现行法律法规亦并未对基于互联网平台产生的数据权利主体作出明确规定，参照前述结论，基于互联网平台产生的健康医疗数据，如互联网平台仅提供医疗机构与患者的通道，本身不提供数据存储服务，则医疗机构、患者为数据的共同所有人；如互联网平台不仅提供医疗通道，还具有数据存储、分析的功能，或参与提供医疗服务，则互联网平台、医疗机构、患者为数据的共同所有人；如不涉及医疗机构，仅为个人与互联网平台产生的搜索数据，则数据的权属应根据平台协议的规定来判定，可能为个人、互联网平台单独所有，也可能为共同所有。

3. 健康医疗大数据产品的权利主体

单条健康医疗数据价值有限，但通过对海量健康医疗数据的分类、挖掘、建模等，制作出大数据产品，可以从中发现创造新价值。基于不同渠道产生的健康医疗数据汇集成大数据，则可能存在多个权利人，此时究竟谁是权利人，只能通过协议的方式确定各自的权利份额。比如经由药物临床试验而获得的大数据，此时药品生产商、药物试验组织方、药物试验所在医院等都可能参与了医疗大数据的制作，彼此之间可通过协议而确定各自的权利份额。又如关于病人在住院过程中形成的医保或商保数据，此时医院与社保公司、商保公司亦可能共同参与了医疗大数据的制作，参与各方亦可通过协议而确定各自份额等。❶

（二）健康医疗大数据的伦理问题

健康医疗大数据的应用发展会给攻克疾病、疾病防控、药品研发、传染病防治等带来积极作用，但同时也会带来一定的伦理问题。其主要体现在以下几个方面。

1. 个人隐私与信息安全

单一的数据发生泄露可能无法识别出特定的患者，但在进行健康医疗大数据应用时，由于大数据的海量资源交叉检索、共享、重合，可能导致患者个人信息、患病信息、医院的诊疗信息等隐私信息被重新逆推回特定的患者，一旦发生泄露，个人的身份信息和隐私信息也伴随泄露，给个人和社会带来的损失不容忽视。

2. 知情同意

在健康医疗数据收集之初，患者均为主动提供相关个人信息、患病

❶ 刘晔. 医疗大数据归谁所有［N］. 健康报，2016-08-11（6）.

信息，而采集到的数据将如何被利用或被谁利用无法预知，也无法明确告知患者收集、使用数据的目的、方式和范围。在医疗大数据时代，数据的潜在价值大多体现在数据的二次分析上，而在收集数据时，这些数据会被谁利用以及其用途可能是未知的，因此也就无法告知用户。❶ 在实际运用过程中，很多企业或平台并未获得用户的授权或同意，即对数据进行收集、使用、分析，制作新的大数据产品，明显违背了用户的知情同意权。但是面对海量的数据，如果都需要在使用前征得用户同意，无论是时间成本还是经济成本都很高，且是否能获得足够多的患者的授权或同意，结果都不容乐观。因此，如何在充分保障患者隐私权的前提下，高效利用相关医疗数据促进医疗健康业的进一步发展成为重中之重。

3. 个体自主性削弱

健康医疗的发展越来越需要大数据的分析与应用。但是，医疗大数据的应用必然导致个人主体被削弱的问题，由于大数据的汇集、脱敏，数据本身脱离了其主体而存在。有学者指出，“当代医学技术已经处于主体地位，并且开始无限制地介入和干预身体，将具有丰富感受性的身体仅从生物学意义上加以对待，人内在的情感、价值和尊严等生命意义被遮蔽，愈来愈明显地体现为一种‘去主体化’倾向”。❷ 一方面，现代医生可能面对由大量离散数据构成的虚拟化数字人体，而非患者或疾病本身，对疾病的诊断和预测从传统的经验转向精准的科学数据，可能产生对数据的过度依赖，从而失去自我的经验判断，失去信心甚至自我怀疑，不利于医患沟通和交流，不利于疾病的诊断和治疗，以及医学发展和进步；另一方面，患者可以利用数据信息和工具，实时观察和掌握自我健康状况，更多地参与自我疾病管理和治疗决策，体现出更大的自主权，但是当这些疾病信息与医生判断不一致时，也可能对医生的权威产生

❶ 李晓洁，王蒲生. 大数据时代的知情同意［J］. 医学与哲学，2016（37）.

❷ 邵芳强，杨阳. 重构“身体”：问诊医学现代性危机［J］. 医学与哲学，2016（37）.

质疑。[1]

(三) 健康医疗大数据的安全问题

随着“互联网+”时代的到来，医院对于患者的诊治，基本采用电子化记录、诊断及康复设备，这些数据的不断积累，加上患者的个人基本信息和以往家族病史，一起组成患者的电子档案。该档案的使用，在方便患者就诊，提高医生接诊效率和准确性方面发挥了重要作用。但是，目前国家对电子健康档案的信息安全和隐私保护问题，没有明显的政策指导。此外，行业内部对于医疗健康大数据的安全管理措施尚未构建较为明确、统一的规范意见，具体可包括医院存放健康医疗大数据的机房是否达标、医院的网络是否支持最大负荷的使用、是否有防火墙等安全技术措施、医院的操作系统有无安全日志和审计、对大数据进行挖掘和提取时是否进行匿名化操作等细节问题。这些安全管理制度、技术措施是保护患者个人隐私的根本保障，需对其给予高度重视和充分的技术、人力、政策的支持。

三、健康医疗大数据的典型应用

(一) 国家卫生计生委健康医疗大数据中心与产业园建设国家试点工程*

2016 年 10 月 21 日，国家卫生计生委确定福建省、江苏省及福州市、厦门市、南京市、常州市为第一批健康医疗大数据中心国家试点省市，我国的健康医疗大数据便正式进入落地实施阶段。

1. 福州模式

2016 年 11 月 26 日，国家健康医疗大数据中心及产业园建设试点工

[1] 刘星，王晓敏. 医疗大数据建设中的伦理问题［J］. 伦理学研究，2015（6）

* 第二批国家试点健康医疗大数据中心都定了，第一批的成绩如何？［EB/OL］.（2017-12-14）［2019-08-25］. https://baijiahao.baidu.com/s?id=1586723652062683821&wfr=spider&for=pc.

程在数字福建（长乐）产业园正式挂牌。27日，国家健康医疗大数据中心与产业园建设试点工程（福州园区）挂牌仪式在长乐举行，该项目拟建设一个中心、一个产业园、两个基地、四大运用领域。其中，“一个中心”就是在长乐市建设的“健康医疗大数据中心”，包括中心机房建设、健康医疗数据目录库建设和中心平台建设；“一个产业园”就是在园区内布局健康服务片区、精准医疗片区、生物医药片区、科技金融片区等四个特色产业片区。“两个基地”为建设健康城市战略运营基地、健康人文国际交流基地；“四大应用领域”是发挥“治未病、健康云、VR产业、医联体”四个优势，促进“健康养生、精准医疗、智慧健康、分级诊疗”四大运用。

2017年4月，福州在全国首发“一个办法、两大平台”，即《福州市健康医疗大数据资源管理暂行办法》、国家健康医疗大数据平台（福州）和国家健康医疗大数据安全服务平台（福州）。这标志着国家健康医疗大数据试点工程取得重大突破。

“两大平台”汇聚公共卫生数据、临床数据、基因组学数据、物联网数据等近百亿条数据，在安全为先、隐私保护的前提下，对外提供数据、应用、科研、生态和安全五方面服务。截至2017年4月21日，“两大平台”已完成福州市13家市属医院、24家县级医院和其他医疗机构的健康医疗大数据采集。

2. 厦门模式

2016年11月29日，国家健康医疗大数据中心与产业园建设试点工程厦门园区在福建省厦门市揭牌。厦门市将建成一批“互联网+健康医疗”服务示范工程，包括进一步完善全域就诊预约平台；可穿戴设备数据与居民健康数据实时互联；推动电子医保卡和移动支付；基因检测与健康医疗数据对接，有效提升精准医疗水平；建立国家健康医疗大数据研究分院、国家健康医疗领域开放大学分校，建设心脑血管、肿瘤等临床医学数据示范中心，构建临床决策支持体系。

此外，厦门市还将打造一批信息安全项目，带动网络空间安全、电子数据监管、电子数据取证等信息安全服务发展；发展慢病管理、智慧健康养老、健康医疗旅游、健康保险、远程健康管理咨询、远程居家看护、健康食品等新型服务业态。

3. 南京模式

2016 年 10 月 21 日，国家健康医疗大数据中心与产业园建设试点工程（南京园区）正式挂牌，规划为“1 个中心 3 个应用基地”四大功能片区，分别是健康医疗大数据存储中心、国际健康服务社区、南京生物医药谷及健康科技产业园。其中，“1 个中心”将构建统一权威、互联互通的人口健康医疗信息平台，并培育“互联网健康医疗”新业态。“3 个应用基地”分别定位为医疗健康大数据在医疗、养生、养老、培训等方面的综合服务应用基地、在生物医药研制方面的应用基地以及在高精尖医疗科技研发领域的应用基地。

2017 年 10 月 28 日，国家健康医疗大数据展示中心在南京江北新区正式开馆。展示中心分为三个主题板块，包括序厅、健康魔方、基因探秘、未来展望等九大区域。国家健康医疗大数据展示中心的开馆，标志着国家健康医疗大数据中心一期工程圆满完成。

4. 常州模式

2017 年 12 月 9 日，国家健康医疗大数据（常州）中心正式启动。目前，常州市已初步构建“一中心多园区”健康医疗大数据格局。“一中心”即国家健康医疗大数据（常州）中心；“多园区”分别是江苏中关村科技产业园、茅山健康颐养产业园、常州西太湖国际医疗产业园、常州生命健康产业园、常州健康养老服务业集聚区等。

常州市已建成“市县一体化”全民健康信息平台，实现所有公立医疗机构互联互通和数据共享交换，形成比较完善的全员人口、电子病历和电子居民健康档案数据库。

(二) 百度用搜索数据，构建疾病预测模型*

百度预测平台推出“疾病预测”产品，提供几种流行病的实时发病指数。通过网民每天在百度搜索大量流行病相关信息，汇聚起来进行统计规律，经过一段时间的积累，可以形成一个预测模型，预测未来疾病的活跃指数。百度疾病预测目前可以就手足口病、流感、艾滋病、肺癌、肝炎、肺结核、高血压、宫颈癌、乳腺癌、糖尿病、心脏病、性病等12种疾病进行预测。预测疾病暴发时间和区域。对全国每一个省份以及大多数地级市和区县的活跃度、趋势图等情况进行全面监控，同时还能智能化地列出某一疾病的整体指数、城市指数 Top 10 和搜索医院 Top 10 等。

用户通过百度搜寻等产生的医疗数据，数据的权利主体涉及用户、百度公司。用户通过百度搜索平台搜索流行病的相关信息，平台通过对汇聚的数据进行分类、统计，再结合环境、温度等数据建模分析，形成一个疾病预测模型。由于平台收集到的数据源包括用户的搜索数据和位置数据，其数据是通过用户输入相关信息产生，但需要依托百度搜索平台才可能实现，因此，产生的数据可能为个人、互联网平台单独所有，也可能为共同共有。

我国现行法律法规并未对基于互联网平台产生的数据权利主体作出明确规定，因此，目前最好的解决方式是通过平台协议的形式由平台和用户约定数据的权属，从而进行使用。否则，针对基于用户产生的数据，在权属不明的情形下进行使用，可能存在一定的风险。

(三) 雅森科技运用大数据技术分析医学影像和诊断**

长期以来，由于医疗资源、各地区研究水平的差异，加之政策等因素带来的信息不对称，使得相同的疾病在不同的国家、地区获得的诊断

---

* 对百度疾病预测产品的介绍，参见 http：//trends.baidu.com/open。

** 对雅森科技大数据技术应用情况的介绍，参见 http：//www.qed-tec.com/Home/Solution/。

和治疗效果大不相同。雅森科技成立于2006年，是国内最早专注于医学影像人工智能分析、核医学定量及CAD分析的高科技企业；长期致力于影像预处理、分析建模、大数据分析、深度学习辅助诊断等领域。产品覆盖脑、神经、甲状腺、血液、呼吸、病理等多模态分析技术。

雅森科技基于大数据分析技术、图像识别技术，加之计算机的深度学习能力，将海量数据转化为精准高效的诊断能力，这些能力可以通过人工智能的方式交付给社会。这些数据工具将帮助各地的人们获得平等的诊断机会。同时也面向医疗机构提供业界领先的雅森天玑智慧医疗平台，为医疗机构实现“AI赋能”。

目前，雅森科技可以为部分疑难病症提供解决方案：针对癫痫，雅森科技通过采集EEG、MRI、PET或SPECT的影像数据进行处理分析，并与正常人群组做统计比对，从而计算得到代谢异常的致痫灶大小、位置等信息，通过认知技术，给出治疗方案的建议以及治疗效果的预测。针对阿尔茨海默症，雅森通过影像组学及神经学量表的量化分析，使用机器学习的方法，得到组织及代谢异常区域的位置、大小、程度等数据，疾病分型的诊断结论，并给出药物治疗方案以及病情发展的预测。针对肺结节，雅森科技通过基于统计学的影像分割方法对肺结节进行目标区域的检测及提取，可以得到肺结节的位置、体积、密度等量化信息，再基于病灶的PET征象和CT征象（如SUV max值、毛刺、分叶等）和患者的病史、吸烟史等临床信息进行量化分析，通过神经网络处理得到肺结节的良恶性诊断结论。

雅森科技采取的医疗解决方案中，涉及部分病症体征、图像与正常人群组之间的对比，其中后者多半是采取群体性的、去标识化的整体性征材料（包括文字描述或者影像），但不排除在数据库中直接引用具体某位正常人的相关数据。按照《GB/T 35273—2017 信息安全技术 个人信息安全规范》对于个人敏感信息的定义，医疗数据绝大部分属于个人敏感信息，对于个人敏感信息的使用更需做好授权获取及安全保障措施。

（四）春雨医生移动医疗平台*

春雨医生是目前健康医疗类 APP 产品中用户较多的平台，平台集症状自诊、患病咨询、买药、网络医院、医学讲堂等功能于一体。其中，春雨医生的症状自诊系统囊括了药品库、化验检查库、医院药店地理数据库以及春雨医生 APP 多年积累的健康交互数据库。在用户进行自诊的过程中，系统通过后台数据分析，自动给出诊断结果，基于数据体量足够大，得出的诊断结果也相对准确。这也是用户信赖春雨医生的原因。

2015 年，春雨医生联合中国科学院成立中国首家健康大数据实验室，春雨移动健康创始人张锐表示，联合实验室将在四个方向开展研究和实际应用：（1）针对 20 种中国人常见病进行数据建模，定义数据采集的规范和传输标准，利用机器算法对这 20 种疾病进行自动化健康预警，用户一旦在某一指标上发现异常，将通过互联网进行健康状态警报；（2）根据春雨医生平台积累的数据，通过机器学习实现初步的智能化疾病诊断；（3）利用健康消费行为数据，通过数据分析和沉淀增加用户的用药和治疗的经济性，降低医保赔付率；（4）联合医院、可穿戴设备厂商、基因检测和体检公司等相关企业，进行数据打通、成果共享，成立中国健康大数据开放联盟。

（五）中国移动研究院医疗大数据产品

中国移动所属研究院依托自身的技术和行业优势，陆续开发了眼科影像智能分析与筛查产品、睡眠疾病远程和智能诊断系统产品。（1）眼科影像智能分析与筛查产品，主要通过将基层医院的病历、影像上传到云端，通过将数据脱敏、算法、建模后对眼科疾病进行分析和筛查。目前，云端已有 4 万余张影像资料，算法、技术也比较成熟，同时，产品还获得食品药品监督管理部门的许可，可授权给基层医疗机构使用，解决医生太忙导致工作质量下降的问题。（2）睡眠疾病远程和智能诊断系统产品，针对目前“科室少、睡眠医生少、监测诊断耗时长、设备缺少

---

* 对春雨医生移动医疗平台的介绍，参见 https：//www.chunyuyisheng.com/。

统一标准”的现状，打造基于多导睡眠仪的常见睡眠障碍问题平台级云服务中心诊断系统，通过平台可进行远程多模态生理数据采集、传输、自动分析、灵活标注，辅助医生开展医疗级睡的分级诊疗。

除传统的医疗大数据平台面临问题外，此类聚焦于后台算法的产品，如何进行知识产权保护是亟待关注的问题。同时，上传影像信息的真实性和丰富性、算法的精准性等问题，对医生随诊的替代性、辅助性也有较大影响，进而会让产品面临诸多风险，需密切关注。

四、健康医疗大数据应用发展的法律合规性建议

1. 规范健康医疗数据的采集行为

欧盟《通用数据保护条例》规定了个人数据处理的透明性以及最少数据收集原则，并赋予数据主体随时撤销同意权、被遗忘权、可携带权等。我国现行法律法规尚无明确的规定和原则，2017 年 6 月 1 日起施行的《网络安全法》第 41 条规定：“网络运营者收集、使用个人信息，应当遵循合法、正当、必要的原则，公开收集、使用规则，明示收集、使用信息的目的、方式和范围，并经被收集者同意。网络运营者不得收集与其提供的服务无关的个人信息，不得违反法律、行政法规的规定和双方的约定收集、使用个人信息，并应当依照法律、行政法规的规定和与用户的约定，处理其保存的个人信息。”第 42 条规定：“网络运营者不得泄露、篡改、毁损其收集的个人信息；未经被收集者同意，不得向他人提供个人信息。但是，经过处理无法识别特定个人且不能复原的除外。”健康医疗大数据应用发展阶段可借鉴欧盟的《通用数据保护条例》及我国的《网络安全法》之规定，规范健康医疗数据的采集行为。

通过互联网平台收集健康医疗数据，应当遵循合法、正当、必要的原则，公开收集、使用规则，明示收集、使用信息的目的、方式和范围，并经被收集者同意。医疗机构共享、使用收集到的健康医疗数据，应当进行分类、分级、脱敏，经过处理无法识别到特定个人且不能复原的数据才能对外共享和使用。

2. 完善健康医疗敏感数据的分级保护

医疗机构或其他持有医疗数据的单位，应当建立数据分级保护制度、建立大数据敏感数据保护规则。在进行数据分级时，需要明确个人信息的范围，尤其对外提供数据，应严格落实敏感数据保护、数据匿名化处理规则、完善数据脱敏方式。其包括增强数据系统的敏感数据检测功能，完善数据脱敏算法；开展匿名化（关联）风险检测技术研究及试点，从正面缓解匿名化不足的问题；对敏感数据接触进行严格审批、限制，数据分析运维必须执行严格的数据脱敏措施，敏感数据的访问必须记录包括操作员、操作时间、操作内容在内的日志；对外提供的数据不能定位、识别到个人；对内提供运营支撑时，敏感数据必须经过模糊化处理，同时严格落实企业员工数据权限分级制度，落实数据最小化使用原则。

3. 重视个体的主体地位，加强人文关怀

健康医疗大数据时代，个人数据被整体化是必然结果和发展趋势，但在进行大数据应用时，还应关注个人的主体地位。科学技术是应作为改变服务或用户体验的工具，需要回到以个体为中心的人性化服务。因此，健康医疗大数据发展的同时，还要重视对患者的人文关怀，可以通过大数据应用的成果或AI技术与患者进行沟通交流，在去主体化的同时乂回到个体。患者在生病时，会出现复杂的情感和心理需要，这些因素都会影响患者疾病的发展或演变。因此，作为医疗机构或者医生个人，应当从患者的角度去帮助、关怀患者，充分尊重患者的自助的需求，不应当脱离患者，片面地进行数据分析，给出结论，应充分体现健康医疗行业的伦理价值、道德价值。

4. 加强健康医疗数据平台的建设

在健康医疗大数据的开发、应用过程中，会涉及大数据平台的建设，为了保障数据的安全，加强大数据平台基础设施安全建设显得尤为重要。大数据平台基础设施安全建设包括终端安全、网络安全、云安全，建设需要满足稳定性、健壮性、可扩展性、灵活性、安全性等要求。建设过程中要从接触访问、物理管理、人员进出管理、介质管理等多方面保障系统安全，从技术层面研究、发掘网络信息安全问题，针对发现的问题进行有效的安全软件开发和更新，通过信息过滤、信息筛选、信息加密、对重要信息的获取者进行身份权限认证等方式完善企业的大数据平台建设。

5. 出台健康医疗大数据应用的法律法规

目前，我国健康大数据的价值挖掘、开发、应用、保护等都处于法律空白状态，国家一方面鼓励发展健康医疗大数据的发展应用，另一方面由于缺乏基本的法律规定和保障措施，数据所有人、开发者、需求者都无法拿捏开发、应用的标准和红线，呈现出“想用不敢用，用了没底气”的状况。目前，福州、贵阳等部分城市出台了医疗大数据的地方性法规，但由于缺乏上位法的支撑，具体如何开发应用，以及应用中面临的法律风险披露不全，实际使用中仍然存在空缺。因此，国家层面应尽快出台相关法律法规，使得健康医疗行业可以依法依规地挖掘、应用健康医疗数据，发挥其潜在价值。

6. 完善健康医疗大数据资源共享开放机制

目前，国家正在逐步引导、加强健康医疗大数据资源的共享和开放政策，2018 年 7 月 10 日，国家卫生健康委员会、国家中医药管理局联合发布关于深入开展“互联网+医疗健康”便民惠民活动的通知（国卫规划发〔2018〕22 号），通知要求逐步将所有公立医院接入区域全民健康信息平台，到 2020 年，医疗机构通过省级、地市级等相关专业医疗质量控制合格的，在相应级别行政区域内检查检验结果实行互认，并实现医疗联合体内电子健康档案和电子病历信息共享、检查检验结果互认，避免患者重复检查。此项举措如能得到落实，确实给健康医疗行业的数据共享开放提供了政策支撑，但具体如何操作，开放共享中的数据保护如何落实，还有待进一步完善。同时应进一步扩展平台功能，建立卫生计生、中医药与教育、科技、工业和信息化、公安、民政、人力资源与社会保障、环保、农业、商务、安全监管、检验检疫、食品药品监管、体育、统计、旅游、气象、保险监管、残联等多部门密切配合、统一归口的健康数据共享机制。

附：健康医疗关于大数据的特殊规定

(1) 2011 年 11 月 20 日，国家卫计委联合国家中医药管理局发布《医疗机构病例管理规定》，从医疗记录的保管、借阅、复制、封存与启封等方面，加强对个人医疗记录和健康信息的保护。

(2) 2014 年 5 月 5 日，国家卫计委发布《人口健康信息管理办法》，为规范人口健康信息管理，促进人口健康信息的共享利用，推动卫生、医疗科学、事业发展，对包含人口健康信息的资料的收集、存储和管理提出了纲领性意见和具体责任单位的管理义务要求。

(3) 2014 年国家卫计委制定“46312”工程，即建设国家级、省级、地级市、县级 4 级卫生信息平台，依托电子健康档案和电子病历，支撑公共卫生、医疗服务、医疗保障、药品管理、计划生育、综合管理等 6 项业务应用，构建电子监控档案数据库、电子病历数据库、全员人口个案数据库 3 个数据库，建立一个安全的卫生网络，加强卫生标准体系和安全体系建设。

(4) 2016 年 6 月 21 日，国务院办公厅发布的《关于促进和规范健康医疗大数据应用发展的指导意见》指出，将夯实健康医疗大数据应用基础。实施全民健康保障信息化工程，全面建成统一权威、互联互通的人口健康信息平台，消除数据壁垒，畅通共享通道。

(5) 2016 年 10 月 25 日，中共中央、国务院印发《“健康中国 2030”规划纲要》，其中特别提到加强健康医疗大数据应用体系建设，推进基于区域人口健康信息平台的医疗健康大数据开放共享、深度挖掘和广泛应用。

(6) 2017 年 4 月 21 日，为全面推进大数据发展和应用，规范健康医疗大数据信息采集、加强数据管理、优化共享开放、提升开发应用价值、保障数据安全，推动健康医疗大数据中心与产业园国家试点工程建设，对健康医疗大数据资源进行规范管理，福州市人民政府印发《福州市健康医疗大数据资源管理暂行办法》（以下简称《暂行办法》）。《暂行办法》明确了健康医疗大数据的定义，界定了健康医疗大数据的来源、范围、管理服务活动，厘清了数据监管单位、数据运营单位、技术服务单位、数据生产应用单位的权利、责任和义务。《暂行办法》按照开放类型，将健康医疗大数据分为普遍开放类、授权开放类和暂不开放类。同时对健康医疗大数据的监管覆盖全生命周期，包括数据的采集、存储、处理、应用、共享和开放等各个环节，对数据资源管理、数据资源服务、安全管理、监督保障等进行全流程监管。此外，还明确了大数据的安全保障体系，对大数据实施分级分类管理，建立安全评估、安全报告和应急处置机制。

（7）2017年5月8日，国家卫生健康委员会印发《关于互联网诊疗管理办法（试行）（征求意见稿）》和《关于推进互联网医疗服务发展的意见（征求意见稿）意见的函》。

（8）2018年4月28日，国务院办公厅印发《关于促进“互联网+医疗健康”发展的意见》，从服务体系、支撑体系、加强行业监管和安全保障等三方面有效规范“互联网+医疗健康”的发展。

（9）2018年9月13日，国家卫生健康委员会发布《关于印发国家健康医疗大数据标准、安全和服务管理办法（试行）》（以下简称《试行办法》）。《试行办法》明确了健康医疗大数据的定义、内涵和外延，以及制定办法的目的依据、适用范围、遵循原则和总体思路等，明确了各级卫生健康行政部门的边界和权责，各级各类医疗卫生机构及相应应用单位的责权利，并对三个方面进行了规范。一是标准管理，明确开展健康医疗大数据标准管理工作的原则，以及各级卫生健康行政部门的工作职责。提倡多方参与标准管理工作，完善健康医疗大数据标准管理平台，并对标准管理流程、激励约束机制、应用效果评估、开发与应用等作出规定。二是安全管理，明确健康医疗大数据安全管理的范畴，建立健全相关安全管理制度、操作规程和技术规范，落实“一把手”负责制，建立健康医疗大数据安全管理的人才培养机制，明确分级分类分域的存储要求，对网络安全等级保护、关键信息基础设施安全、数据安全保障措施、数据流转全程留痕、数据安全监测和预警、数据泄露事故可查询可追溯等重点环节提出明确要求。三是服务管理，明确相关方职责以及实施健康医疗大数据管理服务的原则和遵循，实行“统一分级授权、分类应用管理、权责一致”的管理制度，明确责任单位在健康医疗大数据产生、收集、存储、使用、传输、共享、交换和销毁等环节中的职能定位，强化对健康医疗大数据的共享和交换。同时，在管理监督方面，强调了卫生健康行政部门日常监督管理职责，要求各级各类医疗卫生机构接入相应区域全民健康信息平台，并向卫生健康行政部门开放监管端口。定期开展健康医疗大数据应用的安全监测评估，并提出建立健康医疗大数据安全管理工作责任追究制度。

（10）2018年3月，贵阳市发布《贵阳市健康医疗大数据应用与服务条例（征求意见稿）》（以下简称《征求意见稿》），这是全国首部大数据地方法规。《征求意见稿》适用于贵阳市健康医疗大数据的应用设施建设、采集、汇聚、存储、应用、服务和相关活动，并对健康医疗大数据、健康医疗数据进行定义。《征求意见稿》明确了各级行政部门的权责，并从大数据的采集与汇聚、应用与服务、法律责任等方面对相关活动进行规范。首先，明确了个人信息、数据的采集、授权规则：采集健康医疗数据，应当公开收集、使用规则，明示收集使用和目的、方式、范围、格式样本、流程，并且经被采集对象同意。涉及个人信息的，应当严格执行有关法律、法规的规定。不得采集与履行职责或者经营服务活动无关的数据；医疗卫生机构应当确保居民电子健康档案可在医疗卫生机构之间授权查询、调阅。未经居民电子健康档案涉及的居民本人或者监护人同意，医疗卫生机构不得查阅涉及的居民电子健康档案。其次，说明了数据的共享开放规则：公立医疗卫生机构应当按照有关数据标准、规范将全量数据汇聚、存储在市级人口健康信息平台，并且确保数据和应用接口开放。健康医疗数据的共享开放，应当按照政府数据共享开放的相关规定执行。最后，对违反《征求意见稿》中强制义务的公立医疗卫生机构、相关负责人，明确了相应的法律责任。

（11）2019年5月28日，李克强总理签署国务院令，公布《中华人民共和国人类遗传资源管理条例》，自2019年7月1日起施行。该《条例》规定，人类遗传资源包括人类遗传资源材料和人类遗传资源信息；人类遗传资源材料是指含有人体基因组、基因等遗传物质的器官、组织、细胞等遗传材料；人类遗传资源信息是指利用人类遗传资源材料产生的数据等信息资料。《条例》重在保护我国人类遗传资源，促进人类遗传资源的合理利用，从源头上防止非法获取、利用人类遗传资源开展生物技术研究开发活动。

第五节　政务

一、政务大数据概述

政务大数据，是指政务部门在履行职责过程中制作或获取的，以一定形式记录、保存的文件、资料、图表和数据等各类信息资源，包括政务部门直接或通过第三方依法采集的、依法授权管理的和因履行职责需要依托政务信息系统形成的信息资源等。

公共服务是政府的基本职能。如前所述，政府本身已经收集和存储了大量数据，随着电子政务的普及，通过政府与民众的互动，会产生越来越多的电子数据。这些数据经过整合汇总，可以再次用于民众的互动，从而更加精确化、实时性地了解民众切实需求，并引导公共部门内部和外部的创新。例如，商业、非营利性机构和第三方通过开发出大数据工具和分析，对公共服务进行反馈，为改善现有的方案提出建议，从而为公共部门创造新的价值。此外，通过组合政府部门的工作数据，决策层可以评估公共部门的绩效，增强内部竞争，激励工作表现，提高公共建设效率，提升行政服务质量，降低政府的管理成本。

2015年以来，国务院陆续发布了《国务院办公厅关于促进电子政务协调发展的指导意见》《大数据产业发展规划》等一系列指导意见，明确提出要加强电子政务、政务大数据统一开放共享平台、统一管理平台的建设，着力推动政府数据开放共享利用，推进政府治理能力和治理体系的现代化建设。据统计，我国目前80%以上的信息掌握在政府部门手中，在大数据背景下，数据驱动已成为主流，政务数据能够为政府部门作出科学、有效的决策提供有效支撑。

2014年11月，贵州省政府批准成立我国首个省级政府和企业数据统筹存储、共享开放和开发利用的云服务平台——云上贵州，目的在于充分发挥“互联网+政务服务”的作用。该平台通过政府数据整合、共享、开放，带动企业、社会数据集聚及开发应用，提升政府治理能力现代化水平，推动产业发展，服务改善民生。贵州省在国家决定将大数据作为国家战略之前，就抢先开展了大数据应用的探索，在大数据技术研发、法规政策制定、大数据安全保障措施制定等方面均处于全国前列，贵州省带头充分发掘利用大数据，充分发挥了政府在大数据发展中的引导和推动作用。随后，各省市也陆续在交通、旅游、医疗、气象等领域开展“互联网+政务服务”的应用探索，通过大数据的应用提供便民服务，促进政府治理体系和治理能力的现代化转型。

在大数据时代，一方面，各政府部门可以通过人口细分进行定制政策，增强公共服务的针对性，提高工作效率和公众满意度，减少开支；结合大数据分析报告，政府的决策将更多依赖于理性的数据分析，降低人治因素的影响；另一方面，通过大数据工具进行数据模拟，政府部门可以大大节约行政成本，优化公共资源配置。目前，以政府为主导，以数据集中和共享为途径，融合三大通信行业运营商的全国一体化的国家大数据中心正在筹备建设中。大数据取之于民，政府部门也应该充分利用大数据，加速政府治理能力和治理体系的转变，推进政府由“管理型”政府向“服务型”政府转变，更好地服务公民和社会。

二、政务大数据面临的问题和风险

1. 数据安全问题

政务大数据涉及许多个人信息和隐私、企业的商业秘密甚至国家秘密等，一旦被不法分子窃取、泄露、篡改将会带来严重的后果。大数据存储、传输过程中存在极大的安全隐患，而且大数据处于不断更新、传输的动态过程，也为大数据的安全提出了新的挑战，在对政务大数据进行共享和利用前，首先必须解决的是大数据的安全问题。

对于政务大数据的安全问题，首先，必须完善相关立法，对政务数据的安全管理责任、政务数据的所有者以及相关各方对政务数据享有的权利等进行明确；统一制定公开与共享的目录，明确政府信息公开与共享的数据范围，便于有关部门进行统一管理维护，保证数据安全。其次，应加强对政务数据收集、存储等平台的技术研究，加强平台本身的安全性能和防御外侵的能力，并定期对系统更新维护，确保数据安全。国家层面应该加大对相关硬件基础设施及技术的开发研究，完善政务大数据安全管理平台的顶层设计，将其列入政府预算的范畴，加大财政资金的投入和支持，培养具有相关专业特长的人才，为政务大数据的安全提供技术和人才保障。最后，应完善信息安全等级制度，对政务大数据的安全保护等级进行分类，分别采取不同的保护措施，保证大数据的安全。政务大数据数量庞大，但不是所有政务数据都具有同等重要性，应制定对政务数据安全等级分类的标准，对政务信息进行安全保护等级分类，分级存储维护，加大对安全保护等级较高的数据保护投入，保护相关信息的安全。

2. 大数据质量问题

政务数据一旦被开发利用以后，将会作为相关部门决策的依据，在数据驱动的大数据时代背景下，正确的决策依赖于真实、完整的数据。因此，在对数据收集、整理、存储的过程中，必须采集真实、完整的数据资料，保证数据的质量，为有关部门作出科学、精确的决策提供支撑。

政务数据大多数来源于政府部门的日常行政管理活动中，但有的部门可能会为了达到业绩指标或者其他目的，而对数据进行“美化”“篡改”，向上级部门报告或者向公众公开的数据信息，与实际不符，严重影响政务数据的质量，大大降低了政务大数据的效用价值，决策部门极有可能依据失实的数据作出错误决策。

因此，为保证政务大数据的质量，确保大数据资源的真实性、完整性，应改变政府管理体制，成立专门的数据管理部门，负责对数据采集、管理和维护，且该管理小组应不受限于上级官威或其他业绩要求，采集真实、完整的信息数据，在数据驱动的基础上，利用数据作出利国利民的科学决策。

3. 大数据管理问题

各部门在日常的行政管理活动中收集到的大数据，如姓名、性别、年龄等基本信息会有所交叉，但各个部门的数据大多是孤立、片面的，是一个个的信息孤岛，其效用和价值较低，必须对其进行加工整理，将大数据进行整合，形成完整的信息链，才是有价值的、能够为决策部门所使用的信息。

因此，建立统一的政务大数据管理平台，对数据进行整合、统一管理，可以防止出现信息壁垒，降低信息孤岛发生概率，避免重复建设，重复收集相同数据，各部门之间加强数据开放共享，降低数据的采集成本，为政府管理优化提供必要的支持，精简行政事务的办理流程。另外，在统一完整的数据信息链上，有利于全面了解社会发展状况，有针对性地加强社会监测，增强社会危机预警能力，提前做好预防，减轻灾难带来的损害和影响。

但我国目前尚未建立统一的政务大数据管理平台和管理部门，各个部门的数据处于分散和孤立的状态，需加强对政务大数据的管理，设置统一的大数据管理部门或者成立大数据管理小组，对大数据进行统一管理，根据各个部门的行政职能设置使用权限，保证数据资源的安全性和有效性。

此外，应关注工作人员管理意识薄弱和管理技术手段不够全面的问题。目前我国负责电子政务的部分安全管理人员意识薄弱，管理手段及安全防范机制不够全面，导致黑客容易恶意攻击窃取政务信息。另外，部分机关单位未能对智能终端安全防护采取有效的管理手段，依然停留在原有管理方式，而很多黑客主要利用智能终端连接政务内外网在访问时的漏洞，恶意攻击整个电子政务网络，造成网络或系统瘫痪的同时，可能造成相应政务大数据的泄露。因此，需提升政务平台工作人员的安全意识、管理能力以及平台的安全防范技术，实现政务大数据处理全过程的安全。

4. 共享问题

政府管理领域的信息共享包括内部利益相关者（比如政府雇员和政府机构）的共享和外部利益相关者（比如公民和企业）的共享。在大数据应用领域，信息透明和共享是提升公共服务、加强科学决策的前提，因此建立良好的数据共享机制的重要性不言而喻。《促进大数据发展行动纲要》就明确提出各部门要加强信息数据的开放与共享，但目前，各部门政务数据没有实现全面开放和共享，依然存在信息孤岛和壁垒。

导致我国政务数据没有全面共享的原因是多方面的。

（1）我国法律法规尚不健全。我国目前立法，对数据共享开放的内容和范围，数据提供者、使用者和管理者等各类主体的权利、责任和义务，数据采集、流通与使用的规范，以及数据产权、安全和隐私的保护尚不明确。实现政务数据的全面开放共享的同时要公开来源于公民、法人或其他组织的信息，一旦公开，可能会侵犯公民的个人信息、隐私等权利，甚至被不法分子利用实施违法犯罪活动。

（2）政务大数据开放与共享顶层设计不完善，我国虽然成立了中央网络安全和信息化领导小组，但其职责主要是保障网络安全，而不是加强各部门间大数据的开放与共享。各个部门之间的政务数据存在壁垒，政府内部尚未建立各部门之间信息资源共享的机制，缺乏政务数据共享和开放的顶层设计。

为保证政务大数据物尽其用，首先，应加强对政务数据的共享与开放的顶层设计，制定统一的开放共享目录，统一标准。其次，技术上也应建立完善政务数据共享和可操作的平台，加强各部门之间数据的兼容性，将各个部门的数据汇集在一起。目前，已有部分地方政府开始着手推动政府内部信息共享机制平台的建立，如贵州省政府已建立的“云上贵州”平台。最后，由于政府部门数据很多都涉及公民的敏感信息，有时甚至涉及企业的商业秘密，因此，政府数据的公开，包括对公众的公开渠道以及与企业的共享，应当以数据脱敏化为前提。鉴于大数据环境下敏感数据与普通数据之间的界限越发模糊，数据的脱敏技术和标准也应当与时俱进。

三、政务大数据的典型应用

1. 丽江市应用大数据发展旅游业

丽江市作为全国乃至世界各国人民为之向往的旅游胜地，近几年却频频发生“宰客”“打人”等事件，给丽江市的旅游市场带来严重的负面影响。因此，丽江市为整顿旅游市场，与九次方大数据联合成立丽江市旅游大数据产业有限责任公司。该公司充分发掘和利用丽江市多年来积累沉淀的雄厚旅游数据，在丽江市市委市政府的支持下，加强了与旅游相关部门的数据共享，如旅游部门通过信息共享可获取公安部门获取的旅客登记入住信息，利用大数据对旅游市场进行监管，保护游客合法权益，为丽江旅游业的持续稳定发展保驾护航。

2017 年，丽江市旅游大数据产业有限责任公司先后启动并完成丽江市旅游大数据顶层设计、旅游大数据中心、旅游大数据展示中心等重大项目建设，建成融合智能预警、科学预测、辅助决策和联动应急处理等功能于一体的旅游综合治理及服务大数据平台。通过对丽江市旅游资源的深度挖掘，并对这些数据进行清洗、整理、分析，对丽江市旅游数据进行细分，有效地确定目标市场和制定旅游发展规划，实现精准营销、业态创新和旅游产业转型升级，是全国利用政务数据进行政府治理活动的先进典范。

2. 贵州省应用大数据进行精准扶贫

2017 年 1 月 25 日，根据中央编办有关批复，贵州省成立大数据发展管理局，为省人民政府正厅级直属事业单位。随后，于 2017 年贵州省第十二次党代会上，将“强势推进大扶贫大数据大生态三大战略行动”作为工作重点，依托自身自然环境好、地质结构稳定、能源水火互济等优点及先发优势，设立全国第一个大数据交易所（贵阳大数据交易所），制定大数据发展应用地方性法规，引领大数据行业标准制定，并率先与高通、苹果、华为、腾讯等世界知名企业合作。此外，2017 年贵州省第十二次党代会强势推进“大扶贫、大数据、大生态”三大战略行动，并致力于将大数据运用于扶贫攻坚，提高扶贫的精准性。

贵州省“精准扶贫云”系统平台，以扶贫办 700 多万条建档立卡数据为基础，依托“精准扶贫云”系统平台，并实现了与扶贫、公安、教育、医疗等 17 个省级部门的动态数据实时共享，实现刷身份证就能快速识别贫困人员名单、基本资料、脱贫情况、帮扶干部及帮扶计划等各项信息，及时掌握数据扶贫取得的最新进展。在“精准扶贫云”系统中，贫困户买房购车，在进行登记时，系统便会检测到并推送给扶贫办，或者贫困户成立公司进行工商登记时，扶贫干部都能立刻收到预警信息，工作人员对相关情况进行核查后，如其已“脱贫”，不再属于帮扶对象时，便及时对不符合建档立卡贫困户进行清理，实现对扶贫进展的实时监测，真正做到精准扶贫。

3. 杭州市应用大数据治堵

杭州市通过整合政府管理数据、互联网数据、电信运营商数据和政府公共服务数据，建立数学模型，按道路等级和流量来确立每条道路的拥堵权重，将杭州市区所有道路的拥堵状况综合集成为一个“交通拥堵指数”，计算出实时的交通优化方案，合理设计红绿灯时间长短，消除“四头”（转头、掉头、断头、结头）、优化斑马线、实施单行线等措施，交通拥堵治理取得明显成效。

4. 深圳市应用大数据进行基层服务管理

改革开放四十年，深圳市成为突破千万人口的特大型城市，严重倒挂的人口结构给深圳市社会治理和公共服务带来沉重压力。对此，“织网工程”应运而生。其雏形形成于2010年前后，深圳市南山区招商街道探索并建成街道综合信息化平台。2012年7月，《深圳市社会建设“织网工程”综合信息系统建设工作方案》发布，就全市范围如何推进“织网工程”进行顶层设计。

“织网工程”的核心在于建立“一库一队伍两网两系统”，将各部门服务管理的信息资源编织到一个统一的数据库，实现信息资源的动态管理、互联互通和共建共享，提升服务效能和城市管理精细化程度。工程的重点在于公共信息资源库和社会管理工作网的构建。

深圳全市范围内只设一个信息资源库，实现“市—区—办事处—社区”四级纵向联通；横向上，市公安局、市民政局、市教育局等36个市直部门悉数接入公共基础资源库，其中16个部门实现数据同步更新。

推出社会管理工作网，开展矛盾纠纷和问题隐患的分流、处置、督办、反馈和考核，初步实现各类事件网上处置。量身创建社区家园网，集行政性服务、公益性服务和市场化服务于一体，同时也成为社区居民民主选举、民主决策和民意调查的载体，及时化解各类矛盾纠纷和问题隐患。开发决策分析支持系统，通过人口、法人、楼房（城市部件）等公共信息分布情况与电子地图定位关联，实现数据挖掘、统计及分析功能，实现科学决策。

5. 武汉市应用大数据进行“智慧城市”建设

智慧城市是指通过职能计算技术的应用，使得城市管理、教育、医疗、房地产、交通运输、公用事业和公众安全等城市组成的关键基础设施组件和服务更互联、高效和智能。智慧城市以云计算中心为核心，实现全面感知、互联互通、数据共享和高效服务。

2012年，住建部正式启动国家智慧城市试点工作，武汉市被列为首批建立“智慧城市”的试点城市。武汉市自2010年即率先提出建立智慧城市，在建设“智慧城市”过程中，对“武汉通”进行实名认证管理，水、电、气公共交通、社会保障、住房公积金缴存、提取等领域实现“一卡通”服务，实现便民、利民服务。此外，智慧武汉还囊括智慧医疗、智慧教育、智慧旅游、智慧饮食等板块。智慧医疗可实现医疗信息共享，患者足不出户就可以治疗疾病；智慧教育通过建立全市统一的教育云平台，将市内学校的信息中心、计算机设备集中起来，实现教育资源的全面整合，促进教育的均衡发展，解决“择校难”等难题；智慧旅游实现智慧物联网、云计算、地理信息等串起旅游“食、住、行、游、购、娱”；智慧饮食实现追溯食品如何从田间到餐桌，市民购买食品时，可以通过扫描上面的标签即可得知其生产销售环节的商家信息。同时，通过食品、药品安全信息共享交换平台，可实现对食品的生产、流通环节进行监管。智慧城市在武汉的建设，使得武汉市的信息共享更加充分、信息收集高效、准确，避免重复收集，极大精简了办事流程、提高办事效率，为市民提供了极大便利。

“智慧城市”的建设能够实现对城市的精细化管理，减少资源消耗，降低环境污染，进行交通、治安管理，消除安全隐患，推荐新型城镇化的发展，实现城市的可持续发展。

四、政务大数据应用的法律合规性建议

（一）完善立法

1. 完善法律法规，落实各部门的安全管理职责

政务大数据具有种类繁多、数量庞大、利用价值高、管理和维护难度大等特征，很容易成为不法分子攻击和窃取的对象，数据一旦被窃取或者侵害，将会带来严重的社会危害后果，必须加大对政务大数据的安全保护力度。

现阶段，我国对政务大数据安全保护的法律法规尚不完善，政务大数据安全保护的责任主体尚不明确，国家应制定完善法律，落实安全保护的责任主体和实施措施等，规定非法侵害政务大数据的法律责任，保

证政务大数据的安全和完整。

2. 完善立法，明确政务大数据开放和共享的范围

我国由于大数据发展起步较晚，数据约束制度或开放标准缺失，对于政务数据是否需要开放、如何开放、开放程度与边界区分均缺少政策与制度支撑，数据开放和共享的边界和使用方式尚不明确。

加大政务数据的开放与共享，应完善立法，在立法层面规定数据开放与共享的内容和范围，制定开放目录体系与共享清单，划分法律“红线”，落实责任主体，全面开放政务大数据，发挥大数据价值。

2017 年 8 月，贵州省制订的《云上贵州数据共享交换平台接入国家共享交换平台方案》，贵州省也是首个接入国家政务数据共享交换平台试点示范省份。目前，国家层面也制定了《政务信息资源共享管理暂行办法》，但尚缺乏公开和共享的统一目录，应在已有的实践基础上尽快制定公开和共享的目录。

3. 完善立法，明确数据各相关方的权利、责任与义务

政务大数据是政府部门在行政活动中产生和收集的各类信息，主要来源于公民、法人或者其他组织，是数据的提供者，政府部门采集、整理并整合后，是政务大数据的管理者，对数据也拥有一定的权利，但目前立法对上述各相关方的权利、义务以及使用范围没有明确的规定，在使用中容易引发纠纷。所以，为避免政务大数据应用过程中，因权责不明产生纠纷，应完善立法明确大数据相关方的权责、使用范围等。

（二）规范大数据的采集和使用行为

1. 明确供应商对数据来源合法性的担保责任

在政务大数据应用过程中，政务大数据的来源除政务部门自有数据以外，一大部分数据需与第三方合作，由第三方提供。对于第三方提供的数据，应是经过被授权收集且向其明示使用范围的，为避免数据提供方提供的是来源不合法的数据，使用部门在与第三方合作时，应与供应商订立书面协议，明确对其供应的数据收集来源合法性的担保责任，确保使用的数据来源是合法的，否则，因数据收集来源不合法产生一切责任由供应商承担。

2. 明确数据供应商对个人信息的授权和脱敏责任

根据《网络安全法》的规定，数据供应商对其收集的数据应该经被收集者同意，且未经被收集者同意或者脱敏处理，不得向第三人提供。政务大数据的使用部门在购买非自有数据时，使用数据提供者获得信息被收集者的同意或者经过脱敏处理的数据，否则，在使用中可能会存在侵犯被收集者信息的风险。数据使用者应在协议中，明确要求数据提供者提供的数据是获得信息被收集者的同意或者经过脱敏处理的，并对此承担担保责任。

3. 保护公民个人隐私

在对政务大数据应用中，对数据资源的开发和利用，都要采取适度原则，在对数据进行开发的过程中不会危及个人的信息安全，不会侵犯个人隐私。在涉及公民个人的信息时，为了减少用户对个人信息安全问题的担忧，应该由公民个人决定自己的私人信息是否可以公开，以及哪些个人数据能够被开发利用，赋予公民自主决定权。数据开发商的服务方式也要进行调整，如在进行营销时，只有在当事人知情且同意时，才能向用户发送其特定的营销信息。

4. 对公开信息进行涉密审查

政务部门在履行职责过程中，收集和使用的信息，可能会涉及许多国家秘密甚至机密，在对政务信息公开和共享之前，应该对相关信息进行涉密审查，并采取措施保护国家秘密，避免国家秘密泄露，造成严重后果。

（三）落实保密责任

1. 订立保密协议，明确大数据的安全保密责任

大数据在运用过程中，一般需要由第三方提供技术服务支持，对数据进行整合、分析后，方可输出成为对政府治理、监管活动发挥效用的信息。技术提供方直接接触大数据，应对其在提供服务中知悉的信息进行严格保密。因此，应在服务合同中，明确技术提供方的保密责任，必要时可签订保密协议。此外，应采取一些措施，如严格限制数据拷贝、传输，数据不出门、指定数据处理的专门设备、保证数据不被非法带离信息存储设备等措施，保证数据安全。

2. 提高相关职员的信息安全意识

政务大数据应用系统的运行，政务部门职员在大数据应用中扮演着重要角色，尤其作为大数据中心平台管理的职员更应该提高对数据安全威胁的辨别能力，知晓其所管理的数据的重要价值。同时，政务大数据应用系统建设的过程中，更应该积极对职员进行相关数据安全培训，提高职员在数据安全防护方面的知识水平，提高应对突发事件的应急能力，确保大数据安全。

（四）探索政府数据开放共享机制

1. 跨部门、区域建立大数据库

政府通过建立数据共享通道、共享标准、共享条例等集成整合的各类数据，以打破区域、部门、政府内部沟通造成的条块分割，从而推进数据资源共享共建。通过积极推动数据开发来促进大数据产业技术发展提升，并促进大数据技术发展及研究成果转化与广泛应用。

2. 以试点方式在公共部门建立对外数据共享处理中心

从基层部门出发，鼓励我国高技术人才攻关自主知识产权的大数据平台核心技术，在公共部门中建立数据共享处理中心，先行先试，同时根据区域或部门实际情况与业务需求，建立大数据集成、交互和监察机制。在试点经验较为丰富的情形下，考虑整合先进经验向国内其他地区推广。

附：政务行业关于大数据的特殊规定

(1) 2012 年 11 月，住房城乡建设部发布《住房城乡建设部办公厅关于开展国家智慧城市试点工作的通知》，提出建设智慧城市是贯彻党中央、国务院关于创新驱动发展、推动新型城镇化、全面建成小康社会的重要举措。

（2）2013年1月，国家开发银行与中国城市科学研究会签署《“十二五”智慧城市建设战略合作协议》，提出在2013~2015年内提供不低于800亿元的投融资额度支持智慧城市试点建设。

（3）2013年8月，国务院出台《关于促进信息消费扩大内需的若干意见》（国发〔2013〕32号），特别指出要“加快智慧城市建设”。

（4）2013年12月28日，中共中央办公厅、国务院办公厅发布关于印发《关于创新机制扎实推进农村扶贫开发工作的意见》的通知，在大数据的基础上，提出建立精准扶贫工作机制，建立信息交流共享平台，形成有效协调协作和监管机制。

（5）《国务院办公厅关于促进电子政务协调发展的指导意见》（国办发〔2014〕66号）指出了现阶段电子政务工作存在顶层设计不够完善、应用潜力没有充分发挥的突出矛盾和问题，并提出坚持需求导向、统筹整合、创新驱动、安全可控、协调发展五个基本原则，利用5年左右时间，全面建成统一规范的国家电子政务网络。为实现目标，各部门需要从推动网络整合、促进信息共享、强化安全保密、健全法律法规、完善标准规范等方面加强顶层设计和统筹协调，为电子政务健康发展创造良好条件，推进深化应用电子政务，重点提升电子政务对政府决策和管理的信息化支撑保障水平。

（6）2014年8月27日，经国务院同意，发改委、工信部、科技部、公安部、财政部、国土部、住建部、交通部等八部委印发《关于印发促进智慧城市健康发展的指导意见的通知》，要求各地区、各有关部门落实本指导意见提出的各项任务，确保智慧城市建设健康有序推进。

（7）《国务院办公厅关于运用大数据加强对市场主体服务和监管的若干意见》（国办发〔2015〕51号）指出，面对市场主体数量快速增长，市场活跃度不断提升，全社会信息量爆炸式增长的现象，要充分运用大数据提高为市场主体服务的水平，运用大数据加强和改进市场监管，推进市场治理精细化，并利用大数据培育和发展社会化征信服务，建立健全失信联合惩戒机制，提升政府治理能力，以最大程度利企便民，维护市场时序。

（8）国务院办公厅关于印发《政务信息系统整合共享实施方案》的通知（国办发〔2017〕39号），指出目前我国政务信息化建设存在“各自为政、条块分割、烟囱林立、信息孤岛”问题，针对这些问题应按照“五个统一”的总体原则，切实避免各自为政、自成体系、重复投资、重复建设，并牢固树立和贯彻落实创新、协调、绿色、开放、共享的发展理念，加快推进政务信息系统整合共享。

（9）2018年3月8日，交通运输部和国家旅游局办公室发布《关于加快推进交通旅游服务大数据应用试点工作的通知》，指出为推动交通旅游服务大数据应用的有序开展，在四川、重庆等七省市进行试点，实现运游一体化、旅游交通市场协同监管等目标，重点景区和周边路网动态运行监测数据跨部门共享，实现对旅游市场的监管。

（10）2018年5月26~29日，第四届中国国际大数据产业博览会在贵阳举办，本届数博会以“数化万物 智在融合”为年度主题，共同探讨大数据的发展态势，以及技术如何与行业紧密融合，并在会上首次发布了《数字经济与数字治理白皮书2018》《中国数字经济指数2018年度白皮书》等大数据前沿研究著作。

（11）2018年7月，国务院印发《深化“互联网+政务服务”推进政务服务“一网、一门、一次”改革实施方案的通知》，提出加快构建全国一体化网上政务服务体系，推进跨层级、跨地域、跨系统、跨部门、跨业务的协同管理和服务，推动企业和群众办事线上“一网通办”（一网），线下“只进一扇门”（一门），现场办理“最多跑一次”（一次），到2018年年底，实现“一网、一门、一次”改革初见成效，先进地区成功经验在全国范围内得到有效推广，到2019年年底，实现重点领域和高频事项基本实现“一网、一门、一次”。该通知提出，为加快构建全国一体化网上政务服务体系，要整合构建全国一体化网上政务服务平台，要加强顶层设计、加强各省平台一体化、规范化建设，除法律法规另有规定或涉密等外，各级政务服务事项均应纳入网上政务服务平台办理，各部门以及上下级部门之间要加强信息共享、融合。同时，提出要研究制定政务信息资源分类分级制度，制定数据安全管理办法，明确数据采集、传输、存储、使用、共享、开放等环节安全保障的措施、责任主体和具体要求，完善信息保护的法律制度，切实保护政务信息资源使用过程中的个人隐私和商业秘密。

第六节　电子商务

一、电子商务大数据发展概述

电子商务通常是指在全球各地广泛的商业贸易活动中，在互联网开放的网络环境下，基于浏览器/服务器应用方式，买卖双方不谋面地进行各种商贸活动，实现消费者的网上购物、商户之间的网上交易和在线电子支付以及各种商务活动、交易活动、金融活动和相关的综合服务活动的一种新型的商业运营模式。❶

近年来，我国电子商务交易规模高速增长，持续扩大。根据商务部发布的《中国电子商务报告（2018）》，2018 年全国电子商务交易额达 31.63 万亿元；其中网上零售额超过 9 万亿元，同比增长 23.9%，实物商品网上零售额超过 7 万亿元，占社会消费品零售总额的比重已达 18.4%；电子商务服务业营业收入规模达 3.52 万亿元；快递业务量超过 507 亿件；电子商务相关就业人员达 4700 万人；继续保持世界最大网络零售市场地位。

大数据对于电子商务发展具有非常积极的作用，电子商务是基于互联网发展而来的，对于商家而言，互联网蕴藏着巨大的客户群，理论上每个网民都有可能成为自己的客户，但是如何迅速找到对自己产品、服

❶ 百度百科的“电子商务”词条［EB/OL］.［2019-03-27］. https：//baike.baidu.com/item/%E7%94%B5%E5%AD%90%E5%95%86%E5%8A%A1/98106?fr=aladdin.

务有需求的客户并将信息推送给他们是个问题，光靠“烧钱”对企业来说无疑成本巨大。对于消费者来说，互联网上各类商品信息繁杂，如何准确找到符合自己需求的商品和服务也需要花费一定时间。而大数据通过对数据的收集、清洗、筛选、分析等一系列处理，将消费者所关心的商品或服务从巨量信息中提取出来，对消费者而言，可大大缩小选择范围，提升商品购买的质量和体验。对商家而言，可更有针对性地推销自己的商品和服务，从而大大促进销售效率，提升业绩。大数据在电子商务领域有较为广泛的应用，阿里巴巴、京东等大型电商企业早就对电子商务的网络营销、客户分析、决策支持、物流配送等方面开展了较多的研究，并取得明显效益。

对电子商务而言，大数据的应用主要体现在以下几个方面。

（1）精准营销：电子商务运营平台在经营过程中，积累了大量关于用户相关的数据，通过大数据技术开展全面系统的挖掘，能够发现这些数据中蕴藏着巨大价值的用户需求和商机。大数据预测技术通过对数据的甄别与分析，综合分析个人消费信息、上网信息等数据，勾勒用户消费习惯、能力的“用户画像”，预测出个人性格、偏好等，剖析其真实或潜在的消费需求，向其推荐可能会感兴趣的商品或服务信息。很多电商企业通过对购物记录、搜索记录、浏览记录等信息来挖掘用户的购买偏好，以此来实施商品或服务的针对性推荐，降低消费者信息搜索时间，提高商品购买效率，从而降低营销成本，促进商品销售量提升，增加企业的经营业绩。此外，可以通过跟踪推荐效果，动态更新推荐内容，优化分析模型，从而更进一步提升营销的精准程度。

（2）体验提升：电商企业通过大数据手段，了解用户购物、消费感受，提升用户体验及对产品服务的认可度，建立良好的用户口碑。海量电子商务信息中，包括消费者对于产品或服务相关体验反馈，如果能将消费者体验反馈进行汇总并分析，为电商企业提供准确及时的信息，让他们对自己的产品和服务加以改进，可进一步提升消费者感知。例如，有些电子商务平台会根据某些产品的访问比例和浏览人群的分类来决定广告的排版布局，以此来满足用户个性化的需求，改善客户的购物体验，提高客户的购物满意度。

（3）运营决策：通过对大数据技术的应用，电子商务企业可以对商品销售信息进行实时分析，迅速地发现商品实际需求、销售规律和市场趋势，进而能更好确定企业市场经营策略，同时也能让企业更精确地找到内部资源准备和安排方面存在的问题或不足，在市场营销各环节最大限度地节约成本，确保企业的决策制定更加精准、有效。

（4）仓储物流：大数据还对电商物流与配送产生重大影响。第一，能够根据配送地点、路况等情况，制定最合理的配送路线，可以更科学地调配仓储，提供分时配送等服务，提升物流服务质量。第二，使配送过程更加透明，将物流、配送等方面的数据进行收集、处理后，通过信息化手段展示出来，消费者可实时查询物流情况。第三，可优化库存管理，根据大数据运算结果，合理设置仓储地点以及商品存货数量，即可提升物流配送的速度，降低物流派送成本，更短的配送距离、更快的配送速度也可提升客户的满意度，从而获得更多的交易机会。

电子商务企业借助大数据挖掘与分析技术，在经营各环节中加以充分利用，既使自身获得了更好的经营效益，也为消费者提供了更优质的产品和服务，促进电子商务良好发展。

二、电子商务中大数据所面临的问题

1. 数据资源的集中与封闭

电子商务经过20多年的发展，有少数企业在市场发展中逐渐积累了优势，大数据资源优势逐渐得以展现，但同时造成数据资源配置不合理，产生数据资源的垄断行为。对一些起步较晚的企业而言，大数据能够在一定意义上给予其实现发展的机会，但缺乏初步的数据积累和相应的大数据应用技术，与巨头互联网企业相比，大数据反而成为自身发展的短板。

巨头互联网企业将数据资源视为其核心竞争力所在，一般不愿意开放自己的数据，即使所谓的“开放”，也是仅限于应用层面的合作，而不是数据资源的共享。在这种情况下，就会产生数据资源的割裂，形成封闭的“信息孤岛”，限制了大数据更广泛的应用。

2. 个人隐私保护和信息安全问题突出

随着互联网/电子商务的发展，各电子商务运营企业对个人数据的收集变得愈加容易，收集的数据范围越来越大，收集数量不断提升，汇聚了大量消费者的信息，包括基本个人信息、消费水平的信息、消费偏好信息、社交信息、位置信息等。电商企业通过这些数据的采集和分析，还可以进一步挖掘潜在的个人信息，这些信息都可能涉及个人隐私，若是这些信息被泄露，就会产生非常严重的结果。2018 年年中，针对媒体公开报道和用户投诉较为集中的“部分应用随意调取手机摄像头权限、用户订单信息泄露引发诈骗案件、用户信息过度收集和滥用”等网络数据和用户个人信息安全突出情况，相关部门先后对上海携程商务有限公司、深圳市腾讯计算机系统有限公司、上海洋码头网络技术有限公司、北京弹幕网络科技有限公司、北京爱奇艺科技有限公司、探探文化发展（北京）有限公司等企业进行了情况问询。经调查核实情况，工信部网络安全管理局初步认定上海洋码头网络技术有限公司存在用户个人信息安全管理制度不完善、用户个人信息泄露补救措施不到位等问题，对该企业相关负责人进行了约谈，责令企业限期整改，并提交整改报告。

3. 数据挖掘和分析能力有待提高

电子商务企业已具备收集大量用户数据的能力，但并不是所有数据都是有用的，数据类型不一、质量参差不齐，有些数据还可能会对所建立的分析模型产生干扰作用，影响大数据分析的准确程度。所谓“数据挖掘”就是从大量随机数据中发现有利用价值的信息，这就需要建立科学的数据分类、筛选和处理机制，才能不断提升大数据分析的有效性。尽管我国大数据技术近年来有很大进步，应用越来越普遍，但是与美国、日本等一些发达国家相比，仍存在一定差距。

此外，强大的数据挖掘能力也必须具备强大的计算能力。现阶段云计算的应用越来越广泛，计算能力也在不断提升，但是无论前期建设还是后期维护，都需要巨额资金支持，这对于一些中小企业来说，往往难以承受。

4. 不当利用大数据成果的问题

数据技术的广泛运用也带来了一些不合理现象，电子商务经营者通过收集用户交易、偏好、支付能力和意愿等信息，通过大数据分析模型，做到“一人一价”，实行差别定价，结果会出现同一商家、同一产品，不同的消费者却可能面对不同的价格，甚至是老客户看到的价格反而比新客户要贵，这就是被广大网民普遍诟病的大数据“杀熟”现象，“杀熟”现象本质上是一种消费歧视行为，侵害了消费者的选择权和知情权。

大数据“杀熟”现象暴露出大数据运用过程中的信息不对称以及不透明问题，电子商务企业大量收集用户信息，通过这些信息进行用户画像，利用画像来进行价格定位，但用户的画像数据被视为企业的商业数据受到保密，客户无法了解自己的哪些信息被采集，知情权得不到保证。

大数据“杀熟”现象引起众多关注后，引发社会各界的反思，同时要求禁止利用大数据杀熟的呼声也越来越高，2018 年 8 月 31 日，十三届全国人大常委会第五次会议表决通过《电子商务法》，其第 18 条规定：“电子商务经营者根据消费者的兴趣爱好、消费习惯等特征向其提供商品或者服务的搜索结果的，应当同时向该消费者提供不针对其个人特征的选项，尊重和平等保护消费者合法权益。”《电子商务法》的出台，为大数据“杀熟”现象这种不当利用大数据成果的违法行为画上了句号。

5. 跨境数据问题

电子商务涉及跨境电商业务，这就涉及数据的跨境问题。不同国家和地区对跨境数据的监管要求是不一样的，例如，欧盟发布了《通用数据保护条例》（GDPR），尽管该法案仅适用于欧盟公民，但是如开展跨境电商业务，就不可避免地需向欧盟公民开展业务，会拥有欧盟公民的信息，如违反 GDPR 规定，将会受到非常严重的处罚。电子商务跨境发展就必须要处理好数据跨境的安全合规问题。

三、大数据在电子商务中的应用案例

1. 大数据在新零售中的应用——良品铺子如何用大数据玩转新零售❶

“新零售”的概念是马云在 2016 年阿里云栖大会上提出的，他认为将线上和线下进行有机结合，形成的新零售才是未来电子商务的发展趋势。新零售，即企业以互联网为依托，通过运用大数据、人工智能等先进技术手段，对商品的生产、流通与销售过程进行升级改造，进而重塑业态结构与生态圈，并对线上服务、线下体验以及现代物流进行深度融合的零售新模式。

新零售的关键在于推动线上与线下的一体化进程，打通产品设计、生产、销售、物流等各个环节，实现全过程协调和统筹规划，从而完成电商平台和实体零售店面在商业维度上的优化升级，所以新零售需要大数据作为实现其目标的必要手段。

良品铺子近 12 年来主要做了四件事，即消费者洞察、建立自己的产品标准和研发能力、搭建全程质量管控体系、自建全渠道终端和供应链体系，从其中可以看出运用大数据优化新零售模式的路径。

首先，消费者洞察就是借助大数据手段分析消费者消费习惯和消费需求，以此为指导思想制定企业生产销售方针。新零售重新定义了人、货、场，人成为中心。传统的电商销售体系是先有产品，卖完之后再研究消费者数据。而新零售模式应当是先考虑产品卖给谁，再细分消费场景，根据不同场景需求生产不同的货品，根据社群消费习惯确定销售渠道。良品铺子销售 1500 款零食，全部是从消费大数据中获取精确的会员画像，预测不同的消费需求而研发的。

其次，新零售借助大数据技术，实现信息全供应链共享。新零售需

---

❶ 良品铺子副总裁赵刚演讲：“新零售时代，用户需要什么样的产品?”［EB/OL］.［2018-10-13］. https://baijiahao.baidu.com/s?id=1594351072880220859&wfr=spider&for=pc.

要通过重构商品供应链来实现，要确保全供应链利益相关者信息共享，有效沟通，使得零售商能够监督供应链前端环节，保障商品质量。良品铺子分批次在产品包装过程中深度植入溯源系统。以坚果为例，扫一扫包装上的识别码，不仅可以追溯原料产地，还可了解生长期的温度及雨水情况，甚至连生产它的机器设备、经手人员，也能查得一清二楚。每包坚果都有自己的“档案”，品质如何、好不好吃，逐步构建起从源头把控筛选的数据库。良品铺子通过打造大数据后台，整合了各个系统、平台，以及全渠道的交易信息和顾客数据，打通供应链各环节和渠道，整合成为一条信息互通的有机整体。

最后，新零售需依托大数据提升消费者体验，让顾客满意，从而取得更好的经营业绩。2017 年良品铺子挖掘超过 1000 万条顾客评价数据，对 15 个单品的包装规格与 10 个单品的口味进行针对性改进，使 18 个单品的销售得到提升，平均销售提升率为 62%。

2. 大数据智慧物流在京东的应用

京东的智慧物流也一直走在前列，而智慧物流的建立是根植于大数据的基础之上的，京东在多年的运营中，积累了优质的大数据资源，大数据的应用与京东物流科技相结合，使京东物流在效率、成本和用户体验上都具有很大的优势，成为电商物流领域的佼佼者。2010 年 4 月 1 日，京东推出“211 限时达”，即用户在晚上 11 点前下订单，就能在第二天下午 3 点前收到货；用户在中午 11 点前下订单，就能在当天收到货。“211 限时达”的出现直接将电商行业用户服务的门槛提升到一个新的高度，但实施难度是非常大的，尤其对于像京东这样的电商巨头，拥有庞大的商品交易数量，如何实现准时送达，没有大数据做支撑，是无法实现的。

智慧物流就是以大数据处理技术为基础，利用软件系统把人和设备更好地结合起来，系统不断提升智能化水平，让人和设备能够发挥各自的优势，达到系统最佳的状态，并且不断进化。京东以大数据为基础逐步构建智慧物流系统，这一构建过程主要分为四步。

第一步，通过大数据技术准确及时还原业务。及时准确地采集业务运行的数据，并分不同层次需求展示出来。

第二步，通过大数据评估业务。依据社会化的数据，进行业务评估，并且利用互联网灰度测试的方法，进行流程优化的评估，从而对业务有更深刻的理解。

第三步，在对业务进行实时监控和准确评估后，利用大数据对业务进行预测。对于物流行业而言，如果能够提前进行业务量预测，对于资源调度等非常有意义，不仅能够实现更好的时效，而且能够避免浪费。

第四步，依托大数据进行智能决策。目前最好的方式依然是人机结合，能够利用大数据和人工智能的技术，为人工提供辅助决策，让人工决策更加合理。

京东智慧物流就是充分利用大数据平台的支撑，对不同品类商品在全国地域、时间等维度进行精准的销售预测，通过智能仓储系统，将商品在全国范围内进行智能分货，商品提前配送至距离消费者最近的城市仓。再加上京东对配送路径的不断优化，不仅可以实现配送时效的提升，也使得“211 限时达”这一诉求得以实现。

附：互联网/电子商务领域关于大数据的特殊规定

(1)《电子商务法》。2018 年 8 月 31 日，十三届全国人大常委会第五次会议表决通过《电子商务法》，该法将于 2019 年 1 月 1 日起正式施行。《电子商务法》在保护网购消费者方面，对电子商务经营者提出更高要求，表现在大数据应用方面，相关的规定包括五个方面。

①禁止大数据杀熟。《电子商务法》第 18 条规定：“电子商务经营者根据消费者的兴趣爱好、消费习惯等特征向其提供商品或者服务的搜索结果的，应当同时向该消费者提供不针对其个人特征的选项，尊重和平等保护消费者合法权益。”

②收集个人信息的规定。《电子商务法》第 23 条规定：“电子商务经营者收集、使用其用户的个人信息，应当遵守法律、行政法规有关个人

信息保护的规定。”

③个人信息查询、更正及删除的规定。《电子商务法》第24条规定：“电子商务经营者应当明示用户信息查询、更正、删除以及用户注销的方式、程序，不得对用户信息查询、更正、删除以及用户注销设置不合理条件。电子商务经营者收到用户信息查询或者更正、删除的申请的，应当在核实身份后及时提供查询或者更正、删除用户信息。用户注销的，电子商务经营者应当立即删除该用户的信息；依照法律、行政法规的规定或者双方约定保存的，依照其规定。”

④关于信息共享的规定。《电子商务法》第69条规定：“国家维护电子商务交易安全，保护电子商务用户信息，鼓励电子商务数据开发应用，保障电子商务数据依法有序自由流动。国家采取措施推动建立公共数据共享机制，促进电子商务经营者依法利用公共数据。”

（2）《国务院关于大力发展电子商务加快培育经济新动力的意见》（国发〔2015〕24号）提出：鼓励有条件的大型零售企业开办网上商城，积极利用移动互联网、地理位置服务、大数据等信息技术提升流通效率和服务质量。支持生产制造企业深化物联网、云计算、大数据、三维（3D）设计及打印等信息技术在生产制造各环节的应用。加强电子商务领域云计算、大数据、物联网、智能交易等核心关键技术研究开发。

（3）2015年7月1日，国务院办公厅发布《关于运用大数据加强对市场主体服务和监管的若干意见》。该意见提出运用大数据加强和改进市场监管，包括加强对电子商务领域的市场监管。第15条规定，明确电子商务平台责任，加强对交易行为的监督管理，推行网络经营者身份标识制度，完善网店实名制和交易信用评价制度，加强网上支付安全保障，严厉打击电子商务领域违法失信行为。加强对电子商务平台的监督管理，加强电子商务信息采集和分析，指导开展电子商务网站可信认证服务，推广应用网站可信标识，推进电子商务可信交易环境建设，健全权益保护和争议调处机制。

（4）2016年12月24日，商务部、中央网信办、发展改革委三部门联合发布《电子商务“十三五”发展规划》，提出：鼓励大数据、众智科学、区块链等现代服务科学与工程理论技术在电子商务领域开展创新应用。

（5）《关于全面加强电子商务领域诚信建设的指导意见》（发改财金〔2016〕2794号）提出加强第三方大数据监测评价，鼓励社会信用评价机构对电子商务平台定期进行信用状况评估，监测失信行为信息，充分运用大数据技术加强在商品质量、知识产权、服务水平等方面的信用管控。

（6）《商务部、农业部关于深化农商协作大力发展农产品电子商务的通知》（商建函〔2017〕597号），提出：强化农产品电子商务大数据发展应用，指导农产品电商出村试点县采取政府购买服务等方式，加强大数据技术应用。

（7）《国务院办公厅关于推进电子商务与快递物流协同发展的意见》（国办发〔2018〕1号）提出：加强大数据、云计算、机器人等现代信息技术和装备在电子商务与快递物流领域应用，大力推进库存前置、智能分仓、科学配载、线路优化，努力实现信息协同化、服务智能化。

小　结

如今，大数据不再只是纸上谈兵，其被广泛应用于金融、交通、通信、医疗、政务、电子商务等行业，大数据的产业化发展极大推动了移动互联网经济和物联网行业的发展。

随着大数据产业的发展，大数据带来的信息安全和个人隐私风险也越发凸显，人们越发意识到，个人在日常工作生活中产生的海量数据一旦被滥用或者失去保护，可能会不同程度地影响个人的正常工作生活，甚至造成人身精神损害或者经济损失。

因此，大数据的良性发展离不开制度建设和法律监管，加快建立用户数据安全和隐私保护制度是大数据进一步发展的“金钥匙”，而要想提高大数据的经济价值，充分发挥大数据对经济发展的驱动力，就必须确保数据被安全、合法地使用。只有当数据主体在大数据发展过程中感受到被保护、未受侵犯，才能更好地驱动数据主体主动地产生新的数据活动，为大数据产业发展提供源源不断的样本基础。

第四章　企业应用大数据的合规建议

导　语

前述章节从大数据全生命周期的角度，对大数据应用中可能涉及的相关风险进行了研究分析，在此基础上，本章在企业应用大数据的实际场景中，从大数据产业链分工角度，梳理出企业涉及的五个主体角色，即大数据提供方、技术服务提供方、大数据运营方、大数据需求方、大数据平台，逐一分析企业可能面临的主要风险，对照国家相关法律法规对企业应用大数据提出的具体要求，有针对性地提出切实可行的合规建议，并结合最新的司法案例，形象、直观地阐释企业在进行大数据应用时可能会触犯哪些法律的红线，会面临什么样的处罚以及如何避免相关违法行为的发生，守法合规地开展大数据应用活动。

第一节　企业作为大数据提供方

一、企业作为大数据提供方可能面临的主要风险

大数据应用的基础资源包括个人信息和商业数据在内的海量数据，企业作为大数据提供方，即企业自身已经拥有、掌握一定存量的大数据，根据应用需求，采取数据统计、数据分析等方式对内或者对外输出相应的大数据结论或通过 API 提供实时数据。对于已有的存量数据，主要是

通过企业日常的主要业务经营中获取以及与第三方购买数据、共享数据以及通过互联网爬取所获得的数据。

（1）用户数据收集使用不当的风险。不论是金融、通信，还是医疗、电子商务行业，作为大数据提供方都面临不当收集、使用用户个人信息的风险。根据《网络安全法》第41条的规定：“网络运营者收集、使用个人信息，应当遵循合法、正当、必要的原则，公开收集、使用规则，明示收集、使用信息的目的、方式和范围，并经被收集者同意。”从目前整个数据行业应用来看，有些企业存在未经用户同意直接收集、获取其个人信息，或者获取用户个人信息的规则较为简单、企业收集与其提供的服务无关的个人信息以及未获得用户同意将其个人信息与第三方共享的情形。

（2）数据匿名化规定不明确的风险。目前对于用户个人数据的匿名化，立法及行业标准并未进行明确规定，用户数据匿名化到什么程度可进行使用或提供也不明确。这种立法上的空白导致企业所掌握的大量标签化、群体化数据目前的使用存在法律风险。目前可以依据的明文规定仅有《网络安全法》第42条，因此，仅以已经对用户数据进行了匿名化处理为由使用、提供用户数据的，存在违反《网络安全法》第42条的风险，有可能被用户投诉，或被监管部门处罚。

（3）未履行网络安全保护义务的风险。企业作为数据提供方应当保障存储、运行数据的网络、系统的安全。《网络安全法》对于网络运营者的网络安全保护义务进行了明确。对于一般的网络运营者，应当按照网络安全等级保护制度的要求，履行安全保护义务：一是制定内部安全管理制度和操作规程，确定网络安全负责人；二是采取有效技术措施，防范计算机病毒和网络攻击、网络侵入等行为；三是采取监测、记录网络运行状态、网络安全事件的技术措施，留存网络日志不少于6个月；四是采取数据分类、重要数据备份和加密等措施。如果被列入关键信息基础设施的范畴，运营者则应当履行更多的安全保护义务：一是设置专门安全管理机构和安全管理负责人；二是定期对从业人员进行网络安全教育、技术培训和技能考核；三是对重要系统和数据库进行容灾备份。根据《网络安全法》第59条的规定，网络运营者如果未能依法履行上述义务，有受到警告、罚款的风险。

二、企业作为大数据提供方的合规建议

根据《网络安全法》《全国人民代表大会常务委员会关于加强网络信息保护决定》《电信和互联网用户个人信息保护规定》《信息安全技术 个人信息安全规范》等法律法规、规范性文件、国家标准等，建议企业制定关于个人信息相关保护制度、隐私政策条款，依法合规开展业务，具体建议如下。

1. 收集、使用用户个人信息要符合合法、正当、必要原则

企业只能收集与其提供服务相关的用户个人信息，不得违反法律、法规和用户服务协议的约定收集、使用。

（1）建议企业内部明确个人信息范围。在企业内部规章文件中明确个人信息的界定及其范围是个人信息保护合规和法律适用的前提和基础。《网络安全法》《最高人民法院、最高人民检察院关于办理侵犯公民个人信息刑事案件适用法律若干问题的解释》《电信和互联网用户个人信息保护规定》等法律文件界定个人信息时，都以是否能够识别用户身份为标准，即能够单独或者与其他信息结合识别自然人个人身份的各种信息与个人相关联的信息都属于个人信息。个人信息具体包括姓名、身份证件号码、通信联系方式、住址、账号密码、财产状况、行踪轨迹等。将企业业务过程中收集的上述个人信息均列入个人信息范围，可以将风险降到最低。此外，从概念上来看，“个人信息”与“个人隐私”有着密切的关联，但又有所不同。在我国法律中，目前还没有对“个人隐私”进行明确定义。一般而言，“个人隐私”通常是指个人生活中不愿公开或被他人知悉的秘密。两者相同之处是个人信息权和个人隐私权都是人格权。但两者也有不同之处：一是从内容上来看，隐私包含具有私密性的个人信息，隐私权意味着不公开的属性，而个人信息强调的是主体可以对其

信息进行支配和决定，控制相关信息是否可以公开；二是从防护主动性的角度来看，隐私权往往是被动进行防御，是在个人遭受侵害之后要求排除妨碍、赔偿损失，重点围绕隐私不被非法披露。个人信息权除了被动防御外，还可以主动利用相关权利或授权他人使用相关权利。总而言之，隐私其实包括未公开的个人信息，但往往属于个人不愿意公开或对外发布的个人信息，在这种紧密关联下，如何更好地界定个人信息权和个人隐私权，也是未来立法的重要课题。

（2）建议区分一般个人信息和个人敏感信息。我国现行法律法规已经明确了对于公民个人信息保护的法律制度，但并未对公民个人信息的敏感程度进行分级。其他国家立法中也未有根据个人信息的重要程度（或敏感程度）进行分级的规定，但大部分国家对于“敏感个人信息”进行了列举。以对个人信息保护力度最大的欧盟为例，其立法中规定了与民族、种族、宗教信仰、政治观点、工会关系、基因数据、生物数据（或其他能识别自然人特征的信息）、健康状况相关的信息都属于个人敏感信息的范畴。除参照国际经验外，企业在制定内部文件时也可参照国家标准化委员会2017年12月发布的《信息安全技术 个人信息安全规范》中对“个人敏感信息”的定义，即一旦泄露、非法提供或滥用可能危害人身和财产安全，极易导致个人名誉、身心健康受到损害或歧视性待遇等的个人信息。包括身份证件号码、个人生物识别信息、银行账号、通信记录和内容、财产信息、征信信息、行踪轨迹、住宿信息、健康生理信息、交易信息、14岁以下（含）儿童的个人信息等。据此，企业可以根据目前国际社会的一般做法和国家标准指南的规定，在内部文件中将用户信息分为个人敏感信息和一般个人信息，并针对个人敏感信息，采取更加严格的安全保护措施。

2. 收集、使用用户个人信息需向用户明示且经用户同意

企业必须事先公开收集、使用用户个人信息的规则，告知用户收集其个人信息的目的、方式和范围，且必须经过用户的同意。

（1）建议公开个人信息收集、使用规则并征得用户明示同意。收集、使用用户个人信息应当确定用户是在完全知情的基础上自愿给出的具体的、清晰明确的同意表示。建议企业可在所有涉及收集、使用用户个人信息的用户服务协议中，以明了且易获取的形式，使用清楚简单的语言向用户展示收集、使用用户个人信息的具体规则，并阐释用户授权事项。建议以明显区分于其他事项的合理方式显著提醒用户注意授权条款，可以采用加黑等方式，标明收集用户个人信息的范围，对用户个人信息的使用途径等。同时，可在用户协议中写明，用户可选择同意或不同意收集、使用，并对用户不同意个人信息的收集、使用可能出现的后果进行说明，例如某些业务无法办理等。

（2）建议明确收集、使用用户个人信息的范围及目的。收集个人信息要具有特定、明确、合法的目的和范围。为了降低可能存在的风险，具体而言，企业在收集用户个人信息时可以考虑以易知悉的方式向用户明确告知如下事项：①收集、使用个人信息的目的；②个人信息的收集方式和手段、收集的具体内容和留存时限；③个人信息的使用范围，包括披露或向其他组织和机构提供其个人信息的范围；④个人信息的保护措施；⑤个人信息管理者的名称、地址、联系方式等相关信息等。

3. 对已收集的用户个人信息承担安全保护义务

企业对其收集的用户个人信息应当严格保密，建立专门的用户个人信息保护制度；企业不得泄露、篡改、毁损其收集的个人信息；未经用户同意，不得向第三方提供用户个人信息，经过匿名化处理不能复原的除外；一旦发生用户个人信息泄露、毁损、丢失，应当立即采取补救措施，及时告知用户和主管部门。

在进行数据处理的过程中可以遵循以下原则：（1）数据不出门，为保证数据安全，无论模型训练数据还是最终的生产数据均不可离开企业内部环境；（2）敏感数据不可见，对于企业运营过程中，需要加密保存的数据，应谨慎处理；（3）数据标签化，向外提供的数据尽可能不提供具体数值，而是数据标签；（4）数据交互需要用户授权，进行相关数据的提取，需要用户的授权为前提；（5）保密协议的签署，与外部用户在开展数据合作前需要签订保密协议和合作协议；(6) 处理个人信息时不违背收集阶段已告知的使用目的、方法和手段，或超出告知范围对个人信息进行加工。

4. 参考国家相关规定开展匿名化工作

企业在开展匿名化时，建议参考《个人信息去标识化指南（征求意见稿）》中关于匿名化的方法开展匿名化工作。

(1) 从身份关联信息中删除以下字段和/或数据类型：姓名、身份证号或账户特有信息；精确地理位置信息；终端用户特有的日期信息；用户年龄；直接联系信息；身份证号或其他政府授予的身份识别信息；账号、会员号或可用于识别另一站点或服务的用户身份的其他固定身份识别信息；生物识别信息；健康、医疗和用药信息等。

(2) 针对关键字为身份关联信息的用户数据，采用字段映射技术，将身份关联信息替换成非身份信息后再进行常规化数据存储和计算分析。

(3) 隐藏数据，即修改从统计角度而言范围狭窄的准身份识别数据值，或将数据归入某个更宽的范畴内。

(4) 合并数据范畴，将可能有助于识别个人身份的小数值范畴重新分类。

(5) 生成综合数据。综合数据是从原始数据中生成的，然后替代原始数据，但同时保留了原始数据的价值。综合数据将依据在可靠数据集中发现的正常使用模式和欺诈模式，复制该等模式，但无须包含任何身份关联信息。除进行上述操作外，进行匿名化的单位必须综合考量数据使用方的数据保护情况、数据处理能力等因素，采取综合性匿名手段，以确保实际未发现任何其他信息可以单独（或结合其他可合理获得的信息）用于识别信息主体的身份。

5. 建立用户个人信息投诉、举报制度

《网络安全法》第 49 条第 1 款规定：“网络运营者应当建立网络信息安全投诉、举报制度，公布投诉、举报方式等信息，及时受理并处理有关网络信息安全的投诉和举报。”

2017 年 12 月，由全国人大常委会执法检查组委托中国青年报社社会调查中心负责执行的“全国人大数据安全万人调查”显示，45.8%的受访者认为《网络安全法》的这一规定落实得很好，多数网络运营者都建立了网络信息安全投诉、举报制度；40.8%的受访者认为这一规定落实得一般，许多网络运营单位投诉、举报制度不健全；13.3%的受访者认为这一规定落实得不好，多数网络运营者没有建立完善的网络信息安全投诉、举报制度。❶

举报是公众参与网络空间治理最直接、最便捷的重要途径。建立畅通、有效的举报渠道，有利于提高网民参与网络治理的积极性。同时，广大网民的举报充分反映了互联网安全领域的突出问题，也为政府部门行政执法提供了科学依据。因此，企业应建立投诉举报制度，公布投诉、举报信息，及时处理投诉和举报。

6. 建立数据泄露通知制度

《网络安全法》第 42 条规定了数据泄露通知制度，但是未明确指出哪些情形需要向用户告知、向主管部门报告，以及在什么时限内、采取什么方式向用户告知等具体制度内容。鉴于此，为了规避可能存在的风险，建议企业可考虑从严进行制度设计。

（1）发生数据泄露事件或者存在风险时，立即采取提示用户进行验证、修改密码等措施，防止安全事件发生和损害扩大化。

（2）履行报告和通知义务时，既要向相关主管部门报告相关情况，也要向相关用户告知数据泄露、毁损、丢失的情况。

（3）对于通知的事项，应至少包括以下方面：泄露发生的时间、所泄露的信息内容、企业已经采取的措施、建议用户采取的补救措施、相关管理人员的联系方式等。

❶ 王品芝，李洁言．54.1%受访者认为许多网络运营单位投诉制度缺位或不健全［N］．中国青年报，2017-12-26（7）．

三、案例分析

新浪微博起诉脉脉非法抓取使用微博用户信息案（［2016］京73民终588号判决），一审由北京市海淀区人民法院于2016年4月审理，二审由北京知识产权法院于2016年12月30日审结。两审法院均支持了原告（新浪微博运营方微梦公司）一方的主张，判令脉脉构成不正当竞争。

（一）案情概述

2015年4月，新浪微博运营商北京微梦创科网络技术有限公司状告“脉脉软件”两家运营商（北京淘友天下技术有限公司、北京淘友天下科技发展有限公司）不正当竞争一案在北京海淀法院开庭审理。原告认为，二被告绕开其开放接口，非法大量抓取微博平台的用户数据，恶意抄袭“新浪微博”产品设计内容，诋毁微梦公司声誉，非法牟利，损害微梦公司的合法权益，构成不正当竞争；并请求法院判令二被告停止侵权，刊登声明消除影响，赔偿经济损失及维权费用共计1030万元。对此，被告方辩称并未绕开新浪微博的开放接口，不同意原告的全部诉讼请求。

经审理，一审法院认定二被告不正当竞争行为成立，并判决其立即停止涉案不正当竞争行为，共同赔偿原告经济损失200万元及合理费用20余万元。

被告不服，上诉至北京知识产权法院。二审庭审中，双方围绕上诉人是否非法抓取、使用了新浪微博用户信息；获取、使用脉脉用户手机通讯录联系人与新浪微博用户对应关系的行为是否构成不正当竞争行为；上诉人的行为是否对微梦公司构成商业诋毁；如果不正当竞争成立，一审判决赔偿数额是否适当等四大焦点展开辩论。

上诉人未经新浪微博用户的同意及新浪微博的授权，获取、使用脉脉用户手机通讯录中非脉脉用户联系人与新浪微博用户对应关系的行为，违反了诚实信用原则及公认的商业道德，破坏了Open API的运行规则，损害了互联网行业合理有序公平的市场竞争秩序，一定程度上损害了被上诉人微梦公司的竞争优势及商业资源，根据《反不正当竞争法》第2

条的规定，上诉人展示对应关系的行为构成不正当竞争行为。

最终二审法院认为，一审判决虽然存在部分技术事实认定不清的问题，但考虑到最终结论正确，二审法院予以维持。上诉人的上诉请求缺乏法律依据，二审法院不予支持。

（二）业界观点*

中国政法大学副教授、北京消费者权益保护法学研究会副秘书长朱巍认为："这起案件表面上是一件不正当竞争案件，本质上是个人信息保护之争。任何平台使用用户个人信息都应该经过用户本人同意。虽然大数据可以买卖，但是用户个人的隐私数据不属于大数据，擅自使用就是侵犯用户隐私权，甚至是安宁权。"

北京大学法学院副院长薛军教授表示，互联网企业在获取用户数据时，首先要征得用户同意，并且只能在用户授权的范围内使用。平台方也有监管责任，一旦发现此类侵权行为，首先要向用户示警，并且可以根据与用户达成的使用协议，对第三方追责。

数据提供方不仅应将用户数据信息作为竞争优势来加以保护，还应将保护用户数据信息作为企业的社会责任。本案中，微博作为平台方维护用户个人信息安全的行为，对大数据的使用规则具有比较重要的现实意义。

（三）案件思考

该案作为国内大数据不正当竞争纠纷第一案，因涉及广大民众息息相关的互联网通信软件的使用，以及对互联网用户信息的保护，重点关注数据的性质、使用、共享等在当时还缺乏《网络安全法》等立法文件所明确规制的核心问题，由此引发了社会各界的广泛关注和热烈讨论。对于案件所给予企业的启发也超出了法律的范畴。北京知识产权法院作为二审法院，少见地在判决书中对于新浪微博的网络运营者的管理义务

---

* 大数据引发不正当竞争第一案终审，这个警钟需长鸣！［EB/OL］.［2019-07-25］. http：//www.sohu.com/a/125578123_ 118392.

做出明确倡议，囊括管理制度及技术措施等方面 。可见，针对大数据保护的合规措施，需做好“法律+技术”的综合考量。

1. 仅在用户授权范围内使用数据

在互联网环境下，用户协议约定了用户与服务、内容提供商之间的权利义务关系，包含提供商“应为”以及“不可为”的行为清单，作为双方法律关系的基础。其中，对于用户数据的收集类型、范围、目的，存储的时长及途径，使用目的及环境，共享的对象、目的以及内容等细节，均需要通过用户协议文本加以明确约定及固定。在数据的处理行为之前，需以用户的授权同意作为基础。因此，企业尤其是互联网企业，在处理用户协议时需做到：（1）与用户明确、细致地约定数据收集、使用、共享、存储、传输等各方面的细节，并严格按照要求在行为前获取用户授权同意；（2）严格按照协议要求使用用户信息数据；（3）不对用户协议做出随意变更，如需按照业务需要或者用户反馈做出变更的，需在充分告知用户的情形下，在公开渠道公布更新版本，并对变更部分做出明确说明。

2. 严格管理数据分享渠道及抓取工具

以该案为例，脉脉早期与新浪微博的合作是通过新浪微博开放的API接口来进行数据的分享与利用。API是应用程序接口/应用编程接口（Application Programming Interface）的缩写，是软件系统不同组成部分衔接的约定，现在也广泛应用于提供商和合作方之间的数据分享。

网络数据的来源，除了API以外，还可通过爬虫程序进行抓取。而网络爬虫抓取哪些数据，是以robots. txt为依据的。Robots. txt是一种存放于网站根目录下的文本文件，它通常告诉网络爬虫，此网站中的哪些内容可以/不可以抓取。Robots. txt与API是网络时代数据获取的界碑，但界碑本身没有执行力，需要与用户协议等法律文本结合才具备特定的法律效力，真正起到网络界碑的作用。因此，企业需在用户协议的明确指引下，加强对数据分享渠道以及抓取工具的管理。它们作为具体的数据处理活动的场景或工具，需引起互联网企业的高度重视。

第二节　企业作为技术服务提供方

一、企业作为技术服务提供方可能面临的主要风险

目前，企业作为技术服务提供方的主流模式分别是提供大数据整体解决方案和大数据空间出租模式，而随着电子商务、大数据产业的发展，传统的数据安全防御模式已经无法抵御外部攻击，作为技术服务提供方，对于合作方提供的数据在企业内部进行传输、存储等环节的安全问题亟待解决。企业作为技术服务提供方主要面临的问题有以下两类。

（1）数据泄露的风险。企业作为技术服务提供方在与合作方合作的过程中，一定会接收合作方的数据，那么在数据的传输、存储、使用等环节中，就可能会存在由于关键岗位人员管理不到位，没有建立权限分离、多方共管的管理机制，机房、设备管理不够严格而导致可能发生数据泄露的风险。数据泄露的发生可能是内部接触重要数据的人员“监守自盗”，也可能是外部人员利用系统漏洞进行网络攻击导致的，更有甚者，内外部勾结共同盗取数据。在此情况下，虽然企业也是数据泄露的受害者，但如果其未尽到网络安全保护义务的话，仍要承担包括行政处罚责任在内的法律责任。

（2）数据传输和处理环节过程监控不及时。企业一旦与合作方合作，接收合作方提供的相关数据，则成为这些数据的管理者。企业在存储、传输数据时，应当加强对其合作方发布、传输数据合法合规性的管理，发现法律、行政法规禁止发布或者传输数据或者信息的，如传输涉嫌危害国家安全、公共安全、恐怖组织活动等信息或者数据的，应当立即停止传输该信息，采取消除影响等处置措施，防止信息扩散，保存有关记录，并向有关主管部门报告。一旦监控不及时，未能及时处理、断开违法传输信息数据的链接，会导致危害结果的进一步扩大，危害程度加深。

二、企业作为技术服务提供方的合规建议

企业作为技术服务提供方一定要履行网络安全保护义务。为保障数据安全，企业应当保障存储、运行数据的网络、系统的安全。网络安全法对于网络运营者的网络安全保护义务进行了明确。

建议企业完善内部数据安全管理机制，包括保障数据存储的设施安全、数据本身的分级管理、接触数据的人员权限以及数据交易的主体限制等技术及其他必要措施，建立网络安全事故预案。

（1）工作人员数据权限管控。在数据管理系统中确保最小化原则，合理确定员工的数据使用权限，使内部相关人员只能访问其职责所需的最少够用的用户信息。对于敏感信息的访问、修改，建议在角色权限控制的基础上，根据业务流程需求触发操作授权。同时员工一旦涉及转岗和离职，系统应当第一时间收回其对数据的处理权限。同时，与员工签署保密协议，明确泄密需承担的责任，并加大处罚力度。

（2）数据分级控制。在现有数据分类分级管理基础上，尤其要强调对敏感级别高的重要数据进行重点保护。

（3）数据脱敏、加密控制。实现数据存储及流转环节的脱敏及加密控制，脱敏规范应当确保经过脱敏后二次组合无法恢复全部字段。对展示的个人信息采取去标识化处理，使用个人信息时，建议彻底消除身份指向性，不得超出收集时所生成的目的和合理的业务范围。

（4）数据操作审计。将相关操作完整记录，包含操作人、内容、时间等信息，对全员的数据操作的日志记录及操作行为进行审计，有效防范内部滥用数据行为。

（5）应用风险评估。涉及分级中敏感级别较高的数据交互或输出等高风险操作场景，可以设置专门的部门或者评估小组进行风险评审，可以从操作风险、信息展示规范、数据安全控制等方面提出风控意见。

三、案例分析

在一些提供技术服务的企业内，网络信息专业人员掌握公司信息系统的漏洞，一旦这些专业人员产生犯罪故意，就会出现“内鬼”类黑客案件，且这类案件发生在公司内部，具有隐秘性，不易被发现，其危害性往往更大。作为最高人民检察院第九批指导性案例之一，卫某某、龚某、薛某某非法获取计算机信息系统数据案，就是这样一起典型案例。

（一）案件概述

被告人卫某某曾于2012~2014年在北京某大型网络公司工作，被告人龚某供职于该大型网络公司运营规划管理部，两人原系同事。被告人薛某某系卫某某商业合作伙伴。

因工作需要，龚某拥有登录该大型网络公司内部管理开发系统的账号、密码、Token令牌（计算机身份认证令牌），具有查看工作范围内相关数据信息的权限。但该大型网络公司禁止员工私自在内部管理开发系统查看、下载非工作范围内的电子数据信息。

2016年6~9月，经事先合谋，龚某向卫某某提供自己所掌握的该大型网络公司内部管理开发系统账号、密码、Token令牌。卫某某利用龚某提供的账号、密码、Token令牌，违反规定多次在异地登录该大型网络公司内部管理开发系统，查询、下载该计算机信息系统中储存的电子数据。后卫某某将非法获取的电子数据交由薛某某通过互联网出售牟利，违法所得共计3.7万元。

该案由北京市海淀区人民检察院于2017年2月9日以被告人卫某某、龚某、薛某某犯非法获取计算机信息系统数据罪，向北京市海淀区人民法院提起公诉。6月6日，北京市海淀区人民法院作出判决，认定被告人卫某某、龚某、薛某某的行为构成非法获取计算机信息系统数据罪，情节特别严重。判处卫某某有期徒刑4年，并处罚金人民币4万元；判处龚某有期徒刑3年9个月，并处罚金人民币4万元；判处薛某某有期徒刑4年，并处罚金人民币4万元。一审宣判后，三被告人均未上诉。

（二）业界观点*

北京市中伦律师事务所合伙人陈际红律师认为，这类案件频发的原因是多方面的，社会上对个人信息保护的重视程度还不太够、非法窃取数据要受法律惩处的规则没有深入人心、公司的网络安全管理存在漏洞等，导致个人信息被非法获取、销售的情况还比较严重。《网络安全法》明确规定，网络运营者应当按照网络安全等级保护制度的要求，履行安全保护义务，保障网络免受干扰、破坏或者未经授权的访问，防止网络数据泄露或者被窃取、篡改。虽然企业可能也是数据泄露的受害者，但如果其未尽到企业网络安全保护义务的话，仍要承担包括行政处罚责任在内的法律责任。企业要依法收集客户信息，明确公告相关条款，告知用户收集使用的目的、方式和范围，并在授权的范围内使用。数据泄露事件发生后，企业要及时启动应急预案，向相关部门进行报告，并告知受影响的用户，以尽可能减小损失。

中国政法大学传播法研究中心副主任朱巍表示，这一案件并非个案，一些大的互联网公司也存在类似问题。这类案件多发的主要原因在于利益驱动，越精准、匹配度高、综合性强的数据，其价值就越高。

公司“内鬼”类偷、黑客外部攻击等导致数据泄露的情况出现后，企业要承担责任，因为其对数据具有安全保障责任。从目前的实践看，数据泄露事件发生后，查找与之对应的责任人可能存在一定难度，但作为数据管理者的企业很容易找到，用户可以要求数据管理者承担责任。

（三）案件思考

企业作为技术服务提供方在信息泄露方面可能面临很大的风险，在敏感数据的采集、传输、存储、使用、共享、销毁各环节，都可能存在人员管理、机房管理、设备管理等落实不到位带来的严重安全隐患。

为了落实《网络安全法》的要求，同时也是为了指导企业在数据管

---

* 内外勾结售卖客户数据牟利 谁该为“失控”数据负责［EB/OL］.［2019-07-25］. http：//www.xinhuanet.com//legal/2017-11/15/c_ 1121957185.htm.

理方面的实际工作，国家出台了一系列标准规范，全国信息安全标准化技术委员会2017年12月29日正式发布《信息安全技术 个人信息安全规范》（GBT 35273—2017），并于2018年5月1日正式实施。《信息安全技术 大数据服务安全能力要求》（GB/T 35274—2017）也于2018年7月1日实施，对大数据服务提供者应具有的组织相关基础安全能力和数据生命周期相关的数据服务安全能力提出了具体要求。同时，《信息安全技术 大数据安全管理指南（征求意见稿）》《信息安全技术 数据安全能力成熟度模型》等标准也将陆续出台。这些标准对于企业如何完善内部数据管理、如何避免数据泄露的风险都具有重要的指导意义。

因此，作为技术服务提供方，对于自身的基础安全能力建设一定要摆在企业经营的首位。一方面要不断地完善内部安全能力体系，及时修补网络漏洞，避免因黑客攻击而导致的企业数据信息泄露；另一方面要严格落实《网络安全法》规定的网络运营者的网络安全保护义务，加强对企业内部员工的管理，避免发生内部员工泄露企业数据信息的行为。

（1）企业在招聘、录用重要岗位人员前应对其进行背景调查，确保符合相关的法律、法规、合同和道德要求，并与其签订安全责任协议。

（2）企业应当定期开展数据保护的内部培训。员工的岗前培训以及正式上岗工作后，企业均应定期对内部工作人员进行用户信息保护相关知识的培训，并对培训结果进行评价、记录、归档，确保企业员工能够熟悉掌握个人信息保护、数据安全国家相关法律法规及公司内部的规定。

（3）企业要明确重要岗位的轮岗、权限分离、多人共管等安全管理要求。企业应限定特定员工访问企业数据信息的内容，降低企业数据信息的接触人数且接触重要数据的岗位人员应该定期轮岗；针对重要数据、敏感信息的保护，应建立权限分离、多人共管的授权机制，业务人员在进行敏感操作时会触发授权，只有在相关人员审核通过后，业务人员才能完成相应的敏感操作。员工一旦转岗或离职，应在第一时间将授权撤销或收回。

（4）企业可建立数据导出的检测预警机制，对大规模或异常的数据导出行为能够实时检测并自动预警，企业可于第一时间安排技术部门拦截传输的数据信息；数据信息已传输且无法撤回的前提下，企业应及时与信息接收方联系，要求其删除数据文件并及时报告有关部门，协助调查。

（5）企业要建立人员安全责任奖惩管理制度，规定对造成企业数据泄露等安全事件要给予处罚，并明确员工泄露信息的处罚标准，对举报他人的违规操作行为，使企业避免发生数据泄露等安全事件的员工要给予及时奖励。

（6）企业应当定期对数据信息保护情况展开自查。企业应完整记录相关数据操作，包含操作人、内容、时间等信息，并定期对全员的数据操作的日志记录及操作行为进行审计，有效防范内部滥用数据行为。

第三节　企业作为大数据运营方

一、企业作为大数据运营方可能面临的主要风险

企业作为大数据运营方，通过对数据的分析挖掘，把隐藏在海量数据中的信息开发成大数据产品和服务，其主要风险聚焦在合法合规获取用户数据授权，以及数据全流程应用中涉及的相关权属问题上。

（1）未经同意或授权使用个人信息数据。企业在进行大数据开发、应用时，除了满足企业自身的精准营销外，还存在与外部企业合作开发大数据产品，在合作过程中，往往会涉及和使用到个人、企业的信息，如协助银行等金融机构评定用户的征信，利用企业掌握的数据帮助其他企业进行精准营销等，可能就超出了信息使用的必要性原则，此时如未将使用信息的目的、方式和范围披露或经所涉信息的个人、企业的同意，可能会造成侵权。

（2）数据权属不明。目前在数据采集、使用、交易、流通中，数据权利归属不明是全球共同面临的难题。目前法律对于企业对数据的权属

没有明确规定，导致实践中频发争议，如新浪脉脉案、微信华为之争等。企业作为掌握大量用户数据、业务数据的公司，在与第三方合作（与其他企业的数据交易、外包第三方开发服务等）中，面临第三方非法获取其数据的风险。目前立法并未厘清数据权属问题，没有明确的法律规定能够保护企业的数据权利。

（3）数据跨境传输的风险。全球各个国家已经或正在制定有关数据安全及跨境传输的相关规定。对于跨国企业或有涉外业务的企业来说，数据跨境传输是不可避免的需求，其中就可能包含个人信息和重要数据的传输。因此，企业应当慎重考虑数据跨境传输的合规性。企业在进行跨境数据传输时不仅需要符合我国的相关法律规定，也应注意符合数据接收国和数据输出国的法律法规规定，否则，可能面临境内外国家的质疑甚至调查。

二、企业作为大数据运营方的合规建议

在用户个人授权的基础上，为了规避在合作过程中数据流通导致的法律风险，数据运营方有必要规范自身数据处理相关行为及制度、与第三方之间业务往来中的数据流通行为等，在数据使用、数据合作原则方面应当遵循依法合规、用户授权、最小够用、隐私保护、避免利益冲突等原则。

（1）建立数据保护机制。在公司内部建立一系列数据安全制度，确保数据安全地被存储，确保数据获得实施监控，及时处理可能出现的数据安全问题，避免出现数据安全问题时，损失进一步扩大。

（2）建立对合作第三方企业的背景审查机制。建议调查核实企业的生产经营情况，评估其数据使用目的。如企业在业务开展中需委托第三方对用户个人数据进行处理，不得超出用户授权同意的范围，并应对被委托方的数据安全能力进行评估。

（3）企业在用户个人信息共享、转让方面采取谨慎策略。确实需要共享、转让的，建议进行安全评估，并明确告知用户。对于敏感信息，

建议将信息类型、被接收方身份和能力等详细告知用户。在合同中明确约定第三方企业可获取的数据范围、使用程度、传输保护等内容，并对第三方企业违约行为规定较高的违约金。

（4）针对敏感数据建立第三方流通审批流程。针对企业敏感的用户个人数据，设置单独的审批流程，根据第三方具体业务过程所需数据进行评审评估，确保流通向第三方的数据满足最小化、用户授权、隐私保护、避免利益冲突等原则后再审批。

（5）对数据出境的目的国的法律进行研究评估。全球各个国家和地区已经或正在制定有关数据安全及跨境传输的相关规定，尽管跨境数据流动法规受到欧盟和美国的影响，但各个国家和地区在该等法律法规制定上仍然存在诸多差异，适用范围、法规要求的严格程度均存在不一致之处。尤其值得关注，欧盟《通用数据保护条例》（GDPR）长臂管辖规定，GDPR 不仅适用于设立在欧盟内的企业，为了保护欧盟公民个人数据，也适用于设立在欧盟以外的企业，只要该企业向欧盟内的数据主体提供商品或服务，或对数据主体发生在欧盟内的行为进行监控。因此，对于向欧盟境内人员提供产品服务，收集相关境外数据并进行数据处理分析的中国企业，尤其需要重视 GDPR 的合规要求，否则将面临违规而遭受巨额罚款的风险。

三、案例分析

淘宝（中国）软件有限公司（以下简称淘宝公司）与安徽美景信息科技有限公司（以下简称美景公司）不正当竞争纠纷案（〔2017〕浙8601 民初 4034 号）中，对于淘宝公司取得涉案数据产品过程中是否具有妨害网络用户信息安全的不正当行为，以及淘宝公司对于涉案大数据产品是否享有法定权益等是该案的审理焦点，杭州互联网法院对上述问题明确了裁判标准，其对于企业具有很大的借鉴意义。

（一）案情概述

淘宝公司系淘宝网运营商。淘宝公司开发的“生意参谋”数据产品

（以下简称涉案数据产品）能够为淘宝、天猫店铺商家提供大数据分析参考，帮助商家实时掌握相关类目商品的市场行情变化，改善经营水平。涉案数据产品的数据内容是淘宝公司在收集网络用户浏览、搜索、收藏、加购、交易等行为痕迹信息所产生的巨量原始数据基础上，通过特定算法深度分析过滤、提炼整合而成的，以趋势图、排行榜、占比图等图形呈现的指数型、统计型、预测型衍生数据。

美景公司系“咕咕互助平台”的运营商，其以提供远程登录已订购涉案数据产品用户电脑技术服务的方式，招揽、组织、帮助他人获取涉案数据产品中的数据内容，从中牟利。淘宝公司认为，其对数据产品中的原始数据与衍生数据享有财产权，被诉行为恶意破坏其商业模式，构成不正当竞争，遂诉至法院，请求判令：美景公司立即停止涉案不正当竞争行为，赔偿其经济损失及合理费用500万元。

杭州铁路运输法院经审理认为：（1）对于网络运营者收集、使用网络用户行为痕迹信息，除未留有个人信息的网络用户所提供的以及网络用户已自行公开披露的信息之外，应比照《网络安全法》关于网络用户个人信息保护的相应规定予以规制。经审查，淘宝隐私权政策所宣示的用户信息收集、使用规则在形式上符合“合法、正当、必要”的原则要求，涉案数据产品中可能涉及的用户信息种类均在淘宝隐私权政策已宣示的信息收集、使用范围之内。（2）网络数据产品不同于网络原始数据，数据内容经过网络运营者大量的智力劳动成果投入，通过深度开发与系统整合，最终呈现给消费者的是与网络用户信息、网络原始数据无直接对应关系的独立的衍生数据，可以为运营者所实际控制和使用，并带来经济利益。网络运营者对于其开发的数据产品享有独立的财产性权益。（3）美景公司未经授权亦未付出新的劳动创造，直接将涉案数据产品作为自己获取商业利益的工具，明显有悖公认的商业道德，如不加禁止将挫伤数据产品开发者的创造积极性，阻碍数据产业的发展，进而影响广大消费者福祉的改善。

综上，该院于2018年8月16日判决：美景公司立即停止涉案不正当竞争行为并赔偿淘宝公司经济损失（含合理费用）200 万元。一审宣判后，美景公司不服，向杭州市中级人民法院提起上诉。杭州市中级人民法院经审理认为，一审判决认定事实清楚，适用法律正确，遂于 2018 年 12 月 18 日判决：驳回上诉，维持原判。

（二）业界观点*

杭州互联网法院副院长王江桥认为："本案首次明确了大数据产品的法律属性，明确了用户信息、原始数据及数据产品的法律属性及权利边界，以及针对大数据产品，应当如何评判某个行为是否构成不正当竞争。"

北京航空航天大学法学院院长、教授龙卫球在点评该案入选"2018 年度人民法院十大民事行政案件"时指出，该案作为首家互联网法院数据产品第一案，明确维持了借用反不正当竞争的司法实践，并且在立足反不正当竞争法对数据产品进行保护的基础上，又有了新的发展。在龙卫球看来，该案对于涉案数据产品使用了"享有竞争性财产权益"的界定表述，这是前所未有的，实际朝向承认数据产品主体的新型财产权迈进了一步；在论证保护理由时，不仅进行了反不正当竞争的一般论证，还特别强调原告付出了人力、物力、财力，经过长期技术开发形成数据产品；被告据他人劳动成果为己牟利，属于不劳而获，如不加禁止将挫伤数据产品开发者的创造积极性，阻碍数据产业的发展；此外，该案的赔偿计算方式，采取了被告侵权获利计算方式。

清华大学法学院副院长崔国斌提出，法院适用反不正当竞争法的原则条款，保护淘宝公司的权益，结论与此前的很多案例类似，是较常见的思路。判决最值得肯定的价值在于法院就用户对淘宝收集的用户交易信息（消除个人特征信息后）是否享有财产权益给出明确的答案，即用户并不享有财产权益。其认为，这一结论在用户和网络服务商之间维持

---

* 搭便车销售行为频发 大数据产品不正当竞争首案判定［EB/OL］.［2019-07-25］. http：//finance.sina.com.cn/chanjing/cyxw/2018-08-20/doc-ihhxaafy7254837.shtml.

了合理的利益平衡关系。而先前的判决很少涉及这一问题。

（三）案件思考

该案对数据产业具有重大指引作用。越来越多的企业在寻找利用数据的商机，他们一边收集数据，一边挖掘数据的价值。但是数据并不同于传统民法意义上的财产，在国内并未赋予企业以绝对权性质的“数据权”的情况下，数据产业要发展，数据要发挥价值，必须要厘清几个基本的问题：网络运营者应当如何收集用户数据，如何将收集到的用户数据共享给他人使用，是否可以进行数据二次开发，开发的大数据产品的权益归属等。

杭州互联网法院的判决，在一定程度上对上述问题进行了回答，特别是对大数据产品的权益归属从司法层面首次进行明确。具体而言，该案厘清了网络运营者收集、使用、共享、开发用户数据的行为边界，同时第一次开创性地确认了网络运营者对其合法收集的用户数据进行二次开发而形成的大数据产品享有竞争性财产权益。该判决为行业划定了数据方面的游戏规则，平衡各方利益并解决数据贡献者的后顾之忧，这将使得数据产业的参与各方的积极性被极大调动，数据生产、开发、利用环节的各方利益得到司法保障，推动整个产业步入良性发展。

但是必须要看到网络经营者欲取得对大数据产品的独立财产权益，这里除了在技术上进行数据分析、挖掘及整合需要付出大量智力劳动外，收集及使用原始数据是否合法正当也是法律上的关键前提，如果此过程存在重大瑕疵，贸然提起大数据产品不正当竞争之诉，不仅将受到对方的激烈抗辩，也将自身收集使用数据的种种问题公开，在败诉的同时可能面临来自网络监管部门的行政处罚，得不偿失。该案中淘宝公司正是因为在前期数据合规方面进行了充分的研究及准备，才敢于提起诉讼。

世界主要国家都在陆续出台数据安全方面的法律法规，企业的数据合规压力逐步增大。欧盟自 2018 年 5 月实施《通用数据保护条例》，号称史上最严数据保护条例，各国也在陆续跟进数据保护方面的立法，如美国加州制定的《消费者保护法案》将于 2020 年生效。而我国自 2017

年《网络安全法》实施以来，有关数据合规及数据安全越来越受到国家立法及执法部门的重视，《数据安全法》《个人信息保护法》已列入全国人大五年立法规划，《信息安全技术 个人信息安全规范》（GB/T 35273—2017）、《互联网个人信息安全保护指南》等标准、指南也陆续出台。

按照已出台的国家相关法律法规、标准指南，来看淘宝诉美景案。首先，在数据收集方面，《网络安全法》第41条规定："网络运营者收集、使用个人信息，应当遵循合法、正当、必要的原则，公开收集、使用规则，明示收集、使用信息的目的、方式和范围，并经被收集者同意。网络运营者不得收集与其提供的服务无关的个人信息，不得违反法律、行政法规的规定和双方的约定收集、使用个人信息，并应当依照法律、行政法规的规定和与用户的约定，处理其保存的个人信息。"该案确认了行业普遍采用的一种数据收集方案，既可以通过用户确认的协议或隐私权政策列明收集的信息范围和合理使用目的，网络运营者按此约定就可以收集日常经营活动中的用户数据，这样就满足了法律规定的"知情同意""合法、正当、必要"的要求。其次，《网络安全法》第42条规定"未经被收集者同意，不得向他人提供个人信息"。继脉脉与新浪微博不正当竞争纠纷案后，杭州地区法院再次确认了"用户授权网络运营者+网络运营者授权第三方+用户授权第三方"的三重授权许可使用规则，网络运营者可以通过"三重授权"方式，共享个人信息给第三方，以流转数据实现数据的商业价值。最后，《网络安全法》第42条规定"未经被收集者同意，不得向他人提供个人信息。但是，经过处理无法识别特定个人且不能复原的除外"。本案确认了网络运营者有权对脱敏后的大数据产品进行商业化利用并获得收益，无须再获得用户授权。这样，网络运营者就享有大数据产品的商业利益，并可以拒绝他人的不正当竞争行为。

如何平衡和协调提供和产生数据的数据主体、收集数据的数据控制者以及对数据进行分析和整合的大数据产品开发者之间的关系，一直是大数据从业人士关注的焦点。该案在明确大数据产品的财产性权益的同时，尝试从司法角度对此进行指引。与此同时，该案还为大数据从业者如何正当获得数据提供了实务指南，值得相关企业关注。

第四节　企业作为大数据需求方

一、企业作为大数据需求方可能面临的主要风险

企业作为大数据需求方，重点要确认获取数据前数据本身的真实性与合法性，确保数据获取方式的合法性，做好数据获取的相应保密工作，并在数据使用时注意其归属问题和使用合法性等问题。

（1）数据本身的真实性与合法性。数据需求方运用数据进行分析、决策的前提是基于数据真实可靠、来源合法。如数据是虚假的、不客观的，运用的结果可能导致数据需求方对数据的应用无法达到既定目的；同时，如使用虚假的数据进行营销，还可能构成虚假宣传，遭到相应的处罚或赔偿。如引入的数据是非法的，如“脏数据”、涉黄、涉恐、涉暴的数据，未经甄别即引入使用，轻则涉及侵权，后果严重的甚至涉嫌犯罪。

（2）数据获取方式的合法性。需求方获取数据信息的方式主要有以下几种：社会公开的各类数据，如新闻报道、互联网搜索信息等；商业渠道购买的数据或与数据方互换分享的数据，包括从大数据平台获取、取得大数据报告等形式；个人授权使用的数据。需求方在通过前述方式获取信息时，通常需要签署相关的数据交易、共享协议。但从目前整个数据市场的交易情形来看，由于数据非法交易的成本较低，数据非法交易也大量存在。如未经个人同意，直接收集、获取个人信息；向数据的非法持有人购买、交换数据；通过攻击网站等非法手段获取数据。非法的数据交易方式严重阻碍了大数据交易的发展趋势，造成大数据质量低下、交易市场混乱、无序。值得关注的是，目前有不少企业利用爬虫直接爬取网络平台上的数据，但数据爬取行为常常面临较高的法律风险；

从我国的司法实践来看，数据爬取的合规前提是“三重授权”：(1) 信息主体授权信息控制者；(2) 信息控制者授权信息爬取者；(3) 信息主体授权信息爬取者。因此，信息爬取者只有通过合法途径获得信息主体、信息控制者的正式授权，才能最大程度地降低相关法律风险。

(3) 数据信息的保密问题。如需求方获取的数据信息含有敏感数据、敏感个人信息或经过对数据的分析逆推可以得到个人隐私信息，如处理不当，可能面临侵犯个人隐私、商业秘密的风险。

(4) 数据归属问题。数据需求方在与数据供应商谈判、签订合同、获取数据时未就数据的归属进行明确，可能导致在后期使用、应用数据时就数据的权属及数据衍生的财产权益发生争议。

(5) 数据使用的合法性。数据需求方未按照数据交易、共享协议中明确的使用方式、范围使用数据，导致数据发生泄露、侵权、造成其他不良影响，甚至涉嫌犯罪。

二、企业作为大数据需求方的合规建议

根据《网络安全法》《全国人民代表大会常务委员会关于加强网络信息保护决定》《电信和互联网用户个人信息保护规定》《信息安全技术 个人信息安全规范》等法律法规、规范性文件、国家标准等，以及国外相关个人信息保护等规定，建议企业依法合规开展业务，具体建议如下。

1. 针对企业间接获取个人信息的法律风险

首先，从选择数据提供方的角度，要对个人信息提供方的数据流程进行法律合规性评估，并基于评估结果选择供应商。评估的具体内容可包括个人信息提供方提供的数据的来源、类型和数据获得是否已取得数据主体的授权同意。评估基于的资料可包括供应商前期提供的隐私政策文本、授权文本、数据分类或者去标识化的记录等。

其次，从与合作方签约的角度，应在双方的合作协议中明确个人信息提供方对数据来源合法性的担保责任；明确个人信息提供方对个人信息的授权和脱敏责任，明确个人信息提供方的保密义务；明确个人信息

提供方保证其将承担违反法律、《个人信息安全规范》、与其用户之间的隐私政策而提供数据的经济和行政责任。值得说明的是，虽然《个人信息安全规范》系推荐性国家标准，并没有法律上的强制执行力，但是根据原国家技术监督局《企业标准化管理办法》第 17 条第 2 款“推荐性标准，企业一经采用，应严格执行”之规定，一旦企业通过用户协议、隐私协议或其他类型的文件对《个人信息安全规范》作出承诺，则必须受其约束。

最后，从数据使用的角度，企业在获得数据后，应当对数据采取必要的保密措施，进行数据分类处理，确定特定的使用目的，避免数据的扩散或泄露；数据进行交易或流转之前，对数据进行必要的处理，尤其应当注意对于个人信息的脱敏。

2. 针对数据跨境流动的法律风险

《网络安全法》第 37 条规定，关键信息基础设施相关的个人信息和重要数据在境内存储和跨境需要经过安全评估。涉及公共通信等业务的企业，在未来很有可能划归关键信息基础设施的范畴，因此，必须遵守通过安全评估的义务。但是，目前条文并未明确什么是“向境外提供”，提供“查询”“访问”以及“下载”等方式是否属于“提供”，亦不明确。在实践中，企业数据的流通可能涉及国外设施及主体，包括将数据外包至境外第三方进行分析处理、将数据存储设施设置在境外（包括境外云服务）以及数据供需方涉及境外主体等，上述情形下的数据交易可能导致数据流向国外，对于国家安全和用户的数据权益会产生更大的影响，因此，企业开展此类业务应当更加谨慎，建议企业明确数据跨境流动相关要求。

（1）对数据进行分类分级，凡是涉及公共通信基础业务中的用户个人数据，或者重要的业务数据，都应当保证在境内存储，并且谨慎跨境传输。必须要传输的，建议上报主管部门、网信部门，对相关数据进行安全评估。结合业务场景、与用户身份紧密程度、数据对国家安全和经济安全的影响等维度，系统梳理数据类别、安全级别，针对不同类别和级别的数据，在对外提供方面实施不同的安全管理。

（2）建议在用户协议中设立专门的条款，例如，约定用户的个人信息可能会向境外传输的情形。事先未约定的，建议通过发送短信、电话通知、官网张贴通知等形式获取用户的同意。

（3）对境外合作方通过合作协议进行限制并明确责任，例如，对数据使用的场景、目的进行约束；对数据访问的技术限制；对数据再转移进行限制；对数据的返还、销毁、再利用作出协议安排。

（4）建议根据企业的业务范围和实践，适当扩大数据跨境安全审查的范围。目前《个人信息和重要数据安全评估办法（征求意见稿）》尚未通过，而且在实践中争议较多，关于数据跨境安全评估的具体要求并不明确。为了防范因数据跨境传输造成的数据安全风险，建议企业在综合考量成本、时间等因素的基础上，适当扩大安全评估的范围。

3. 母公司与子分公司数据共享的法律风险

一个集团公司可能下属多个分公司、子公司，与分公司、子公司在业务往来中难免存在数据流通的现象，如果其中涉及用户个人信息在两个公司之间的流通，即存在数据共享合法性的风险。由于分公司不具有独立的法人地位，集团公司与其之间的数据流通风险不大。但子公司为独立的法人实体，其和母公司之间的数据流通，与母公司和独立的第三方公司之间进行数据流通在本质上是一致的。涉及用户的个人信息，应当征得用户同意。如用户与集团公司的一个子公司签订服务协议，且协议中并未表明用户的个人信息可能会因业务需要与集团公司共享使用，此时如果用户有证据证明该集团公司未经其允许使用其个人数据，该集团公司和其子公司都有可能承担侵犯用户个人信息的法律责任。

因此，建议母公司与子公司之间的用户个人数据流通使用，必须获得用户的授权许可，在服务协议中建议增加“用户同意集团及子公司收集利用相关个人数据用于开展业务”。涉及非敏感数据，建议母公司、子公司之间也签订相关协议明确双方的责任。

三、案例分析

2017 年 7 月 8 日，据新华网报道，山东成功破获一起特大侵犯公民个人信息案，共抓获犯罪嫌疑人 57 名，打掉涉案公司 11 家，查获公民信息数据 4 万 GB、数百亿条。其中，国内知名大数据公司、新三板上市公司“数据堂”涉案。

（一）案情概述

2017 年 4 月 5 日，山东省临沂市费县警方接报案后侦查发现，有人员以建立 QQ 群的形式，向他人销售大量包含公民个人信息的数据。2017 年 8 月，经审查，费县人民检察院以涉嫌侵犯公民个人信息罪对 10 名犯罪嫌疑人依法批捕。由于案件涉及公民敏感个人信息，且涉及大型数据公司，该案被最高人民检察院、公安部联合挂牌督办。在涉案的 11 家公司中，数据堂（北京）科技股份有限公司（以下简称“数据堂公司”）规模及影响最大，被称为“国内首家大数据交易平台”“大数据行业第一股”，其主要业务包括数据采集、制作、共享和增值服务，以及大数据的存储、管理、挖掘、分析的专业系统解决方案。

该案由费县人民检察院于 2018 年 1 月 30 日出具起诉书（费检公诉刑诉［2018］56 号），费县人民检察院指控，数据堂公司的营销产品线购进数据（包含公民通信联系方式），并将数据加工后非法出售给客户进行精准营销。2016 年 10 月和 2017 年 4 月，扬州金时信息科技有限公司（以下简称“金时公司”）与数据堂公司就数据买卖事项达成一致，约定金时公司向数据堂公司分别购买 20 万元与 50 万元的数据。截至案发时，数据堂公司共向金时公司交付包含公民个人信息的数据 60 余万条。

据相关报道，数据堂公司人员销售给金时公司的涉案数据购自济南北商经贸有限公司，而后者的上线为一家手机运营合作商的两名“内鬼”员工，这个链条上的信息涉及全国 15 个省份机主的上网数据和偏好，包括手机号、姓名、上网数据、浏览网址等，均为原始未脱敏数据。

法院于 2018 年 5 月 9 日及 7 月 10 日两次公开开庭审理，最终于 8 月

10日一审公开宣判，各被告人分别被判处4年6个月至10个月不等的有期徒刑。

（二）业界观点*

全国政协委员、贵州贵达律师事务所主任朱山指出：大数据交易行业一直面临公民个人信息保护的难题，而在侵犯公民个人信息罪相关司法解释、《网络安全法》及个人信息相关法律法规、国家标准出台后，个人信息保护的法律风险已经成为不可逾越的红线。该案中，数据堂公司所被指控的一系列个人信息交易活动，为行业相关主体在以下方面提供了警示：（1）间接获取个人信息时，应确保来源合法；（2）使用、处理个人信息，应严守授权同意范围；（3）企业内部应健全个人信息访问控制措施，确保最小授权、最少够用原则。

北京理工大学计算机学院教授、副院长刘驰长期研究数据交易生态链的构建。在他看来，限制数据交易发展的三大技术瓶颈，分别为大数据的寻址、定价，以及安全和隐私保护问题。在交易过程中，即使采用匿名化等技术手段，仍然难以保证挖掘、应用过程中公民隐私不受侵害，而还原隐私数据对许多公司并不难。

侦办该案的临沂市警方介绍，他们发现的新情况是，有大数据公司为规避风险，在数据销售过程中，将涉及公民隐私的数据拆分成不同部分，每段均无法识别到个人，到了需求端再自行整合起来，形成对个人的完整数据。这类技术规避行为，事实上亦涉嫌侵犯公民个人信息犯罪。

（三）案件思考

该案中，数据泄露源头系手机运营合作商员工，泄露行为是员工个人的违法行为而非公司行为，该手机运营合作商在内部数据管理上存在

* 全国政协委员朱山：大数据产业亟需国家层面立法规范和保障［EB/OL］．［2019-07-25］．https：//mp.weixin.qq.com/s?src = 11×tamp = 1561426004&ver = 1689&signature = KOzCbBSO7-8ouw1dc1SOhxLsVGfzsaVYTFP6zpHTk * rdgbp * hKkXq7smaOWIBhBWggvKrFdFZ——qz9R8eXilo7l4nFXs8cjE6yAvkr9ZHFxpIZ9njIpqyej4lytnbovK&new = 1；张瑶，闻雨．追踪“数据堂”：特大侵犯个人信息专案，震动大数据行业［J］．财经，2018（17）．

一定漏洞，但在整个链条中，仍存在数据的非法买卖行为，如作为大数据服务商，尤其涉及数据流转或者数据共享时，仍然要关注数据本身的合法性问题，今后，打击数据非法买卖行为，严格数据安全保护措施将会成为数据治理的重要手段。

1. 数据获取的合法性

根据《网络安全法》第40~42条之规定，网络运营者应当对其收集的用户信息严格保密，未经被收集者同意，不得向他人提供个人信息，且网络运营者收集、使用个人信息，应当遵循合法、正当、必要的原则，公开收集、使用规则，明示收集、使用信息的目的、方式和范围，并经被收集者同意。

同时根据《刑法》第253条、《关于办理侵犯公民个人信息刑事案件适用法律若干问题的解释》第5条，出售或者提供行踪轨迹信息，被他人用于犯罪的；知道或者应当知道他人利用公民个人信息实施犯罪，向其出售或者提供的；非法获取、出售或者提供行踪轨迹信息、通信内容、征信信息、财产信息50条以上的；非法获取、出售或者提供住宿信息、通信记录、健康生理信息、交易信息等其他可能影响人身、财产安全的公民个人信息500条以上的；非法获取、出售或者提供第3项、第4项规定以外的公民个人信息5000条以上的；违法所得5000元以上的；将在履行职责或者提供服务过程中获得的公民个人信息出售或者提供给他人，数量或者数额达到第3项至第7项规定标准一半以上的；构成侵犯公民个人信息罪且“情节严重”的情形。

因此，作为数据平台，首先应当对自己获取的用户个人信息保密，且应当告知客户公司收集、使用用户个人信息或者数据的规则，明示收集、使用信息的目的、方式和范围，并经被收集者明示同意，对于未经被收集者同意的，公司不得向他人提供个人信息。

2. 间接获取个人信息的合规要求

在大数据交易行业，存在大量个人信息共享、交易场景。在这类场景中，接收者往往并非直接从个人信息主体处收集个人信息，而是从其他个人信息控制者处获取“二手”甚至多次转手的个人信息，即间接获取。

考虑到大数据业务的发展，国家标准《信息安全技术 个人信息安全规范》（GB/T 35273—2017）针对间接获取个人信息的情况，也提出了具体的要求，包括：要求个人信息提供方说明个人信息来源，并对其个人信息来源的合法性进行确认；应了解个人信息提供方已获得的个人信息处理的授权同意范围，包括使用目的，个人信息主体是否授权同意转让、共享、公开披露等。如本组织开展业务需进行的个人信息处理活动超出该授权同意范围，应在获取个人信息后的合理期限内或处理个人信息前，征得个人信息主体的明示同意。

建议企业一方面从供应商选择的角度，要对个人信息提供方的数据流程进行法律合规性评估，并基于评估结果选择供应商。评估的具体内容可包括个人信息提供方提供的数据的来源、类型和数据获得是否已取得数据主体的授权同意。评估基于的资料可包括供应商前期提供的隐私政策文本、授权文本、数据分类或者去标识化的记录等。另一方面从供应商签约的角度，应在双方的合作协议中明确个人信息提供方对数据来源合法性的担保责任；明确个人信息提供方对个人信息的授权和脱敏责任，明确个人信息提供方的保密义务；明确个人信息提供方保证其将承担违反法律、《个人信息安全规范》、与其用户之间的《隐私政策》而提供数据的经济和行政责任。

3. 公司应确保采取合理措施对于个人信息实现匿名化处理

根据《网络安全法》第42条之规定，未经被收集者同意，不得向他人提供个人信息。但是，经过处理无法识别特定个人且不能复原的除外。这意味着，对于在业务过程中，如数据可能向外界披露，则必须隐去用户分个人信息，且该处理方式不可被逆推，在数据有合法授权的前提下，应当确保输出的为数据计算结论，且不可推及到用户个人。

2017年8月15日，国家标准化管理委员会发布《信息安全技术 个人信息去标识化指南（征求意见稿）》（以下简称“《去标识化指南》”）。《去标识化指南》描述了个人信息去标识化的目标和原则，提出了去标识化过程和管理措施。该指南提供的个人信息去标识化指导，既适用于个人信息处理者，也适用于网络安全相关主管部门、第三方评估机构等组织开展个人信息安全监督管理、评估等工作。但是，我国对于数据匿名化目前尚未出台统一的规定或标准，各个机构的匿名化程序、技术和标准都不一致，有些匿名化实际未实现完全的匿名化，仍保留有相当的个人信息甚至个人敏感信息。

大数据广泛应用的时代，功能强大的大数据技术涉及多个数据库的合并，这种做法有时被称为“数据的融合”，也可能导致所谓“马赛克效果”。有些匿名的身份将可能因为数据融合而被识别出来。以智能电表的使用为例：个人生活用电时，每种电器在工作和通电情况下的负荷特征是不同的，智能电表能持续记录这些特征，并予以收集和存储。对这些用电数据的分析，可以知道个人在某一时间段所打开的电器以及进行的活动，进而可以利用长期积累的数据推测人们的生活习惯，如作息时间，这显然已可归属于个人数据的范畴。不难预知，大数据的发展以及相关技术的应用将会使得传统上不可识别的某些数据转化为可识别的，从而拓宽个人数据的范围。这也是匿名化技术所面临的挑战。

对于大数据企业而言，在对匿名化信息进行使用和对外共享时建议，一方面，如果企业此前收集的是非个人信息，企业对这些非个人信息的隐私风险评估后发现，个人身份信息可能被重新识别，则为减少合规风险，应当就该种收集和识别活动取得用户的授权同意。另一方面，如果企业此前收集的是个人信息，对这些个人信息进行匿名化处理后需要与相关主体进行共享，或者企业需要将收集的非个人信息与合作方进行共享，则可以在与共享匿名数据的合作方的合作协议中约定相关数据被恢复身份识别化后的双方责任和义务承担。此外，企业应定期、持续对匿名数据的重新识别风险进行评估，以决定对这些共享数据进行何种程度的匿名化处理以及是否需要就该等风险告知个人信息主体并取得相应披露授权。

第五节　企业作为大数据平台

一、企业作为大数据平台可能面临的主要风险

企业作为大数据平台，无论从平台的基础设施管理还是其承载的海量数据安全保障问题以及从人员管理权限设置等操作层面，抑或其数据来源的合法性方面都面临合规风险，具体如下。

（1）平台设施管理问题。由于平台建设初期缺乏长远的规划及技术限制，数据平台硬件基础设施管理存在很多问题：一是系统分散，资源共享困难。企业一般存在多个系统，功能存在交叉重复，系统数据和业务功能较为分散，还未形成真正的大数据共享平台。二是数据标准化程度低，数据源不完整，关联分析能力较差，影响大数据应用。三是传统技术限制，导致平台架构存在缺陷，随着数据类型的增多，系统面对海量数据的承载能力较弱，扩展性差，难以支持复杂的数据处理。

（2）平台数据安全问题。大数据平台承载着海量的数据，如信息安全体系建设不完善，数据安全难以保障。数据安全对于大数据平台的采集层、储存层、服务层、应用层等每一个层级都至关重要。一旦敏感信息处理不当或者数据发生泄露，都可能给企业带来致命的打击。如之前提到的“数据堂”案例，被媒体爆出牵涉信息泄露、高管被抓、公司经营异常等问题，目前该公司已对涉案业务予以整改和停止。该案的爆发，也提醒相关的大数据平台加强对信息保护的重视。

（3）平台数据来源合法性问题。企业作为大数据平台，数据的来源有的是自行采集、直接获取的，也有的是间接获取的。对于直接获取个人信息的，应严守授权同意原则。对于间接获取的数据，一定要采取合理的必要措施，核实数据来源及数据合法授权并保留书面证据。对于一些通过非法方式获得的数据，要及时向有关部门举报，并留存相关证据。如使用了来源非法的数据，则企业可能承担相应民事或者刑事责任。

（4）违规越权和违规操作问题。企业的大数据平台各个系统均有不同的人员进行使用，若不同的人员在使用的过程中，未按照企业内部制度依照各自被授予的权限进行使用的，出现越权和违规操作，可能存在将各类客户资料、账务信息、统计报表、结算报表等诸多敏感数据泄露的风险。

二、企业作为大数据平台的合规建议

大数据平台是用户进行数据采集、交换、存储、共享、管理、分析的重要载体。企业作为大数据平台，建议持续完善大数据相关平台系统的安全管理与技术防护手段建设，基于安全能力三同步原则，建设部署安全能力，满足平台系统各层面安全防护要求。首先要落实大数据平台规划建设、系统上线、运营监督与信息安全三同步管理，其次做好平台系统数据及应用层面、网络及系统层面、资产及设备层面三大方面的安全防护。具体建议如下。

（1）做好身份认证。身份认证的目标是禁止未认证的访问请求，确保所有访问请求都是经正确认证且授权，并防止未授权的用户访问。基于PKI、CA、数字证书、数字签名等技术措施，通过证书申请、证书撤销和证书管理等功能，使用计算机密码算法，建立对访问或使用大数据的平台进行身份的唯一性、合法性、符合性的识别和确认。

（2）权限控制管理。权限控制确保所有用户的权限都是其工作所必需的最小权限，权限的申请必须是经授权审批。通过权限管理，使得大数据平台中的系统资源、关键数据等让合适的用户进行访问和操作，有助于提高平台资源抵御非法获取的能力。

（3）识别和匿名化处理。对大数据平台中的各种结构化和非结构化数据进行分级分类，并确定数据表或数据项的具体访问权限，引入密码和加密算法，确保信息安全。同时对用户的个人信息进行匿名化处理，经过处理无法识别到特定个人且不能复原的数据才能对外共享和使用。

（4）加强安全审计。在大数据平台上增加安全审计功能，将安全审计跟踪嵌入用户对数据操作的每个环节和步骤，使用户在使用平台访问数据资源的同时留下访问痕迹，平台自动监控操作行为并形成审计报告，安全管理员可查询、浏览审计日志，及时监控和发现系统安全问题，有利于问题追溯和快速处理。

三、案例分析

企业作为大数据平台，要关注数据公开的法律风险。企业在业务开展过程中经常会公布一些企业数据，但目前对企业的数据权利立法规定不健全，企业的数据被第三方不当使用，很难主张本公司的权利。一个典型案例是美国 HiQ Labs 公司与领英（Linkedin）之间的数据纠纷。该案案情与新浪微博诉脉脉案在事实层面具有很多类似之处，但在法律裁判部分有截然不同的结果。

（一）案件简介

HiQ Labs（以下简称 HiQ）是一家为客户提供雇员评估服务的公司，其服务基础是对市场上公开获取的数据进行统计分析。HiQ 的数据分析业务主要依托微软旗下的职业社交网站领英（Linkedin）的公开数据，过去数年其一直都在获取与使用领英网站上的公开用户数据。2017 年 5 月，领英向 HiQ 发函，要求其停止非授权性数据抓取以及其他违反领英用户协议的行为，禁止 HiQ 继续获取领英用户的公开信息（该案中领英并未就其网站上用户档案信息主张财产性权利）。领英同时还通过系列技术手段，阻止 HiQ 的自动数据收集技术获取相关数据。领英认为，HiQ 未获授权进入领英的计算机系统抓取相关信息，违反了《计算机欺诈与滥用法》（CFAA），HiQ 的数据收集行为威胁了领英用户的隐私。领英指出，即使那些选择公开其档案信息的用户，仍保留控制其数据的使用与可见性方面的利益。尤其是有些用户可能具有防止雇主或他人追踪其档案变更的利益。

作为回应，HiQ 针对领英的行为提起诉讼。HiQ 认为领英的行为构成不正当商业行为，并提出普通法下的侵权与合同之诉，包括故意干涉合同以及违反“允诺禁反言”（promissory estoppel）原则。此外，HiQ 还认为领英的行为违反了美国加州宪法有关保护言论自由的规定。

HiQ 提出动议，请求法院针对领英的行为作出临时禁令。经过分析，法院最终同意了 HiQ 有关临时禁令的动议。2017 年 8 月 14 日，美国加州北区联邦地方法院针对领英的行为颁布了临时禁令。

（二）业界观点

金杜律师事务所知识产权部瞿淼律师认为：“如果新浪微博一案是从竞争法角度审查这类案件的，那么本案则是更多从垄断法的角度对于数据的共享和流动应遵循的规则和原则进行了裁判。本案的数据反垄断的视角凸显了数据作为资源的财产性属性。同时，本案也较为典型地反映了美国整体而言对于数据流动和共享较为宽松的态度。”[1]

最高人民法院中国应用法学研究所陈敏光对比分析了 HiQ 诉领英案与大众点评诉百度案。两者的不同在于，国内涉及数据抓取的案件，往往被告后续对数据的使用行为构成对原告服务的实质性替代，此时法院一般会根据《反不正当竞争法》第 2 条认定其构成不正当竞争。领英案不同的是，原告作为小型创业公司，根据领英公开的数据进行不同维度的二次利用，其在某种意义上居于数据产业链的下游，且领英对此一直是允许的，现在领英自己要开展同类业务，从而拒绝原告对数据的抓取，这涉嫌滥用市场支配地位。

北京市海淀区人民法院民五庭庭长杨德嘉从竞争法角度详细分析了领英案与脉脉案的不同。面对数据获取和利用问题产生的纠纷，不能采用静止的思维模式和“一刀切”的解决方法。因为无论是技术应用还是竞争手段，都是在不断变化发展的，相应的社会利益格局也是在动态中逐步寻求平衡。举例来说，按照我们传统的生活经验，一家商店，你在营业时间随便进出是没问题的。但是在商店晚上关门歇业后潜入进去，

---

[1] 数据之争——盘点 2017 年与数据有关的争议［EB/OL］.［2019－07－25］. http：//www.zhichanli.com/article/6054.html.

恐怕就有违法之嫌。此外，即使是在营业时间，你从正门进入开放的营业区域没问题，但是绕到上着锁的后门，或者明明看到非工作人员不得进入的警告，仍然把锁撬开，或者采用爬窗户等方式进入，这就存在很大的问题。这样公认的生活经验与尝试，同样也对数据竞争纠纷的判断有启发。领英案的裁定中也举了类似的例子。正因如此，不难看出，领英案和脉脉案貌似结果相反，内在逻辑却不矛盾。在领英案中，HiQ 爬取的是完全在网上公开的信息，从这个角度出发，法院就认为这种行为是可以接受的；但在脉脉案中，脉脉超越许可权限，爬取了新浪服务器中非公开的用户数据，所以法院认定这种行为应当被禁止。❶

（三）案件思考

尽管在该案中，法院反对作为数据收集提供平台的领英公司禁止 HiQ 公司通过爬虫技术获取领英网站上公开的用户资料信息，认为 HiQ 有权利爬取领英的数据并加以使用，但并不等于美国法院认为第三方平台对于数据的收集和使用不受数据提供平台方的限制。在 Facebook 诉 Power Venture 案中，法院认定 Power 违反了《计算机欺诈与滥用法》。该案中，Power. com 属于社交网站，其为增强影响力和增加流量从 Facebook 盗取数据（用户可以通过 Power 的网站同时接入多个社交媒体网站，且要求用户提供自己在 Facebook 上的用户信息，并通过朋友圈发出 Power. com 的邀请）。法院作出判定的前提是 Facebook 已对 Power 发送停止令，且采取 IP 阻拦的方式禁止 Power 接入 Facebook 的网站，但 Power 仍采取技术措施绕开拦截，因此违反了 CFAA 的规定，该法禁止任何人在没有获得授权或超过授权范围从受保护的电脑中获得信息。❷

上述两个案件情况相似，但法院在 HiQ 诉领英案中选择保护数据抓取方的权益，而在 Facebook 诉 Power Venture 案中选择保护数据平台方的

---

❶ 专家呼吁对数据窃取等违法行为予以惩罚［EB/OL］.［2019-07-25］. https：//tech.china.com/article/20190416/kejiyuan0129272490.html.

❷ Facebook，Inc.，a Delaware corporation v. Power Ventures，Inc.，DBA Power. com，a California corporation；Power Ventures，Inc.，a Cayman Island corporation.

权益，其本质源于案件所涉数据信息的性质。在 Facebook 案中，相关数据并未公开，且 Facebook 还为其数据的保密实施了一定的技术措施。Power 通过“盗取”“绕开拦截”等非正常形式，获取 Facebook 平台数据的行为，已经超出第三方可收集数据的范围。而 HiQ 在领英案中所利用的数据信息均为领英网站公开的个人信息，且领英的协议中同意第三方平台以同样的方式抓取数据。领英案和 Facebook 案最大的区别在于前者使用的数据为数据平台的公开数据，且利用方式未超出正常范围，而后者法院认为真正侵权的部分也仅限于 Facebook 在发送停止令后，Power 的非正常盗用及技术破解等行为。可以看出，美国在通过法律规制侵害他人通过投入劳动获得的数据时，要求其满足一定的标准与条件，以充分平衡私人利益与公共利益。

再看发生在我国的案例，Facebook 案与前述的新浪微博诉脉脉非法抓取使用用户数据案有较为类似的法律事实及争议焦点，然而最终结果存在较大差异，从中也可以反映出中美司法领域对于数据保护具体问题存在的不同理解，以及给予处于相同或者相似行业的跨国企业在应对类似问题时更为充分、直观的经验借鉴。这里将主要对两个案件在用户个人数据保护领域的不同观点进行进一步解读。

在“脉脉”案中，法院认为脉脉未经微博及用户授权，获取并使用新浪微博用户的职业信息、教育信息，损害了用户的知情权、选择权和隐私权。用户的职业信息、教育信息属于隐私范畴，隐私权作为民事权利，用户有权将自己的隐私提供给遵守法律规则的网络提供者。用户一次授权给微博后，其他开发平台若想取得相关数据，应当要用户知晓并取得二次开放的授权。在该案中，脉脉抓取数据的行为对于用户而言就是典型的侵权行为。

在领英案中，领英也用了“保护用户个人隐私”这最具道德感召力的一招。但法官经详细分析后，并没有支持领英的观点。首先，HiQ 只是抓取了公众同意公开的个人信息的用户个人资料，没有公开的信息并没有抓取。按照法官的分析逻辑，即这些用户不认为“公开的个人信息”

是隐私。其次，领英也同意其他第三方以同样的方式抓取数据，且同样没有告知用户，领英自身也有类似产品。最后，互联网的本质是开放的、公共的，根据美国相关判例，“未经授权进入”应以是否有绕过密码保护为条件。领英提供的数据是属于在公共空间的公开数据，领英不应当设置技术障碍阻挡 HiQ 的抓取。

从上述两例案件中，可以看出两国法院对于网络平台上的用户公开的信息，是否属于隐私权范畴有着不同的看法。尤其在“脉脉”案判决之后，更是为我国从司法角度背书了大数据时代互联网数据竞争中的商业规则——在互联网中网络平台获取并使用用户信息应遵守的基本原则是“用户明示同意原则+最少够用原则”；网络平台提供方可以就他人未经许可擅自使用其经过用户同意收集并使用的用户数据信息主张权利。互联网中第三方应用通过开放平台，例如 Open API 模式获取用户信息时应坚持“用户授权+平台授权+用户授权”的三重授权原则，第三方应用未经开放平台授权且未经用户同意，获取并使用平台用户信息的行为，构成不正当竞争行为。

小　结

本章聚焦于企业在应用大数据时可能面临的合规风险及对此的合规建议，立足于当下热点案例，致力于解读企业作为大数据提供方、技术服务提供方、大数据运营方、大数据需求方、大数据平台等不同角色所承担的不同义务及责任，旨在大数据时代下为企业适应发展趋势及选择数据战略提供明确的合规指引及发展方向。

第五章　企业应用大数据的战略及实践

——以通信运营商为例

导　语

前章节系统论述企业大数据外部法律环境和风险，本章从实践角度出发关注企业应用大数据时的战略定位、模式调整、能力建设、产品管理、组织保障、生态建设、安全及合规管理等各个层面，以运营商为切入点，结合对中国移动大数据业务经营实践的长期观察和深入思考，自内核到外相、由管理到落实，逐层剖析企业在构建大数据发展战略到操作大数据业务实践所需面对的问题、考虑的因素及解决的办法，为之后企业大数据应用提供较为丰富的借鉴经验。

第一节　战略定位

1. 企业大数据战略

大数据已经逐渐成为企业数字化转型、精细化经营、做强做大的根本保障，主要体现在大数据与实体经济的融合应用不断拓展。企业正在尝到大数据与实体经济融合发展带来的“甜头”，利用大数据对实体经济行业进行市场需求分析、生产流程优化、供应链与物流管理、能源管理、提供智能客户服务等。[1] 这不但扩展了大数据企业的目标市场，更成为众多企业技术进步的重要推动力。随着融合深度的增强和市场潜力不断被挖掘，企业对企业内部数据、行业数据乃至第三方数据的理解也在不断加深，基于数据进行变革，而这些变革给企业带来的益处和价值正在日益显现。然而总体来看，目前我国在大数据与实体经济融合领域整体上还处于发展初期，相较于发达国家，在融合行业数量、融合应用深度、融合业务规模和融合发展均衡性等方面还存在一定差距。

大数据所带来的改变和价值已毋庸置疑，但对于传统行业和企业而言，应该如何制定自己的大数据战略，从而让大数据为己所用呢？企业要制定大数据战略，首先要明确大数据的目标，基于目标再从以下几个方面考虑：制定企业发展的大数据规划；强化大数据领导力；设立合理的大数据组织架构；搭建合理的人员团队；文化及制度保障大数据战略的顺利执行。

目前大部分公司的大数据目标是为公司的经营、决策和生产提供支撑。除少数以数据变现为经营主体的企业之外，绝大多数企业规划定位以使能与赋能为主。

2. 运营商大数据目标和战略

电信运营商在大数据发展浪潮中，充当了先行者的角色。从国际形势来看，电信行业收入下行压力大。电信运营商业务收入结构中的主要构成为固话、移动语音和短信业务，但随着移动互联网的快速发展和OTT业务[2]的快速成长，电信运营商的基础语音业务和短信业务不断遭受侵蚀，虽然网络使用量暴增，但其带来的收入和网络成本增加之间的剪刀差不断增大，利润逐渐减少。国内外运营商积极开展战略转型，布局新兴领域，部分领域已初具规模。运营商提供数字化服务来提升客户体验，致力于开发智能化应用为客户生活带来更多便利，通过构建生态系

---

[1] 中国信息通信研究院. 大数据白皮书［R］. 2018-04.

[2] 黄建龙. OTT业务数据特征提取方法及实现［D］. 北京：北京邮电大学，2015.

统与合作伙伴共赢。国际运营商纷纷在物联网、云计算、智能家居等领域进行布局，寻找业务发展的新空间。面对外部压力和内部发展的诉求，国内运营商纷纷把大数据作为企业数据化转型的引擎。大数据从单纯的技术组件发展为驱动企业转型的核心驱动力。运营商大数据的发展阶段可参考图 5-1，现阶段中国运营商基本处于第三阶段，并开始向数据运营阶段发展和建设。

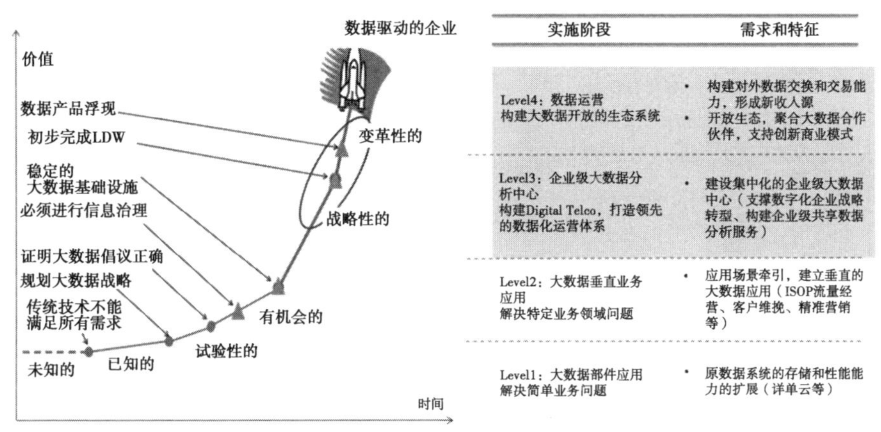

图 5-1　运营商大数据的发展阶段

为实现数据运营的战略目标，大数据在企业内部的落地也是通过各个业务领域的应用来实现的。电信管理论坛（Telecommunication Management Fortum，TMF）对大数据在运营商内部价值领域的分类和定义如图 5-2 所示。

大数据平台在运营商内部主要定位在使能和赋能，通过数据去驱动和优化已有的企业管理、市场营销、客户管理、业务开发和运营。在多个领域，国内运营商已经有了实际的最佳实践，对内部生产和运营管理发挥了积极作用。以精准营销为例，通过对客户属性和行为的分析，构建客户细致的画像标签，在此基础上推荐合适的终端、套餐等产品给匹配的客户，既提升了营销的成功率，又减少了客户打扰，改善了客户满意度。“一客一策”让最终客户感受到有针对性的服务。

图 5-2　大数据在运营商内部价值领域的分类和定义

同时，运营商也在积极开展对外的大数据服务，基于已有的数据优势，面向社会提供数据服务，逐步发挥使能和赋能的作用。2017 年，高特纳咨询公司对全球 100 多家运营商的 13 个垂直行业、140 多个大数据案例进行研究，❶ 描绘出大数据变现的四象限图（见图 5-3）。

其中，横坐标表示的是给运营商带来实际收入的机会，纵坐标表示的是从技术和市场环境分析方案的可行性。通过图 5-3 可以看出，运营商大数据在智慧城市、广告营销和医疗健康等方面具有较强的操作性，市场需求明确。而在教育、制造业等领域相应的垂直应用已经很多，运营商大数据的独特价值难以发挥。从国内三大运营商现阶段对外数据服务来看，主要集中在政务、金融、旅游等多个领域，与行业合作伙伴一

---

❶ 冯橙. 电信运营商大数据变现模式探析［EB/OL］.（2018-05-16）［2018-05-16］. http：//www.sohu.com/a/140884804_ 654915.

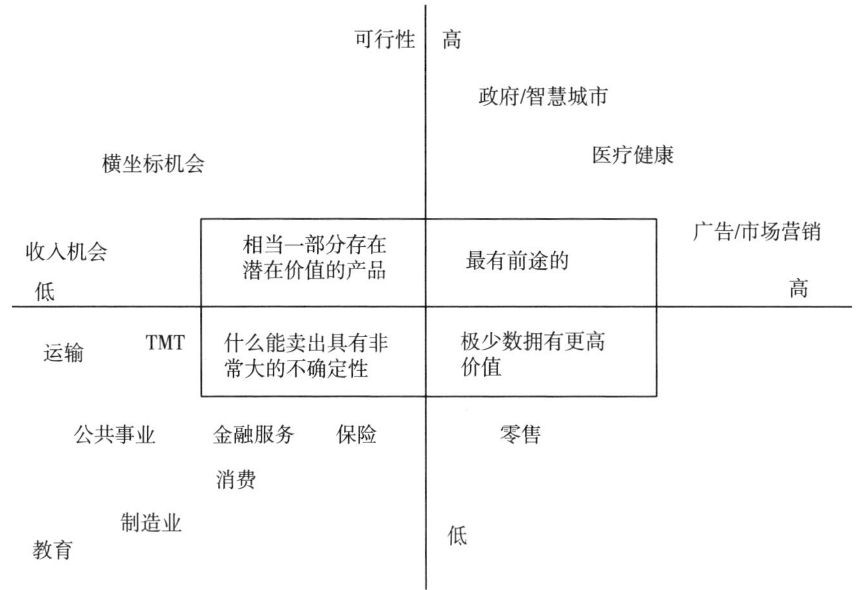

图 5-3　大数据变现的四象限图

起，积极推动行业转型。

3. 运营商大数据战略实施

运营商基于以上大数据目标来展开制定其大数据战略。从组织保障、能力建设、产品管理、生态建设、安全及合规管理几个方面，推进大数据战略的实施和落地。

（1）组织保障是指为某一特定目的服务的组织机构、相关人员的组成及其运行机制，必要的组织保障可以充分发挥组织的保障作用和领导作用，可以充分发挥组织在人才开发和发展上的主导力量。组织保障体现了公司领导层的重视，确保大数据的战略地位；建立健全的组织机构，是大数据相关工作推进的重要保障。

（2）能力建设围绕企业大数据所需的技术能力展开，大数据在数据体量、数据复杂性和产生速度等三个方面均超出了现有技术手段的处理能力，都必须有相关领域的技术创新。技术架构方面需要构建合理的大数据架构体系，从 IaaS 层、PaaS 层、DaaS 层、SaaS 层多个层面明确功能及定位；服务能力方面，需要聚焦企业内部及外部需求，明确大数据体系能够提供的服务能力；最后是关键技术主要面临大数据的实时感知和高效存储、索引、检索、归档和恢复，结构化和非结构化大数据的表示与分析，大数据保密、隐私和安全，多源异构大数据的融合、可视化分析与理解，等等。

（3）产品管理。大数据作为不可消费的资源之一，对产品的形态、体系及生命周期管理都需要严格地策划和执行，以保障大数据产品的可持续发展，以及避免大数据价值在使用中无形地降低。

（4）生态建设。随着大数据技术创新的推进，新兴的大数据产业将迅速兴起，要促进其健康、可持续和良性成长，需要构建针对这一新兴产业及其相关的生态系统。在合作生态中，要实现体制机制、合作模式、创新人才培养三大突破，提高自主创新能力，加速产业结构的转型升级，整合产学研资源而形成的创新力。只有构建良好生态，才能促进企业大数据更好的实施和落地。

（5）安全及合规管理。在企业运用大数据的同时，安全及合规管理是最基础的要求，大数据集带来的更大安全威胁，以及大数据生态复杂化引入的新风险都需要对安全及合规管理做到高度重视。

围绕大数据战略实施的各项要点，下面以运营商的实践经验逐个展开。

第二节　组织保障

随着移动互联网快速发展，数据规模急剧膨胀及大数据、云计算、机器学习的系列技术更新迭代，现有的管理模式、建设模式、运营模式已经无法满足快速响应市场变化的需求，激发出越来越多新的组织和运营模式，从而催生了管理创新的要求。大数据新的运营和管理模式需要适应流量经营、移动互联网运营的数字化转型要求，以面向客户、面向业务构建更强有力的组织能力支撑体系。

一、运营商大数据典型的组织模式

自2010年以来，国内外运营商已开始积极推动大数据工作，其中超过半数的国内外运营商启动了大数据对外服务。国内外运营商主要采取三类运营的方式。

1. 第一类：传统职能式组织模式

传统职能式的组织模式主要特征是按照公司已有的组织架构和部门分工，将大数据的规划、建设、运营等职能分解到现有的各部门。例如，基础数据由网络部、业务支撑部、企业信息化部等不同的部门管理，数据应用由市场部、数据部等部门管理，应用的推广和营销职能又分散到政企部、市场部等部门。实际上在早期，运营商几乎都是传统职能式组织模式，后来出现各种转型。

2. 第二类：在公司内部设立专门机构集中运营模式

通过设立独立部门进行集中运营，采取此方式的典型运营商例如斯普林特（Sprint）专门设立大数据运营中心组织，负责规划、实施以整合企业的数据分析平台。Verison设立精准营销部门，汇聚大数据，专注广告投放及精准营销业务。Telefonica成立“动态观察”大数据部门，针对移动宽带启动端到端的产品运营及支撑。

3. 第三类：设立专门的子公司进行集中运营

通过设立专门的子公司方式进行大数据的集中规划、建设和运营的国外运营商如新西兰电信，其于2014年成立了一家独立公司Qrious。从组织架构及主要职责分工来看，该公司的核心在于大数据对外业务销售、市场营销和推广、大数据应用产品和解决方案的开发、大数据基础技术架构搭建等。采取设立专门子公司方式的国内运营商如中国电信，其由专门的子公司“中国电信云计算公司”负责大数据对外服务，负责全网大数据产品开发、运营、营销、商务合作等事项。

二、一体化运营模式的新要求

除公司的组织架构调整外，为了顺应大数据的快速发展和变化，项目管理机制也出现了快速转型。

首先，运营商传统的 IT 建设项目“重建设，轻运营”，按照固定的项目周期和工作量等设计和规划，在有限的范围内进行改造、优化，造成不断地“打补丁”。其次，缺乏对应用生命周期的管理，导致应用效果不佳，应用难以得到有效推广并发挥其价值。

在互联网和大数据生态下，产品模式以及快速迭代是关乎大数据建设成败的重要因素。参考互联网产品特点，将建设、运营、推广三方面的工作有机结合，在建设方面重点建设统一平台实现能力和技术的共享；在运营方面需要充分把握业务部门需求，支撑一线服务，快速响应和支持客户需求；在推广方面需要业务部门共同完成，推动运营商全员开发构建最佳实践，将优秀大数据应用和最佳实践进行推广，发挥数据价值最大化，推动运营商企业数字化转型。

三、运营商组织保障建议

1. 专业组织保障

为了保障运营商大数据战略有效地执行，进一步推进运营商大数据平台建设、运营工作，进一步发挥数据价值，根据当前国内外运营商实际发展现状，建议设立大数据专业机构负责统筹运营商大数据相关工作，同时建立专业的数据管理体系，构建端到端的大数据服务体系（见图 5-4）。大数据平台运营机构可由具有业务部门、市场部门、网络部门、财务部门等专业技能人员联合组成，承担企业级大数据平台的规划、建设、维护及运营等职能。

运营商大数据平台专业机构职责建议包括如下。

(1) 负责运营商大数据平台的建设和维护以及相关系统、数据等安全规划和实施；

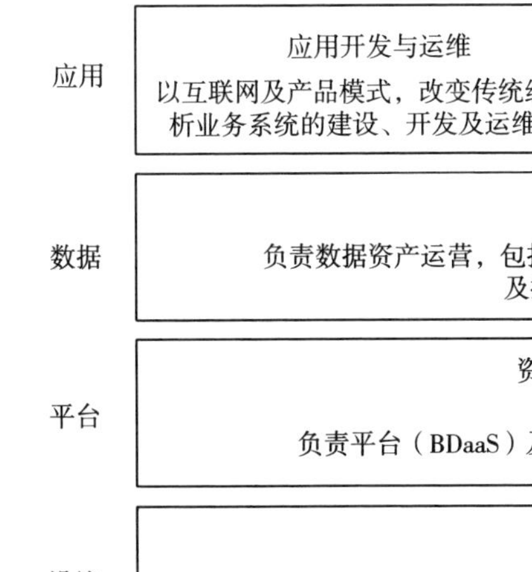

图 5-4　大数据服务体系

（2）负责数据管控工作，包括实现跨域数据的元数据管理、数据模型管理、数据质量管理和数据生命周期管理等；

（3）负责运营商大数据产品开发等工作，包括产品的研发，覆盖产品设计、开发和运营以及后评估全流程管理，数据产品商品化过程的管理以及数据服务的计费管理等；

（4）负责大数据运营工作，包括产品售前、售中、售后的一体化支撑；探索大数据对内部各部门的服务模式，以及对外各行业的解决方案以及商业模式；探索大数据应用的商业产品。

除此之外，还需要配套负责相应的安全管理和法务管理工作，安全管理工作包括平台、数据、应用的技术安全，4A（认证 Authentication、授权 Authorization、账号 Account、审计 Audit）管理等；法务管理包括大数据对外合作合法合规审核、审查等相关工作。

2. 岗位设置建议

大数据技术和应用对运营商的人才储备提出了新的要求，传统的技术人才已经无法满足大数据发展的需要。因此，运营商需要设置新的岗位和培养大数据相关的专业人才。这部分专业人才可称为“数据科学家”。在大数据建设、运营过程中，“数据科学家”必须逐步掌握核心技术，并掌控业务、流程和分析相关的内容，应当具有新一代电脑工程师必备的海量信息分析处理能力，同时还应当掌握相关的商业知识并具有一定的商业实践能力。要想实现“大数据”与企业管理的真正对接，缺少不了优秀的数据科学家。因此，企业对于能够处理大量数据信息的数据专业人士及科学家的需求越来越紧迫。结合国内外大数据运营企业的先进经验，大数据平台专业机构需要的“数据科学家”，包括以下类型的岗位人员。

（1）数据分析师：建立各种数据挖掘模型，深入分析和挖掘数据，探索数据价值，形成专题分析报告。

（2）数据管理员：制定数据规范，实施“数据治理”，及时解决数据质量问题。

（3）技术架构师：紧跟和掌握新技术，熟悉各种技术平台特点，组织对产品的测试和选型，参与规划和设计大数据平台的系统架构，并对技术架构的未来发展作出决策和建议。

（4）数据产品师：统筹管理大数据需求，负责大数据产品的设计、策划、开发、营销及推广等工作，借助公司的数据资源帮助企业内外部的组织实施各类大数据项目。

（5）系统运维师：熟悉各种产品内容，承担各种产品的运维工作，保证各种产品的安全、平稳运行。

（6）安全规划师：熟悉各种大数据安全技术，设计安全防护产品，指导安全防护系统建设。

（7）法务专家：熟悉精通国内外大数据相关法律法规，指导大数据相关合同及审计协议范本制定，负责法律风险等合规管理工作。

第三节　能力建设

大数据具有多样的数据类型[1]（Variety），很多时候，数据的繁杂性和不确定性甚至成为大数据的优势。基于互联网、传感器技术及其他数据收集技术的发展，越来越多种类的数据可以被人们收集，比如网页浏览记录、搜索记录等互联网数据。随着互联网业务和应用的迅猛发展以及移动互联网的爆炸式增长，针对客户基础属性、行为数据、基础数据和终端数据等海量数据的存储与分析日益成为电信运营商的重要挑战。

大数据价值的实现以及价值的大小，很大程度上取决于大数据的分析技术。海量、繁杂、动态的数据以及关注效率和相关性的大数据思维，决定了大数据分析技术的发展方向，以数据精确性为目的的数据筛选和样本选择技术的作用不再那么明显，数据处理能力和数据相关性分析技术成为大数据应用的决定性因素。云计算现在常常会和大数据联系到一起，因为实时的海量数据的分析需要分布式处理框架来向数万台甚至更多的电脑分配工作。

大数据技术与机器学习的发展为电信运营商深挖数据提供了新的技术手段，通过大数据技术平台的建设、数据资产与服务，以及各种关键技术的深入研究，立体化地展现了电信运营商在新时代要求下的大数据能力建设体系。

一、大数据技术架构

大数据架构能力如图 5-5 所示，是在统一的平台和数据能力之上，形成大数据云服务，为电信运营商各个业务单位提供全域数据资源、全网存储计算资源、多样化开发部署环境与工具、共性服务调用等多种支

---

[1] 电信运营商大数据变现模式探析［EB/OL］.（2016-04-22）［2018-04-22］. https：//www.sohu.com/a/85064669_ 398736.

撑能力，实现敏捷高效、各取所需的应用开发能力，满足个性化需求。

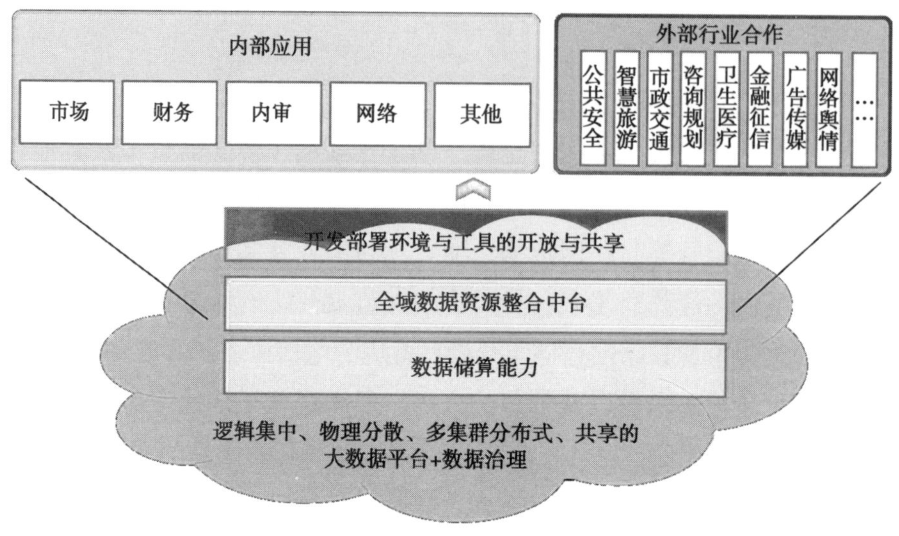

图 5-5　大数据技术架构

1. 数据采集整合存储加工

对企业内外部分散的数据进行统一采集整合及高效加工，构建统一、规范、可共享的全域数据体系。同时，通过高效的数据治理，对整合数据的存储与计算进行统一标准化管理，打造电信运营企业统一数据视图。基于大数据庞大的数据规模以及动态的数据特征，各互联网和 IT 公司正致力于研发可以扩展至 PB 甚至 EB 级别的数据存储平台。随着云服务的发展，越来越多的公司开始选择企业云来进行大型数据的存储管理，并可以借助大数据共享平台或者云计算直接在互联网上进行大数据分析。

通过统一建设、管理全网的储算资源，并将储算能力开放，按需调度大数据云的存储资源和计算资源，实现动态、弹性分配，减少全网投资成本，提升资源使用效率。

2. 大数据中台支撑

基于大数据基础数据和数据治理的成果数据，构建数据流向视图、数据模型视图、指标/标签视图和共享代码等主要能力呈现，统一企业数据标准，汇聚全网数据，形成企业级全域数据视图，实现资源的统一管理，提供标准化数据服务接口。其主要包括以下几个部分的内容。

（1）形成企业核心数据资产：以开放化的服务流程，开放给各级各类部门，便于申请使用大数据平台数据服务能力；

（2）统一数据可视：将模型、指标、标签统一管理维护，以标准格式向使用者可视化呈现；

（3）全生命周期的数据管理：统一梳理面向使用者的模型视图，对模型数据血缘、模型关联基础表、模型的创建者、调用次数等进行量化的管理、分析及展示；

（4）建立统一的数据标准：建立统一的数据架构，按照主题域构筑统一的数据层，对外统一数据口径及标准。

3. 开发部署环境与工具的开放与共享

统一架构设计与技术标准，构建标准统一的开发、测试、应用环境，打造全网平台软件及应用软件的标准化能力，实现应用和产品的快速复制、全网推广。

4. 数据的多元化应用

基于大数据平台的部署环境和工具的开放能力，通过整合运营商内部渠道资源、内部大数据能力和自有及第三方合作伙伴开发能力构建对内对外的多元化应用。

对内支持各级各单位的市场营销、财务、内审、网络优化等大数据的分析、经营决策；对外创新合作模式，应用到公共安全、智慧旅游、市政交通、卫生医疗、金融征信等各个行业应用中，探索多元化运营，构建大数据外部合作生态圈。

二、大数据服务能力

根据运营商拥有的数据资源的特点及分类，融合数据及模型数据，构建统一、标准、公共的数据服务能力，对内提供日常运营管理和业务决策支撑；对外拓展大数据应用合作，提升企业数据资产在产业链及行业合作生态中的价值。

通常运营商在如下几个方面建设大数据资产及服务能力。

（1）位置洞察能力。运营商通过对通信信令数据的采集，并参照基站位置信息，可计算出客户的位置信息，据此运营商可以提供基于定位信息的政务或商业服务。比如提供准实时城市热点区域内客流变化情况的城市客流监控产品——城市热力图，在应急维稳、城市管理规划、商圈规划等方面发挥良好效用。在应急维稳方面，运营商可以提供突发聚集事件警报、特殊来源地人群跟踪等服务；在城市管理规划方面，运营商可提供交通拥挤预估、线路规划、客流疏散等服务；在商圈规划方面，运营商可以通过研判区域人群特征，如男女比例、消费习惯等，为商圈规划提供决策信息等。

（2）价值征信能力。运营商拥有客户身份特征、消费行为、位置信息、社交活动四维一体的核心数据资源，可清晰描绘出客户全息精准画像，据此构建个人信用积分体系，可以拓展运营商信用体系生态圈，为第三方业务提供授信决策。

（3）体验感知能力。在电信市场竞争日趋白热化的今天，运营商用户感知层面的比较已经上升到战略高度。因此，更切实、更有效地改善用户感知度成为关键。运营商能够获取用户在使用电信业务时的各种反馈信息，如网络信号满意度、服务体验感受、消费体验感受、产品使用感受等，结合客户其他的数据可以分析如何提高客户满意度，提升产品和服务的竞争力。

（4）兴趣偏好识别能力。个性化的兴趣偏好在互联网时代具有巨大的商业价值，运营商拥有海量的客户基础数据，可以分析客户个性化的偏好标签，如消费偏好、终端偏好、阅读偏好、上网偏好、渠道偏好、App偏好、动漫偏好等。各类个性化的偏好型标签能力将广泛地应用于运营商对内对外应用中。

（5）社交关系洞察能力。与传统互联网相比，移动互联网时代更加强调“社交”和“互动”。人们随时随地可以和朋友问候交流、分享资讯，只要带上手机，整个社交圈也就装在口袋里。交互性增强带来的效果是，不但产品可以为用户带来效用，反过来用户也能为产品导入流量。电信运营商通过基础网络数据可以分析客户的交往指数、亲密指数、家庭关系识别、交往圈识别等较高业务价值的标签数据。

(6) 行为预测能力。客户行为的研究构成营销决策的基础，它与企业市场的营销活动密不可分，它对于提高营销决策水平，增强营销策略的有效性有着重要意义。电信运营商拥有大量的客户历史行为数据，通过对历史行为的数据分析可以对客户终端换机预测、终端推荐、套餐推荐、离网预测、宽带推荐指数等营销策略进行指导和决策。

三、大数据关键技术

随着大数据行业的技术飞速发展，作为信息产业的前锋行业，电信运营商一直以来都在大数据领域持续地研究和投入，只有先进的技术才能促进大数据应用的发展和落地。新兴的大数据技术包括人工智能、物联网方向，如机器学习、定位技术、物联网数据解析等。从运营商角度看，目前迫切需要解决的主要技术包括以下三个方面。

(1) 人工智能。现阶段人工智能产业在相关产品和技术上取得了一系列突破，并且在智慧城市、智能交通、医疗教育等领域，人工智能已经有了诸多应用。电信运营商大量非结构化数据，例如，客服投诉语音记录、存在于大数据平台及各业务系统，需要相应人工智能技术将非结构化数据变为结构化信息，再将信息与关联结构化信息融合提供给大数据预测或挖掘，产生价值。

(2) 精准定位。“基于 MR 与 OTT 的精准定位指纹算法”是采用数据训练的方式获得任意经纬度栅格内的 MR 数据特征（指纹库），从而采用 MR 数据与该特征匹配后，即可输出用户的精准定位信息（精度为 50 米）的算法技术。MR 可精准输出目标用户的位置规律，为解读用户的位置行为研究提供数据保障。

(3) DPI 深度解析。DPI（Deep Packet Inspection）深度包检测技术

是一种基于应用层的流量检测和控制技术，是当前主流的协议识别技术。当数据流通过基于DPI技术的带宽管理系统时，通过深度分析协议的特征来识别其业务类型和特征。通过对移动用户上网数据包的深度解析，运营商可以得到大量的互联网上网数据，根据此基础数据可以分析得出有业务价值的数据，在精准营销、流量运营、用户洞察、增值业务等领域有非常重要的应用价值。

第四节　产品管理

产品管理（Product Management），是将企业的某一部分（可能是产品、产品线、服务、品牌、细分等）视为一个虚拟公司所做的企业管理，目标是要实现长期的顾客满意及竞争优势。产品管理是企业或组织在产品生命周期中对产品规划、开发、生产、营销、销售和支持等环节进行管理的业务活动，它包括五个环节，即需求管理（User Request Management）、产品战略管理、产品市场管理（或称产品营销管理，Market Management）、产品研发管理（Development Management）和产品生命周期管理（Product LifeCycle Management）。其中，产品战略管理和生命周期管理是本节关注的主要内容。

一、产品战略管理

产品战略规划是一套系统的方法，它运用系统、规范的方法/工具对公司内各产品线各自的市场发展趋势、客户的需求、竞争环境及对手、产品线/产品的结构合理性进行分析，创建合理的市场细分规则，对要投资和取得领先地位的细分市场进行选择和优先级排序，确定公司优先巩固（聚焦）发展哪些产品线/主要产品，优先发展（重点突破）哪些产品线/产品以及如何规划产品发展的路标，通过规划区域、渠道、产品线、产品并确定公司主要产品的战略角色定位，实现产品怎么“好卖”与“卖好”。

1. 根据大数据应用目的分类

随着大数据认知的深入以及大数据技术和平台的发展，大数据的应用范围不断扩展，应用的行业也越来越多。如同大数据本身，大数据的应用也是较为繁杂的。根据大数据应用目的，可以把大数据应用做以下分类（见图 5-6）。

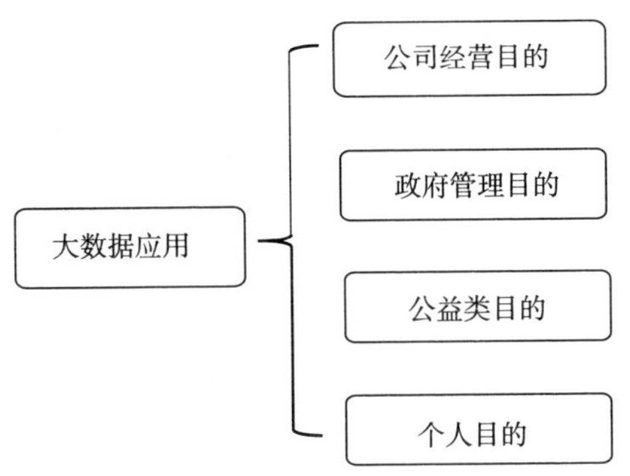

图 5-6　大数据应用分类

（1）公司经营目的应用。以公司经营为目的的大数据应用是目前使用最早，范围最广的大数据应用。一方面，各公司通过对大数据采集、分析，可以更加明确地了解市场需求，从而可以更有针对性地进行投资，节约开发、生产、库存等成本，大大降低投资风险；另一方面，企业可以根据大数据分析结果，更加精确地定位顾客，针对性地向顾客进行营销，提升广告投放的精确度，提高营销效果，提升服务质量。用户在购物网站遇到的产品推荐，物流公司根据用户反馈信息和交通状况进行库存部署和送货路线规划等都属于此类大数据应用。

（2）政府管理目的应用。通过大数据应用实现政府管理目的，提升政府决策和管理水平，是目前各国政府越发重视大数据应用并将大数据发展提升到国家战略高度的一个主要原因。借助对国民个人数据、国民生活消费数据、交通数据等的收集和分析，政府部门可以实现更高效、更有针对性的市场经济调控，完善公共卫生安全防范，提升紧急应急能力，完善社会舆论监督，实现智慧交通等。在中国，贵阳市是最早进行大数据探索的城市，2014 年年底，贵州省把整个政府 IT 系统迁到云上，命名为“云上贵州”，建立交通、环保、食药、工业、电子政务、旅游、电商 7 朵云的 41 个业务系统。

（3）公益类目的应用。此处所说的公益类目的应用，主要是针对医疗、科技研究单位而言，即借助大数据应用，对医疗、科学技术发展作出之前无法实现的突破或改善。比如，大数据分析应用的计算能力可以在几分钟内解码整个 DNA，从而使医疗人员制订出最新的治疗方案；通过对患者数据的实时收集和反馈，医疗机构可以建立患者的疾病风险跟踪机制；在天文领域，随着全球各个大型巡天观测项目的开展，天文学研究的模式正在从以往的小样本向着大数据模式转变，天文学的研究也越来越离不开大数据集的统计分析。

（4）个人目的应用。借助大数据应用的产品，每个人的生活水平都可以得到不同程度的改善，上面所讨论的三类应用本质上对提升个人的生活都有着积极作用。此处所说的个人目的应用是那些对改善个人生活品质更直接的大数据应用，比如现在的手机或智能装备收集的每天的生活数据，包括热量消耗、睡眠质量甚至是心肺功能，通过对这些数据的分析对个人的身体健康作出提示和反馈；再比如通过使用地图软件的实时路况信息和热点图，可以及时作出计划变更，提高效率；而一些运动员，借助运动器材中的传感器技术，可以获知比赛中的实时数据，从而有针对性地改善自己的技能。

2. 根据大数据产品服务类型分类

根据大数据产品服务类别，运营商大数据应用对外服务常见以下四种产品类型。

（1）数据标准类。运营商提供合法的基础数据查询服务；或在自有的海量基础数据上，通过对用户的数据进行复杂的运算加工后形成数据标签、指标打分、指数等数据二次加工产品，并向客户提供数据查询接口及查询服务，一般按照查询量“每次每字段”的方式基础定价，可根据市场情况进行打包打折销售。

（2）分析报告类。此模式需要运营商专业的数据挖掘和分析团队在根据客户的业务需求和行业特点进行深入地分析后，通过多维度、多行业、多场景的数据，可以为不同客户输出相应的具有高价值的行业分析报告和业务咨询结果，从而向客户收取专业服务和产品费用。一般按照报告"每份"的方式基础定价，可根据市场情况进行包季、包年等打折销售。

（3）推送类。此模式基于运营商大数据能力准确定位客户潜在用户群体，并通过适合的渠道将营销信息送达用户。一般按照有效推送量"每人次"的方式基础定价，可根据市场情况进行打包打折销售。

（4）应用合作类。基于当前海量的大数据，通过数据挖掘、数据分析等技术开发标准化的大数据产品，或者与客户或合作单位在数据和模型等方面开展定制化联合研发。一般按照应用类价值进行定价，可根据市场情况进行打包打折销售。

3. 根据大数据应用行业分类

围绕运营商大数据的基础能力，构建具有运营商特色的产品体系，面向政务、金融、交通、教育、旅游、医疗、互联网、农商等八个行业，也可进一步细分。此外，针对垂直行业的需求，依据不同场景、不同项目，可以组合大数据能力和基础产品，面向政企行业客户提供多种多样的大数据行业产品解决方案，以应对不同行业的项目需求，促进大数据产品的落地实施。基于目前国内外运营商的大数据应用实践，又可以细分为如表 5-1 所示的具体产品种类。

表 5-1　大数据产品种类

序号	行业	具体产品种类	产品简介
1	政府	政务服务	依托大数据的标签洞察及触达能力，为政府单位提供公益类提醒信息和政策宣传
2	农商	精准营销	依托大数据的标签洞察及触达能力，根据客户营销需求，进行多维度数据匹配与关联，准确把握目标用户的行为偏好和个人喜好，将营销信息推送到目标人群，实现客户的精准营销

续表

序号	行业	具体产品种类	产品简介
3	交通	位置热图	主要定位于为交通、安防等政府人口管理需求提供服务；基于位置能力为政企客户提供基于行政区域、行业区域等热力图展示
4	农商	商业选址	主要面向零售、房地产等商业选址需求，以及政府公共服务需求；依托大数据标签洞察能力，满足实体店铺或公交站点的选址需求
5	农商	商圈分析	依托大数据的标签及位置能力，提供商圈客流分析
6	互联网	终端分析	目标人群手机终端分析
7	金融	信用服务	为金融行业输出金融标签；为金融行业提供数据验真服务
8	互联网	舆情服务	舆情监控和分析平台
9	互联网	商情服务	基于企业标签库和网络爬虫技术，获取招投标等商机信息；对内可作为采购部门、政企部门、分公司项目投标使用；对外可作为增值产品提供给集团客户

4. 大数据对外合作原则

大数据应用对外合作是企业发挥大数据产业链价值和社会价值的重要途径，通过大数据产品开发与营销，企业能够实现大数据变现及跨行业合作共赢。

企业对外大数据应用产品可划分为数据标准产品、定制化咨询产品、能力开放产品和行业产品。

企业对外大数据应用产品应遵循以下原则。

（1）群体类信息优先原则。群体类信息主要使用汇总后数据，不会造成对个人客户隐私的侵犯，例如，区域人流量分布，用于旅游、城市规划、商户选址等需求场景，合法合规，是现阶段大数据对外合作的主要应用方向。

（2）优质客户优先合作原则。外部行业对企业大数据产品应用的合作需求日益增多，企业应在重点建设大数据对内生产服务支撑能力的基础上，根据自身资源情况，优先选择在资质、规模、行业地位等方面具有优势的企业作为大数据合作对象，促进企业大数据产品发挥更大效益，实现共赢。

（3）信息安全原则。企业自身应确保对外合作所涉及的数据不能含有企业商业机密或企业敏感信息，同时严格遵守网络安全法，保障个体客户的信息安全。个体类信息主要涉及具体用户的性别、年龄、位置等个人隐私信息及兴趣偏好，根据网络安全法要求，个体类信息在使用前必须获得用户个人授权。企业在合作项目协议中，应明确要求外部合作客户需严格履行信息安全相关的法律义务及职责，在对大数据产品的使用过程中，不得将大数据产品及相关数据应用于任何违反企业商业机密保护及客户隐私信息保护法律法规的商业用途及业务场景。更多详细内容可参考前面章节。

二、产品全生命周期管理

产品生命周期管理是一种先进的企业信息化思想，它让人们思考在激烈的市场竞争中，如何用最有效的方式和手段来为企业增加收入和降低成本。大数据产品全生命周期管理，一般包括如下步骤（见表5-2）。

表 5-2　大数据产品全生命周期管理步骤

编号	流程步骤	步骤说明及管理要求	相关文档
1	产品需求立项	大数据需求来源包括本公司及合作方。产品需求立项方案经由大数据评议小组预研，公司跨部门评审会评审。经过评审确定为自建自营模式或合作引入模式，分别接续产品投资建设环节或产品合作引入环节	产品需求立项方案，公司决策文件
2	产品投资建设	遵循企业内部有关投资管理规范，完成自建产品的立项和开发建设	内部投资建设规范
3	产品合作引入	遵循产品合作引入相关规定实施完成合作产品的引入工作	合作方引入规范
4	产品发布	开展产品发布准备工作和运营成本申请，通过公司决策后开展试点/试商用/商用，完成产品在支撑系统正式上架，发布试点/试商用/商用通知，并签署合作协议	产品试点/试商用/商用方案，公司决策文件、试商用/商用通知

续表

编号	流程步骤	步骤说明及管理要求	相关文档
5	产品运营	通常公司由负责政企客户的部门负责开展政企产品试点/试商用/商用的运营相关的管理工作，包括产品优化、市场推广和考核管理等内容	管理办法和申请流程
6	产品变更	产品如需进行重大变更（包括合作模式变化、合作方变更、管理层级变更等），由需求方提出后，经过预研、评审和决策流程，评估决策是否实施变更以及明确具体的变更方案，发布变更通知，实施变更方案	产品变更方案，公司决策文件、变更通知
7	产品退出	产品退出包括合作方主动申请退出、合同违约退出和业务考核退出等，由需求方提出后，经过预研、评审和决策流程，评估决策是否实施产品退出以及明确具体的退出方案，发布退出通知，实施退出方案	产品退出方案，公司决策文件、退出通知

第五节　大数据合作生态建设

大数据产业发展迅速，应用空间十分广阔，但大数据产业的生态体系尚处在探索并逐步形成阶段。大数据应用的跨界十分广泛，需要各方面的知识和技能；同时，不同行业企业之间在数据共享、业务创新、合作共赢方面拥有巨大发展空间。因此，积极开展大数据的开放合作，共同推动大数据合作生态的建立与完善，是企业能否使大数据发挥大价值的重要因素。

从企业自身的视角来看，只有构建大数据合作生态，引入更多参与方及合作伙伴，才能更好地推进大数据应用开展，以下围绕大数据能力建设合作类型、合作方管理、合作伙伴引入流程等展开。

一、大数据能力建设合作分类

大数据能力建设合作是企业在构建自身大数据应用服务能力的过程中，通过引入合作伙伴与自身资源形成互补，共同加快企业大数据能力建设，提升大数据应用价值。根据大数据能力建设的不同层面，企业所选择的合作方可包括下列四种类型。

（1）数据提供方：提供经过授权的、合法的数据资源用于满足合作产品的开发工作。

（2）数据平台方：提供平台服务，包括但不限于大数据应用运行所需要的各类能力，包括计算、存储和网络资源、开发环境、中间件服务等，以及支持产品开通、交付、计费、结算、对账、客服等一系列平台服务。

（3）技术服务方：负责大数据合作产品的规划、设计、开发、测试、上线、迭代及优化，同时做好与产品相关的运营工作。

（4）数据产品销售方：销售大数据产品，职责包括商务拓展、产品售前支持和客户维系。

二、大数据能力建设合作方管理

大数据能力建设合作方与企业自身资源形成优势互补，共同打造企业大数据基础设施、产品开发及销售能力。

产品合作，指内外公司或机构，利用各方在数据资源、硬件平台、产品（含建模、产品开发、实施交付、品牌）、推广销售等方面的优势，共同向客户提供大数据产品和服务。合作过程中获取的收益由合作各方共享、成本和风险由合作各方分担。按照不同的合作伙伴类型，需要针对不同要素进行评估和管理（见表 5-3）。

表 5-3　大数据能力建设合作伙伴评估与管理

管理要素 伙伴类型	引入目的	能力/价值考量	要求/约束示例
数据提供方	提供互补性源数据，丰富企业数据资产	业务领域、数据价值、数据规模、数据质量	数据来源需合法合规，不涉及企业敏感信息及个人隐私信息

续表

管理要素 伙伴类型	引入目的	能力/价值考量	要求/约束示例
数据平台提供方	提供计算、存储、网络等基础设施及系统软件、中间件、开发平台、服务组件等，支撑大数据应用的敏捷开发	系统集成资质、平台产品的标准化、开放及兼容性、性能、高可用性等	平台产品需符合相应的国际标准，包括接口互联标准、开发工具标准、安全标准等
技术服务方	大数据应用产品创新、开发与运营	数据建模、数据科学、应用开发能力	应用产品开发需遵循国家/企业标准或规范要求，严格遵守企业数据安全制度
数据产品销售方	协助、拓展大数据应用产品与服务的对外销售	客户关系、销售渠道、客户触点能力	销售合作方需严格遵守国家法律法规，遵循与企业签订的销售合约

大数据能力建设合作方所涉及的管理要素主要包括合作方引入管理及合作商业模式管理。

（1）合作方引入管理：企业需建立统一的合作方引入机制，从企业资质、技术及资源评估、实施案例等方面进行合作方的甄选与引入，并针对大数据能力建设的不同层面合作内容，进行具体商业模式、定价策略、奖励及结算方式探索、磋商与确定。

（2）合作商业模式管理：针对不同层面的大数据能力建设合作内容，可以有多种商务模式，企业需组织市场、财务、信息安全等部门形成商业模式管理委员会，针对具体的能力建设合作项目进行商业模式的研究、设计并开展双边磋商。合作商业模式主要包括表 5-4 所示要素。

表 5-4　合作商业模式要素

合作要素	工作内容
合作形式	双方合作的大数据能力的具体建设内容、交付形式、交付周期、运维模式等

续表

合作要素	工作内容
定价策略	针对不同的大数据产品，制定相应的产品定价策略，如按产品模块、数据量、服务调用次数、咨询分析报告数量等进行定价等
结算或分成模式	对合作方进行支付结算的形式，包括一次性结算、定期结算或双方根据合作项目产生的收益按照一定比例进行分成结算等

三、大数据合作伙伴引入流程

合作伙伴准入的基本条件如下。

（1）合作伙伴应遵守国家相关法律、法规和规章制度，遵守诚实信用和公平竞争原则。

（2）依法设立并能独立承担民事责任的法人组织，或经由其法人组织授权能承担民事责任的非法人分支机构。

（3）具有履行合同/协议的条件和能力并能提供良好售后服务。

（4）企业法人应具备一般纳税人资格。

合作伙伴引入包括引入准备阶段、引入谈判、决策三个阶段。

1. 引入准备阶段

准备合作伙伴引入方案，提出拟引入合作伙伴的产品或产品类型、需引入的合作伙伴资源、引入方式与相应理由、合作评审小组组成、商务模式等，由产品委员会讨论通过后，方可正式对外启动合作伙伴引入。采用公开招募的，应附合作招募公告（包括招募条件、技术要求、商务模式、评审细则等）。采用指定合作方式的，必须明确说明理由并提供相应依据。采用入围引入方式的，必须明确说明己方所需能力及合作方资质。

2. 引入谈判

合作职能管理部门在公司门户或其他公开渠道上发布产品合作招募公告。从发布招募公告到接受响应时间应不少于5个工作日。在确定的时间点和确定的地点，以规定方式接受潜在合作伙伴招募响应文书。其中对需要进行技术测试或其他资格审定的，应在潜在合作伙伴初步响应后组织测试，通过技术测试或资格审定的方可提交实质性响应文书。

合作评审小组按照招募公告中确定的评审细则进行评审，并提出建议合作伙伴。合作评审小组与潜在合作伙伴的谈判应形成纪要并由小组全体成员签字存档。

3. 引入决策

产品委员会在合作评审小组提出的合作建议基础上，做出决策。产品委员会认为谈判结果明显不符合公司利益，或者评审和谈判程序存在重大缺陷的，可以中止或重新组织合作引入。产品委员会决策一般应以会议方式进行，唯一合作中第 5 种情况（“为响应客户紧急需求或参与紧急应标，直接与某一特定合作伙伴谈判”）或有其他特殊情况，也可采用公司签报方式决策。

第六节　安全及合规管理

解决信息安全问题的关键是建立一个完善的信息安全管理体系。运营商作为通信行业企业，大数据发展的合规性建议在第三章中已经有所详述，作为大数据运营方和大数据平台方，所面临的风险及需要关注的问题已经在第四章中详细描述。本小节针对实际经验，对数据分类分级、大数据系统的安全体系、安全态势感知及产权保护进行说明。

1. 实施数据分类分级管理

对企业网络与信息安全工作的重点，包括数据的可用性、保密性和可审查性，其中可用性确保被授权用户能够在需要时获取网络与信息资产；保密性指的是关键信息资产的使用必须经过授权才可使用；可审查性要求任何对公司业务运作的威胁和破坏行为都得到记录，可以做到跟踪和追查。

在数据分类分级管理方面，根据公司内部管理和对外开放场景的特点，为便于对数据进行统一管理及推广应用，建议将企业内部 B 域系统、

O 域系统、M 域系统等平台的数据整合归纳为用户身份相关数据、用户服务内容数据、用户服务验证数据和企业运营管理数据四类，并分级制定管控措施。

一方面，数据分级建议按照数据敏感程度进行划分，同时如果同一批数据中各属性或字段的分级不同，需要按照定级最高的属性或字段的级别一并实施安全管控，即“就高不就低”原则。

另一方面，应针对各级数据制定适当的对外开放及内部管控措施，根据数据敏感程度如个人信息、消费能力等，通常可将数据分为极敏感级、敏感级、较敏感级和低敏感级四个等级，各级数据的基本管控要求如表 5-5 所示。

表 5-5　数据基本管控要求

类别	定位	管控要求
第四级	极敏感级	对第四级数据应实施严格的技术和管理措施，保护数据的机密性和完整性，确保数据访问控制安全，建立严格的数据安全管理规范以及数据实时监控机制。第四级数据严禁对外输出
第三级	敏感级	对第三级数据应实施较严格的技术和管理措施，保护数据的机密性和完整性，确保数据访问控制安全，建立数据安全管理规范以及数据准实时监控机制。第三级数据在满足相关条件的前提下，可以对外开放
第二级	较敏感级	对第二级数据应实施必要的技术和管理措施，确保数据生命周期安全，建立数据安全管理规范。第二级数据在满足相关条件的前提下，可以对外开放
第一级	低敏感级	对第一级数据应实施基本的技术和管理措施，确保数据生命周期安全。第一级数据可以直接对外开放，但需要考虑对外开放的数据量及类别，避免由于类别较多或者数据量过大，导致能够用于关联分析

以标签输出的安全策略为例，应确保应用数据只开放统计级汇总数、不泄露个体用户信息、个体敏感信息必须获取客户授权才对外开放、模型入驻模式结合内外网隔离、杜绝个体敏感信息离开安全生产区域等原则。

2. 建立内部数据系统安全体系

建议完善内部数据安全管理机制，包括保障数据存储的设施安全、数据本身的分级管理、接触数据的人员权限以及数据交易的主体限制等技术及其他必要措施，建立网络安全事故预案。

（1）工作人员数据权限管控。在数据管理系统中确保最小化原则，合理地确定员工的数据使用权限，确保在权限内按照需求达到数据权限的级别可控，同时员工一旦涉及转岗和离职，系统应当第一时间收回其对数据的处理权限。

（2）数据分级控制。在现有数据分类分级管理基础上，尤其要强调敏感级别高的重要数据进行重点保护。

（3）数据脱敏、加密控制。实现数据存储及流转环节的脱敏及加密控制，脱敏规范应当确保经过脱敏后二次组合无法恢复全部字段。

（4）数据操作审计。将相关操作记录完整记录，包含操作人、内容、时间等信息，对全员的数据操作的日志记录及操作行为进行审计，及时发现内部滥用数据行为。

（5）应用风险评估。涉及分级中敏感级别较高的数据交互或输出、业务规则等高风险操作场景可以设置专门的部门或者评估小组进行风险评审，可以从操作风险、信息展示规范、数据安全控制等方面提出风控意见。

3. 部署安全态势感知平台

为确保大数据开发利用的安全，可通过部署安全态势感知平台收集各种安全数据，利用大数据技术结合威胁情报进行集中处理、关联分析，并将各种安全事件进行可视化呈现，为安全运营提供可靠的信息数据支撑。安全态势感知平台，可以从网络入侵、异常流量、僵木蠕、网站安全、系统漏洞五大方面进行安全态势感知，能够覆盖各种安全运营场景。

4. 加强产权保护管理

从日常法律管理角度来看，在具体开展大数据业务时，建议从合同签订、产权管理两个环节入手进行产权保护管理。

（1）合同签订时明确权利义务。开放涉及用户个人信息的敏感数据给第三方使用时，必须取得用户的授权同意，包括两个方面的授权：一方面是用户同意授权第三方基于特定用途向运营商获取敏感数据；另一方面是用户同意授权运营商向第三方提供经过本人授权的数据使用请求。上述两方面的授权均需要通过合同方式进行明确，涉及的合同包括三个，无论是用户与第三方的合同，还是用户与运营商的合同，均应体现用户同意的意思表示。此外，第三方与运营商的商务合同，应当明确第三方有义务获得用户授权并提供相关证明材料，否则第三方应当承担相关的违约责任。为了防范大数据合作中的风险，建议针对合作模式或产品特点，制定标准化的协议范本。

（2）加强数据资产产权保护。为了加强企业大数据资产的管理，建议通过专利、商标和著作权申请等方式，加强权益保护。比如在大数据品牌体系方面，可以通过商标申请注册，建立起一套完整的品牌保护体系；在大数据开放平台建设、行业应用方案和创新实践成果等方面，对于重点大数据平台和产品，建议通过申请版权登记方式，加强对信息化资产和无形成果的保护等。

小 结

本章通过梳理企业在应用大数据时的战略定位、组织保障、能力建设、产品管理、生态建设、安全及合规管理等各层面的背景、要求、实践等情形，全方位、多角度地关注企业大数据战略的全流程管理，保持对研究层面宽度、企业类别广度、形势分析深度的解读水准，为企业落实大数据战略提供宏观观察视角和微观分析建议。